Interpretación de los sueños y limpieza espiritual

Cómo desvelar los misterios de su psique y purificar su energía para obtener claridad y paz

© Copyright 2025

Todos los derechos reservados. Ninguna parte de este libro puede ser reproducida de ninguna forma sin el permiso escrito del autor. Los revisores pueden citar breves pasajes en las reseñas.

Descargo de responsabilidad: Ninguna parte de esta publicación puede ser reproducida o transmitida de ninguna forma o por ningún medio, mecánico o electrónico, incluyendo fotocopias o grabaciones, o por ningún sistema de almacenamiento y recuperación de información, o transmitida por correo electrónico sin permiso escrito del editor.

Si bien se ha hecho todo lo posible por verificar la información proporcionada en esta publicación, ni el autor ni el editor asumen responsabilidad alguna por los errores, omisiones o interpretaciones contrarias al tema aquí tratado.

Este libro es solo para fines de entretenimiento. Las opiniones expresadas son únicamente las del autor y no deben tomarse como instrucciones u órdenes de expertos. El lector es responsable de sus propias acciones.

La adhesión a todas las leyes y regulaciones aplicables, incluyendo las leyes internacionales, federales, estatales y locales que rigen la concesión de licencias profesionales, las prácticas comerciales, la publicidad y todos los demás aspectos de la realización de negocios en los EE. UU., Canadá, Reino Unido o cualquier otra jurisdicción es responsabilidad exclusiva del comprador o del lector.

Ni el autor ni el editor asumen responsabilidad alguna en nombre del comprador o lector de estos materiales. Cualquier desaire percibido de cualquier individuo u organización es puramente involuntario.

Su regalo gratuito

¡Gracias por descargar este libro! Si desea aprender más acerca de varios temas de espiritualidad, entonces únase a la comunidad de Mari Silva y obtenga el MP3 de meditación guiada para despertar su tercer ojo. Este MP3 de meditación guiada está diseñado para abrir y fortalecer el tercer ojo para que pueda experimentar un estado superior de conciencia.

https://livetolearn.lpages.co/mari-silva-third-eye-meditation-mp3-spanish/

¡O escanee el código QR!

Índice

PRIMERA PARTE: INTERPRETACIÓN DE LOS SUEÑOS 1
   INTRODUCCIÓN 3
   CAPÍTULO 1: ¿POR QUÉ SOÑAMOS? 5
   CAPÍTULO 2: RECUERDE SUS SUEÑOS Y BUSQUE PATRONES 16
   CAPÍTULO 3: ¿QUÉ HACE EN SU SUEÑO? 27
   CAPÍTULO 4: LUGARES Y SIGNIFICADOS DE LOS SUEÑOS 37
   CAPÍTULO 5: SIMBOLISMO ONÍRICO DE LOS CUATRO ELEMENTOS 46
   CAPÍTULO 6: OBSERVAR LOS COLORES Y LOS NÚMEROS 58
   CAPÍTULO 7: SUEÑOS CON ANIMALES Y PLANTAS 71
   CAPÍTULO 8: SUEÑOS SOBRE PARTES DEL CUERPO 83
   CAPÍTULO 9: CUANDO APARECEN SERES SOBRENATURALES 92
   CAPÍTULO 10: TÉCNICAS AVANZADAS DE INTERPRETACIÓN DE LOS SUEÑOS 101
   GLOSARIO DE SÍMBOLOS DE LOS SUEÑOS 109
   CONCLUSIÓN 116

SEGUNDA PARTE: LIMPIEZA ESPIRITUAL 119
   INTRODUCCIÓN 121
   CAPÍTULO 1: USTED Y SU BIENESTAR ESPIRITUAL 123
   CAPÍTULO 2: SU AURA Y LOS CHAKRAS 101 133
   CAPÍTULO 3: LIMPIEZA DEL AURA Y LOS CHAKRAS 145
   CAPÍTULO 4: MEDITACIÓN PARA ELEVAR SU VIBRACIÓN 156
   CAPÍTULO 5: EL PODER CURATIVO DEL REIKI 165

CAPÍTULO 6: LIMPIEZA DE ENERGÍA CON REIKI 177
CAPÍTULO 7: PURIFICARSE O NO CON SAHUMERIOS 187
CAPÍTULO 8: BAÑOS ESPIRITUALES DE LIMPIEZA Y PROTECCIÓN 198
CAPÍTULO 9: PURIFICACIÓN Y PROTECCIÓN CON CRISTALES 210
CAPÍTULO 10: LIMPIEZA Y PROTECCIÓN DE SUS SERES QUERIDOS 220
GLOSARIO DE HIERBAS ÚTILES 230
CONCLUSIÓN 236
VEA MÁS LIBROS ESCRITOS POR MARI SILVA 238
SU REGALO GRATUITO 239
REFERENCIAS 240
FUENTES DE IMÁGENES 252

Primera Parte: Interpretación de los sueños

Una guía espiritual de símbolos, palabras, temas y significados de los sueños

Introducción

Debido a su naturaleza esquiva y misteriosa, los sueños siempre han interesado a la gente. Desde la antigüedad, diferentes civilizaciones se han preguntado por qué sueña la gente y qué podrían significar estos sueños. Registraron sus interpretaciones y utilizaron el simbolismo de los sueños para la sanación, la adivinación y la orientación. A principios del siglo XX, la gente empezó a adoptar un enfoque más científico de la interpretación de los sueños. En este libro aprenderá las diferentes teorías sobre el papel del simbolismo onírico en el psicoanálisis y cómo pueden incorporarse a las creencias tradicionales sobre los sueños.

Aunque no existe una respuesta clara a la pregunta de si un sueño significa algo, examinar su sueño - incluidos sus elementos y circunstancias - puede darle una mejor idea de cómo interpretarlo. A veces, la información que descubre sobre sí mismo en sueños es mucho más sustancial que la que aprende durante las horas de vigilia. Los sueños pueden hacerse eco de recuerdos consolidados que ha tenido, de estímulos que a su cerebro le cuesta procesar en la fase REM y mucho más. Para encontrar una conexión entre su estado de sueño y la vida de vigilia, tendrá que empezar por tomar nota de lo que ha experimentado en sus sueños, y este libro le ayudará mediante explicaciones exhaustivas y consejos prácticos para principiantes.

Por ejemplo, sus sueños pueden referirse a acciones, lugares, elementos, colores o números concretos. También puede tener sueños recurrentes sobre partes del cuerpo, plantas, animales e incluso seres sobrenaturales. Desde guías espirituales hasta hadas y enanos, no hay límite a lo que su imaginación puede conjurar en sus sueños. El libro tiene capítulos dedicados a todos estos posibles elementos oníricos, en los que se discuten sus significados, variaciones y significado en la vida de vigilia. Aun así, dado que los sueños proceden de la mente subconsciente, ningún símbolo puede tener una importancia definitiva y universal. En el último capítulo, aprenderá algunas técnicas avanzadas de interpretación de los sueños que le proporcionarán una visión más detallada de sus sueños y su conexión con la vida de vigilia.

La clave para una interpretación de los sueños satisfactoria es evitar interpretarlos literalmente. Aunque los símbolos pueden insinuarle la dirección que debe tomar con su análisis, lo que verdaderamente importa es su conexión emocional con sus sueños. Descifrar las emociones que evoca cada sueño le permite expandir su conciencia. Sus sueños son extensiones de la mente subconsciente, y usted está aumentando su conciencia emocional y espiritual con cada sueño que interpreta. Crear un catálogo mental consciente del significado de sus sueños es como aprender un nuevo idioma. Y al igual que cuando se aprende un nuevo idioma, usted se embarca en un viaje gratificante. Siga leyendo si está preparado para empezar a descifrar sus sueños y obtener las recompensas finales que vienen con ellos.

Capítulo 1: ¿Por qué soñamos?

Los sueños son un misterio que la humanidad lleva explorando desde los inicios de los tiempos. Este capítulo pretende responder a la pregunta planteada en el título desde la perspectiva de diversos campos de estudio: Científico, psicológico, religioso y espiritual. Definirá el concepto de interpretación de los sueños y explorará su contexto histórico y cultural y sus beneficios. También conocerá los distintos tipos de sueños.

El concepto de interpretación de los sueños

Los orígenes de la interpretación de los sueños se remontan a los años 3000-4000 a.C., en las antiguas Babilonia y Samaria. Estas civilizaciones utilizaban tablillas de arcilla para registrar los sueños de la gente e interpretar sus posibles significados. Aunque no hay nada tangible que lo demuestre, los historiadores creen que los sumerios y los babilonios creían que los sueños eran la prolongación de la vida real. Algunas pruebas arqueológicas sugieren que los sumerios veían el reino de los sueños como un mundo mucho más poderoso que el de la vigilia. Veían los sueños como una forma de liberarse y empoderarse porque todas las cosas son posibles en los sueños, y una persona puede hacer más de lo que puede en la vida real.

En la antigua Grecia y la antigua Roma, las tropas que se dirigían al campo de batalla solían ir acompañadas de intérpretes de sueños que intentaban discernir el resultado de la lucha que se avecinaba basándose en los sueños de los guerreros. Consideraban los sueños como mensajes de los dioses, a menudo formulados como órdenes que la gente debía seguir.

En el antiguo Egipto, los faraones y otros líderes también confiaban en la interpretación de los sueños a la hora de tomar decisiones críticas. Los intérpretes egipcios registraban los sueños de la gente en jeroglíficos. Si alguien tenía sueños particularmente vívidos o acontecimientos en sus sueños que afectaban a su vida de vigilia, se creía que estaba bendecido por los dioses. Los intérpretes de sueños gozaban de gran estima, ya que se decía que estaban dotados divinamente por los dioses.

La Biblia contiene más de 700 referencias a los sueños y a su significado en el mundo de la vigilia.

La profecía fue una de las principales razones por las que la interpretación de los sueños se generalizó en las diferentes culturas. La mayoría de las veces, la gente analizaba los sueños en busca de señales de advertencia sobre el futuro. Cualquiera que fuera la fuente de los mensajes de advertencia, se consideraban indicios sobre acontecimientos futuros. Incluso mejor, la gente descubrió que los sueños ofrecían consejos sobre qué hacer o evitar cuando se presentaban situaciones desafiantes. En otras ocasiones, los sueños eran mensajes de espíritus malignos, demonios y otras criaturas, amenazas de las que se informaba a la gente y contra las que se les aconsejaba protegerse mientras dormían.

Las interpretaciones de los sueños también se utilizaban con fines medicinales, especialmente en la antigua China y la antigua Grecia. Podían ayudar a establecer un diagnóstico y un plan de tratamiento adecuados para una enfermedad y determinar qué le ocurría al cuerpo o la mente del soñador.

Los antiguos chinos creían que los sueños eran almas de personas en reposo que expresaban sus deseos. Según los chinos, después de que el cuerpo se durmiera, el alma lo abandonaba y se aventuraba en el reino de los sueños. Se advertía a la gente que no despertara repentinamente a nadie, ya que esto podría hacer que sus almas quedaran atrapadas en el mundo de los sueños. Incluso los chinos contemporáneos optan por despertarse de forma natural y evitan el uso de despertadores.

Las tribus mexicanas y nativas americanas también consideran los sueños como la dimensión del alma. Sus antepasados viven en el mundo de los sueños, apareciendo como otras formas vivas, como plantas o animales. Utilizan el mundo de los sueños para visitar a los espíritus ancestrales y comunicarse con ellos. En los sueños, los antepasados pueden ayudar a responder preguntas, compartir sabiduría sobre la vida y ofrecer orientación para encontrar el propio camino.

Más tarde, la popularidad de la interpretación de los sueños disminuyó drásticamente y, en el siglo XIX, los sueños se descartaron como significantes de acontecimientos de la vida real. Los sueños se atribuían a la indigestión, la ansiedad o un entorno ruidoso por la noche. No fue hasta principios del siglo XX cuando el psicoanalista austriaco Sigmund Freud resucitó el análisis de los sueños.

Mientras trataba enfermedades mentales, Freud se dio cuenta de que los sueños de sus pacientes tenían importancia a la hora de encontrar el tratamiento para su afección. Analizando sus sueños, ayudó a los pacientes a comprender la causa de sus problemas de salud mental. Creía que utilizando la información que los pacientes revelaban en sus sueños, podría encontrar la forma de curar o controlar sus síntomas.

Desde entonces, esta disciplina se ha hecho cada vez más popular. Poco después de Freud, otros psicoanalistas y profesionales de la medicina se interesaron por la interpretación de los sueños. Ann Faraday, autora de la novela *El juego de los sueños*, escribe sobre muchas técnicas de interpretación de los sueños. Hoy en día, la investigación sobre los sueños sigue creciendo. Sin embargo, los investigadores se encuentran a menudo con un problema común: cómo memorizar las imágenes de los sueños. A menos que las personas encuentren sus sueños intelectualmente estimulantes, alegres o inspiradores, suelen olvidar lo que sueñan en cuanto se despiertan.

Otros creen que sus sueños pueden revelar más sobre usted mismo que el propio significado del sueño. Esto se basa en un enfoque científico moderno, que sugiere que los sueños son la respuesta del cerebro a estímulos externos, que el órgano no puede procesar durante las horas de vigilia. Esto contradice la teoría popular de que los sueños son la puerta de entrada de deseos ocultos. Otra cuestión relacionada con la interpretación de los sueños es que es más probable que los recuerde si giran en torno a acontecimientos adversos o circunstancias que rodean a personas que le desagradan. Aunque también puede retener sueños relacionados con seres queridos y otros sueños positivos, el porcentaje es mucho menor que el de sueños negativos retenidos. Esto significa que es probable que interprete los sueños de forma que puedan apoyar sus creencias sobre su entorno, usted mismo y otras personas.

Las personas que suelen confiar en la interpretación de los sueños para orientarse en la vida cotidiana pueden considerar sus sueños como una profecía autocumplida. Por ejemplo, un sueño sobre no rendir bien en una entrevista de trabajo: estará demasiado estresado para mostrar sus mejores habilidades o menos motivado para prepararse bien para la entrevista.

Teorías sobre el simbolismo de los sueños

La interpretación de los sueños desempeña un papel crucial en el psicoanálisis. Debido a ello, varios analistas han desarrollado teorías sobre los sueños y sus significados. Sigmund Freud y Carl Jung fueron dos de los principales psicoanalistas que consideraron que las imágenes oníricas eran convincentes para analizarlas y utilizarlas como herramientas terapéuticas.

A principios del siglo XX, a la mayoría de los científicos no les preocupaba atribuir demasiados significados a los sueños de las personas. La mayoría de ellos suponía que las imágenes oníricas eran subproductos del procesamiento cerebral de la información durante la fase REM del sueño. Algunos científicos incluso apoyan esta teoría hoy en día, y los no profesionales que se guían por sus teorías a menudo descartan los sucesos oníricos desfavorables. Después de todo, ¿cuántas veces ha oído a alguien describir las imágenes de sus malos sueños como sueños tontos? Freud, por otro lado, se dio cuenta muy pronto de que los sueños de sus pacientes eran significativos, independientemente de lo poco que una persona recordara de sus sueños o de lo poco que sus imágenes oníricas significaran para esa persona en particular.

Freud afirmó que, con la investigación, los profesionales podrían desarrollar procedimientos para interpretar los sueños con éxito. Comenzó sentando las bases con su teoría de la interpretación de los sueños. Descubrió que la clave para interpretar los sueños con mayor eficacia era simplemente dejar que la persona describiera los detalles que pudiera recordar. Esto incitaba a las personas a seguir su línea de pensamiento en lugar de dejarse influir por la interpretación del profesional. Podían formarse sus propias ideas sobre lo que podían haber significado sus sueños.

Practicando la asociación libre (entre las imágenes oníricas y los pensamientos que evocan), Freud descubrió que había cuatro elementos en el trabajo onírico. El primero es la condensación. Se refiere al amontonamiento de varias ideas en un sueño, ya que la información de todas estas ideas se reunía en un solo pensamiento y se mostraba como una sola imagen onírica. El segundo elemento es el desplazamiento, que se asocia a significados emocionales ocultos. Suele ocurrir cuando el soñador confunde partes significativas y sin sentido de sus sueños. El tercero es la simbolización, que apunta a ideas reprimidas que sólo se muestran como elementos que simbolizan su significado. La revisión secundaria es el cuarto elemento. Denota la reorganización de los sueños, que los hace más fáciles de comprender y recordar.

La mayoría de la gente se centra en lo que puede recordar conscientemente de sus sueños. Sin embargo, como Freud - y más tarde Jung - acordaron, los sueños son más bien un proceso de clasificación para el cerebro de todas las experiencias diurnas. Esto afecta al funcionamiento del cerebro y a la razón por la que oculta algunas partes del mundo onírico en el subconsciente. El cerebro de las personas cambia constantemente debido a su contenido subconsciente, evolucionando para adaptarse al tipo de información que el cerebro recoge y procesa. Tutelado por Freud, Jung también encontró aliados en los sueños a la hora de tratar afecciones mentales. Freud y Jung profundizaron en la interpretación de los sueños a partir de la ciencia de su época y de otras fuentes antiguas, como la historia, la mitología y el arte. Su trabajo les ayudó a acumular importantes conocimientos sobre la psique humana. Esto, a su vez, permitió a la siguiente generación de intérpretes de sueños y psicoanalistas comprender la naturaleza de los sueños y cómo interactúan con el cuerpo y la mente.

A pesar de su acuerdo y cooperación, existían diferencias fundamentales entre las teorías de Jung y Freud sobre la interpretación de los sueños. Mientras que su mentor indagaba en las causas pasadas de los sueños, el trabajo de Jung se centraba en la implicación futura de los sueños. Consideraba que las imágenes oníricas eran fundamentales para revelar información sobre el desarrollo de la salud del paciente en el futuro. Estableció varias funciones para los sueños. La principal era la compensación, a la que denominó la forma que tiene el cerebro de mantener el equilibrio entre las ideas conscientes y las subconscientes. Según Jung, si una persona consciente intenta reprimir sus pensamientos subconscientes, sus sueños mostrarán el desequilibrio y le impulsarán a volver a su yo equilibrado.

La segunda función de los sueños - según Jung - es la compensación reductora. Se trata de una forma única de compensación de Jung. Es un intento más severo por parte de los sueños de restablecer el equilibrio perdido debido al ego consciente inflado que intenta controlarlo todo en la vida de vigilia. Jung creía que los sueños siempre pueden decirle a una persona quién es y quién tiene potencial para ser. Si tiene una opinión sobre sí mismo que no refleja la realidad, los sueños le harán enfrentarse a la verdad. Compensarán sus creencias erróneas mostrándole imágenes que contradicen sus ideas sobre sí mismo. Le devuelven a las profundidades de su psique, permitiéndole desarrollar una imagen más precisa de sí mismo. Por ejemplo, si cree que sus acciones reflejan siempre una gran moral - aunque no sea así - es probable que sus sueños le recuerden todos sus pensamientos, emociones y acciones que apuntan a una moral defectuosa.

La función prospectiva de un sueño es otra más determinada por Jung. Aunque creía que la mayoría de los sueños podían cumplir las dos primeras funciones, no excluía la posibilidad de que las imágenes oníricas tuvieran otros propósitos. Propuso una tercera función fundamental de los sueños: La función prospectiva. Esto es muy similar a las ideas proféticas que los sistemas religiosos tradicionales tienen sobre los sueños. Los sueños prospectivos ofrecen vislumbres de posibles acontecimientos futuros. Según Jung, el papel de esta función es ayudar al crecimiento de una persona y guiarla en su camino hacia el logro de la integración y el equilibrio. Si las personas pueden aprender a interpretar estos sueños proféticos, podrán acceder a una reserva única de sabiduría oculta en su subconsciente.

Tipos de sueños

Aunque todavía no está claro cuántos sueños puede tener la gente, existe una estimación universal del número. A continuación, se enumeran los tipos de sueños más comunes.

Sueños diurnos

La mayoría de la gente describiría soñar despierto como tener visiones vívidas durante las horas de vigilia. Estas visiones están asociadas a deseos ocultos, fantasías o expectativas no cumplidas. Otras veces, pueden ser resultados deseados de situaciones potenciales o ensoñaciones de sucesos pasados. Las ensoñaciones son más comunes de lo que cree. También se recuerdan más fácilmente que los sueños de cuando duerme, aunque la mayoría de la gente los descarta más rápido que cualquier otro tipo de sueño.

Sueños épicos

Estos sueños son sueños vívidos que, haciendo honor a su nombre, son demasiado épicos para olvidarlos. Son una de las formas de sueño más interpretadas, aunque cuesta cierto trabajo precisar su significado. Los intérpretes los consideran experiencias profundas con efectos duraderos y, dependiendo de si se adhiere a su mensaje, tienen el potencial de cambiar su vida. La afección denominada trastorno de los sueños épicos hace que las personas tengan estos sueños memorables mientras duermen, sin ningún significado emocional. Estos sueños excesivos suelen implicar que las personas realicen tareas cotidianas en sus sueños hasta que se cansan tanto que se despiertan agotadas por la mañana.

Sueños de falso despertar

Algunas personas realizan su rutina matutina en sueños pensando que ya están despiertas, cuando, en realidad, siguen profundamente dormidas. Es lo que se denomina un falso despertar, resultado de la transición del sueño REM a la fase de sueño ligero. El sueño REM es responsable de la recuperación de la salud mental, por lo que estos sueños son una forma que tiene su mente de prepararle mentalmente para el día que tiene por delante. Los falsos despertares están relacionados con los sueños lúcidos.

Pesadillas

La gente se despierta bruscamente del sueño debido a su efecto abrumador[1]

Las pesadillas se describen como sueños perturbadores o francamente aterradores que muestran imágenes cargadas de emociones negativas, como desesperación, miedo, asco, tristeza o una combinación de estas emociones. Debido a su efecto abrumador, las pesadillas hacen que la mayoría de las personas se despierten de repente. Sin embargo, suelen descartarlo como algo normal. En raras ocasiones, las pesadillas llegan a ser tan intensas que perturban el sueño y la vida de vigilia de la persona. Las pesadillas vívidas habituales pueden tener un efecto perjudicial en sus funciones cognitivas.

Terrores nocturnos

Los terrores nocturnos son similares a las pesadillas, salvo que van acompañados de sonidos y movimientos que la persona hace mientras duerme. Son los más comunes en niños mayores y adolescentes; sin embargo, un pequeño porcentaje de adultos también los padecen con regularidad. Algunos terrores nocturnos implican que la persona haga sólo unos pocos movimientos y sonidos. Otros les hacen gritar y agitarse durante varios minutos o incluso más.

Sueños progresistas

Debido a su naturaleza única, los sueños progresivos siguen siendo un territorio inexplorado. Los intérpretes los definen como una secuencia de imágenes con una narrativa continua. Esencialmente, usted está experimentando el desarrollo de una historia mientras sigue soñando con lo mismo. Los sueños pueden sucederse una noche tras otra, como si leyera continuamente un libro o viera esporádicamente una nueva serie en la televisión y esperara los episodios que aún están por llegar.

Sueños lúcidos

Los sueños lúcidos rara vez se registran. Implican que una persona queda suspendida entre el estado de sueño y la vigilia consciente. Curiosamente, algunas personas conservan la conciencia y la capacidad de controlar su sueño. Otras pueden incluso comunicarse conscientemente en sueños lúcidos. Los intérpretes de sueños sugieren que, mediante la práctica y la disciplina, es posible entrenarse para tener un sueño lúcido.

Sueños proféticos

Los sueños proféticos han traído la fascinación de la interpretación de los sueños a la vida de las personas. Durante siglos, la gente ha creído que los sueños pueden predecir el futuro. Algunas personas se inclinan por los sueños proféticos y pueden analizarlos e interpretarlos sin esfuerzo. Pueden utilizar la precognición como guía, sanación, advertencia y otros fines para manifestar resultados más detallados.

Sueños recurrentes

Los sueños recurrentes son la repetición de las mismas imágenes oníricas. A menudo reflejan un asunto sin resolver, un deseo insatisfecho o la lucha del cerebro por procesar experiencias traumáticas durante la vigilia. A veces, los sueños recurrentes sólo implican una imagen concreta, mientras que, en otras ocasiones, verá la repetición de toda una secuencia onírica. Los sueños pueden continuar hasta que la causa se resuelva o se sustituya por otra cosa.

Sueños vívidos

Los sueños vívidos están causados por una condición llamada rebote REM, que está relacionada con la recuperación de la salud mental. Es la forma que tiene su mente de compensar la falta de sueño debida al estrés u otros factores. Durante la fase REM, experimenta una mayor actividad cerebral, lo que crea sueños vívidos. Estos sueños también son comunes cuando la gente tiene fiebre alta, lo que dificulta la capacidad del cerebro para regular su actividad durante el sueño.

Los beneficios de la interpretación de los sueños

Aprender a analizar y comprender sus sueños requiere algo de tiempo y práctica. A medida que se embarque en este viaje, notará que mientras algunas imágenes oníricas pueden discernirse sin esfuerzo, la mayoría serán mucho más complejas. Dependerá de usted si confía únicamente en su intuición o utiliza la ayuda de símbolos oníricos conocidos. Sin embargo, le será más fácil empezar si conoce los beneficios de la interpretación de los sueños.

He aquí varias ventajas del trabajo con los sueños para inspirarle a iniciar este viaje:

- Los sueños pueden ayudarle a encontrarse a sí mismo. Si está luchando por encontrar su camino, sus sueños pueden orientarle en la dirección correcta.

- Los sueños pueden ayudarle a mantenerse sano. Al advertirle sobre su salud futura, sus sueños pueden ayudarle a prevenir enfermedades buscando ayuda y adoptando un estilo de vida más sano.

- Los sueños pueden mantenerle a salvo. Muchas personas reciben advertencias sobre acontecimientos ambientales en sueños, que les ayudan a escapar de situaciones peligrosas.
- Los sueños no le permitirán negar la verdad. Le muestran un asunto tal y como es, permitiéndole conocer la verdad de cada situación. Aunque aleccionadora, una dosis saludable de realidad onírica es necesaria para una vida feliz.
- Los sueños pueden aportar soluciones a problemas de la vida real. A veces, la única forma que tiene su mente de resolver un problema es sacar una solución del subconsciente y mostrársela en sueños.
- Los sueños muestran cómo se siente respecto a las personas, los acontecimientos y las situaciones. Si tiene sentimientos reprimidos que deja que se enconen en su vida de vigilia, los sueños pueden ayudarle a liberarlos, evitando que causen más trastornos en su vida y su salud.
- Los sueños ayudan a construir mejores relaciones. Sus sueños pueden advertirle sobre banderas rojas en una relación que, de otro modo, ignoraría debido a su implicación emocional. Pueden ayudarle a eliminar a las personas tóxicas de su vida, para que pueda centrarse en construir una conexión con personas que contribuyan positivamente a su vida. Los sueños también pueden ayudarle a identificar a la pareja romántica adecuada, las mejores formas de resolver los problemas en sus relaciones, crear armonía y mantener una vida amorosa agradable para usted y su pareja.
- Los sueños pueden ayudarle a comunicarse con sus antepasados. Los seres queridos difuntos pueden visitarle en sueños, dejándole mensajes... pero sólo sabrá que lo han hecho si se toma su tiempo para aprender la interpretación de los sueños. Este antiguo arte le ayudará a revelar la diferencia entre los mensajes espirituales y los mensajes procedentes de su subconsciente.
- Los sueños le mostrarán su futuro. Pueden ayudarle a vislumbrar los resultados futuros en función de las acciones actuales. Esto le permite decidir si continuar por su camino actual o cambiar de rumbo para obtener un resultado diferente.

- Los sueños son la clave del crecimiento espiritual y mental. Los mensajes que recibe en sus sueños pueden reflejar la información que necesita para convertirse en mejor persona u obtener la iluminación espiritual que desea.
- Los sueños ofrecen tranquilidad. Aunque sólo sea por eso, interpretar sus sueños tendrá un efecto terapéutico en su salud mental. Al mostrarle aquello con lo que lucha su mente consciente, obtendrá una visión de la causalidad de sus síntomas. Después de aprender de dónde vienen, será mucho más fácil ahuyentar la ansiedad y otros síntomas.

Capítulo 2: Recuerde sus sueños y busque patrones

Los sueños pueden ser misteriosos, fascinantes y a veces incluso aterradores. Pueden llevarle a lugares desconocidos, presentarle rostros desconocidos y presentarle escenarios extraños que a menudo le dejan preguntándose qué significan. Han sido el tema de numerosas discusiones, debates e interpretaciones en diferentes culturas y civilizaciones. Sin embargo, uno de los mayores retos a los que se enfrenta la gente cuando intenta interpretar sus sueños es recordarlos.

¿Cuántas veces se ha despertado por la mañana sin poder recordar ni un solo detalle de lo que soñó la noche anterior? La frustrante sensación de saber que ha tenido un sueño, pero no ser capaz de recordarlo puede ser bastante común. Pero, ¿por qué ocurre esto? La ciencia que hay detrás de por qué la gente tiene dificultades para recordar sus sueños aún no se conoce del todo. Sin embargo, tiene algo que ver con el hecho de que los sueños se producen durante la fase de movimientos oculares rápidos (MOR) del sueño, que es la fase más profunda, por lo que resulta aún más difícil recordar los detalles de sus sueños.

A pesar de estos retos, recordar sus sueños puede ser increíblemente útil para conocer mejor su mente subconsciente. Si presta atención a los temas, símbolos y emociones recurrentes en sus sueños, podrá desentrañar su significado y comprender mejor su yo interior. Este capítulo le proporcionará varias técnicas que le ayudarán a mejorar el recuerdo de sus sueños, como llevar un diario de sueños y crear una rutina antes de acostarse.

Por qué le cuesta recordar los sueños

Durante un ciclo de sueño típico, el cerebro pasa por varias etapas de sueño. Estas etapas se clasifican en dos tipos principales: El sueño sin movimientos oculares rápidos (NMOR) y el sueño con movimientos oculares rápidos (REM). El sueño NMOR tiene tres etapas, mientras que el sueño REM constituye sólo una etapa. El sueño REM se conoce como la etapa más profunda del sueño, ya que se asocia a un alto nivel de actividad cerebral y a un aumento de las respuestas fisiológicas. Durante este tiempo, el cerebro se vuelve más activo y el cuerpo experimenta cambios en el ritmo cardiaco, la presión sanguínea y la respiración. También es durante esta etapa cuando la gente tiene la mayoría de sus sueños.

Aunque el sueño REM es una parte vital del ciclo del sueño, es un reto recordar sus sueños. El cerebro está más activo durante el sueño REM y el cuerpo se encuentra en un estado de relajación profunda, lo que hace más difícil recordar los detalles del sueño. Además, el sueño REM se produce hacia el final del ciclo del sueño, lo que significa que cuando se despierte, es más probable que recuerde los sueños que tuvo antes por la noche, durante las fases más ligeras del sueño, que los que se produjeron durante la fase REM. Además, el cerebro procesa y almacena los recuerdos durante el sueño; sin embargo, esto puede verse interrumpido por la fase REM, lo que provoca dificultades para recordarlos. Los recuerdos formados durante el sueño REM pueden ser más difíciles de recuperar, ya que el cerebro está más activo y hay un mayor nivel de actividad neuronal, lo que hace más difícil separar los recuerdos de los sueños.

Técnicas para mejorar su recuerdo del sueño

El recuerdo del sueño, o la capacidad de recordar sus sueños, puede ser un fenómeno esquivo para muchas personas. Sin embargo, con unas sencillas técnicas, puede mejorar su recuerdo y desvelar el mundo oculto de sus sueños. He aquí algunas técnicas que le ayudarán a mejorar su recuerdo del sueño:

1. Lleve un diario de sueños

Llevar un diario de sueños entrenará a su cerebro para recordar sus sueños de forma más vívida ²

Mantenga un cuaderno cerca de su cama y anote sus sueños en cuanto se despierte. Esta práctica puede ayudarle a entrenar a su cerebro para que recuerde sus sueños de forma más vívida. Llevar un diario de los sueños puede incluir estos pasos:

Paso 1: Elija un diario

Elegir un diario dedicado a sus sueños le ayudará a mantenerse organizada y constante. Puede utilizar un diario físico o una aplicación en su teléfono u ordenador. Elija uno que le guste y le resulte fácil de utilizar. Considere la posibilidad de utilizar un diario de tapa dura o con una encuadernación resistente que pueda soportar un uso frecuente. Además, puede decorar su diario para que el proceso resulte más atractivo.

Paso 2: Registrar el sueño

Comience cada anotación del sueño con la fecha, incluido el día de la semana. Esto le ayudará a realizar un seguimiento de sus sueños y a identificar patrones. Anote todo lo que recuerde sobre el sueño, incluidos colores, emociones, personas y acontecimientos. Sea lo más específico y detallado posible, utilizando un lenguaje descriptivo. Esto puede ayudarle a captar la esencia del sueño y a recordarlo de forma más vívida. Intente anotar el sueño en cuanto se despierte, antes de levantarse de la cama o de hacer cualquier otra cosa. Esto le ayudará a recordar más detalles.

Paso 3: Subraye los elementos clave

A medida que escriba, subraye o resalte los temas principales, los objetos recurrentes o las personas de sus sueños. Esto le dará una idea de su subconsciente. Por ejemplo, si a menudo sueña con volar, subraye "volar" o "alas" en las anotaciones de sus sueños. Puede utilizar un bolígrafo de otro color o un rotulador fluorescente para subrayar los elementos clave. Esto hace que destaquen y sean más fáciles de encontrar más tarde.

Paso 4: Añadir contexto

Si es posible, anote cualquier contexto relevante para el sueño, como su estado de ánimo antes de acostarse o cualquier acontecimiento que haya ocurrido durante el día. Esto puede ayudarle a comprender por qué tuvo el sueño y qué puede significar. Utilice abreviaturas o taquigrafía para la información contextual con el fin de ahorrar tiempo y espacio. Por ejemplo, podría utilizar "Estado de ánimo: Ansioso" o "Acontecimiento: Reunión con el jefe".

Paso 5: Reflexionar sobre el sueño

Después de anotar el sueño, tómese un momento para reflexionar sobre su significado o sobre cualquier idea que pueda ofrecerle. También puede anotar cualquier pregunta que tenga sobre el sueño. Esto puede ayudarle a comprender el sueño a un nivel más profundo y a descubrir sus mensajes subyacentes. Anote sus reacciones y sentimientos iniciales sobre el sueño y capte sus impresiones y percepciones iniciales.

Paso 6: Repetir

Acostúmbrese a registrar sus sueños cada mañana, aunque al principio no recuerde gran cosa. Con el tiempo, esta práctica le ayudará a entrenar a su cerebro para que recuerde los detalles y los sueños con mayor facilidad. Reserve un momento específico cada mañana para registrar sus sueños, por ejemplo, justo después de despertarse o durante su rutina matutina. Esto puede ayudarle a establecer un hábito constante. Considere la posibilidad de utilizar un sistema de recompensas para motivarse a registrar sus sueños con regularidad. Por ejemplo, podría recompensarse con una pequeña golosina o actividad cada vez que registre un sueño durante un determinado número de días seguidos.

2. Utilice la técnica de las 5W

El método de las 5W es un enfoque simplificado del recuerdo de los sueños que se centra en responder a las cinco preguntas básicas: ¿Quién? ¿Qué? ¿Cuándo? ¿Dónde? y ¿Por qué? Es una gran opción para las personas que disponen de menos tiempo para llevar un diario de sueños detallado.

Paso 1: Anote las cinco preguntas

En un papel o en su formato digital, escriba las cinco preguntas: ¿Quién? ¿Qué? ¿Cuándo? ¿Dónde? y ¿Por qué? Deje espacio suficiente debajo de cada pregunta para escribir sus respuestas. Utilice un formato coherente para las preguntas, como mayúsculas o texto en negrita, para que destaquen.

Paso 2: Recordar el sueño

Piense en su sueño e intente recordar tantos detalles como le sea posible. Concéntrese en responder a las cinco preguntas con toda la información que pueda recordar.

Paso 3: Responda a las preguntas

Debajo de cada pregunta, escriba sus respuestas. Sea lo más específico posible utilizando un lenguaje descriptivo.

- ¿A quién? Anote las personas o personajes que hayan aparecido en el sueño, incluyéndose a sí mismo y a otros.
- ¿Qué? Anote cualquier acontecimiento, acción u objeto que haya aparecido en el sueño.
- ¿Cuándo? Anote cualquier detalle relacionado con el tiempo, como la hora del día o cuánto tiempo pareció transcurrir en el sueño.
- ¿Dónde? Anote cualquier lugar o escenario que haya aparecido en el sueño, incluyendo cualquier cambio de ubicación.
- ¿Por qué? Anote las emociones, motivaciones o razones que hayan podido contribuir al sueño.

Si no recuerda la respuesta a una pregunta, déjala en blanco y siga adelante. Siempre puede volver a ella más tarde si recuerda más detalles.

3. Practique el sueño lúcido

El sueño lúcido es la capacidad de controlar sus sueños conscientemente. Practicando el sueño lúcido, podrá ser más consciente de sus sueños, lo que le facilitará recordarlos más tarde.

Paso 1: Establezca su intención

Antes de acostarse, fije su intención de tener un sueño lúcido. Repita afirmaciones como "Seré *consciente de que estoy soñando*" o "*Tendré un sueño lúcido esta noche*" para ayudar a su mente subconsciente a prepararse para la experiencia.

Paso 2: Comprobación de la realidad

A lo largo del día, realice comprobaciones de la realidad para aumentar su conciencia de si está soñando. Hágase preguntas como "¿Estoy *soñando ahora mismo?*" y realice acciones como mirarse las manos, que pueden aparecer distorsionadas o inusuales en los sueños.

Paso 3: Inducir el sueño lúcido

Existen varias técnicas que puede utilizar para inducir un sueño lúcido. Algunos métodos populares incluyen:

- Técnica de despertarse para volver a la cama (WBTB, del inglés Wake Back To Bed): Programe una alarma para despertarse tras cinco o seis horas de sueño y permanezca despierto entre treinta y sesenta minutos antes de volver a la cama. Esta técnica aumenta sus posibilidades de tener un sueño lúcido.

- Técnica de Inducción Mnemotécnica de Sueños Lúcidos (MILD, del inglés Mnemonic Induction of Lucid Dreams): Antes de irse a dormir, repita una frase como "*esta noche tendré un sueño lúcido*" mientras se visualiza a sí mismo volviéndose lúcido en un sueño. Esta técnica programa su subconsciente para inducir sueños lúcidos.

- Técnica de los sueños lúcidos iniciados en vigilia (WILD, del inglés Wake-Initiated Lucid Dream): Consiste en permanecer despierto mientras su cuerpo se duerme. Túmbese en una posición cómoda y concéntrese en su respiración o en una simple imagen mental. A medida que su cuerpo se duerme, puede entrar en un sueño lúcido.

Paso 4: Mantenga la calma y comprométase con el sueño

Una vez que se dé cuenta de que está en un sueño lúcido, mantenga la calma y comprométase con el sueño. Puede probar diferentes cosas como volar, hablar con los personajes del sueño o explorar su mundo onírico. Cuanto más se involucre con el sueño, más tiempo permanecerá en estado lúcido.

Paso 5: Salir del sueño

Cuando esté listo para despertar, intente salir del sueño con suavidad. Puede intentar cerrar los ojos e imaginarse despertando en la cama o simplemente dejar que el sueño se desvanezca.

4. Crear un mapa de sueños

Cree un mapa visual de sus sueños utilizando imágenes, símbolos y colores. Esto puede ayudarle a recordar sus sueños más vívidamente y a conectar con sus emociones y temas.

Paso 1: Reúna sus materiales

Reúna material artístico como lápices de colores, rotuladores y papel. También puede añadir imágenes de revistas o impresiones de Internet a su mapa.

Paso 2: Prepare el escenario

Empiece dibujando un paisaje o un escenario que represente el mundo de sus sueños. Puede ser un paisaje urbano, un bosque o cualquier otro entorno que recuerde de sus sueños.

Paso 3: Añadir símbolos e imágenes

Piense en los personajes, objetos y acontecimientos que aparecieron en su sueño y dibuje o recorte imágenes que los representen. Utilice símbolos y colores que le parezcan significativos, aunque no coincidan exactamente con los objetos.

Paso 4: Conecte los puntos

A medida que vaya añadiendo más símbolos e imágenes a su mapa, busque conexiones entre ellos. ¿Hay temas o emociones recurrentes? ¿Están siempre presentes juntos determinados objetos o personajes? Dibuje líneas o flechas para conectar estos elementos.

Paso 5: Reflexione sobre su mapa

Una vez que haya terminado el mapa de sus sueños, reflexione durante unos instantes sobre lo que ha creado. ¿Qué temas o emociones están presentes? ¿Hay alguna sorpresa o percepción que haya obtenido del proceso?

Paso 6: Utilice el mapa de sus sueños

Guarde su mapa de sueños en un lugar visible donde pueda verlo con regularidad, como en la pared de su dormitorio o en su diario. Utilícelo como herramienta para recordar y reflexionar sobre sus sueños, y añádalo a medida que tenga nuevos sueños. Cuanto más se comprometa con su mapa de sueños, más vívidos y significativos serán sus sueños.

5. Visualice sus sueños

Utilice técnicas de visualización guiada para ayudarle a recordar y explorar sus sueños con más detalle. Imagínese de nuevo en el sueño y hágase preguntas sobre lo que ha experimentado. Esto puede ayudarle a desvelar significados ocultos y percepciones de sus sueños.

Paso 1: Relaje su mente y su cuerpo

Busque un lugar tranquilo y cómodo donde no le molesten. Cierre los ojos, respire profundamente unas cuantas veces y deje que su cuerpo se relaje. También puede escuchar música tranquilizadora o grabaciones de meditación guiada que le ayuden a relajarse.

Paso 2: Recuerde su sueño

Piense en un sueño reciente que desee explorar más a fondo. Recuerde tantos detalles como sea posible, incluidos el escenario, los personajes y los acontecimientos.

Paso 3: Visualícese en el sueño

Imagínese de nuevo en el sueño como si lo estuviera viendo desarrollarse ante sus ojos. Visualice el escenario y los personajes tan vívidamente como pueda. Intente involucrar todos sus sentidos, notando cualquier sonido, olor o textura que pueda recordar.

Paso 4: Haga preguntas

Mientras se visualiza en el sueño, hágase preguntas sobre lo que está experimentando. Por ejemplo, podría preguntarse: "¿Qué representa este personaje?" o "¿Cuál es el significado de este objeto?". Utilice su intuición e imaginación para explorar diferentes interpretaciones y significados.

Paso 5: Reflexione sobre sus percepciones

Después de haber pasado algún tiempo explorando su sueño a través de la visualización, tómese unos momentos para reflexionar sobre cualquier percepción o revelación que haya obtenido. Anótelas en un diario de sueños, junto con cualquier pregunta o misterio persistente.

6. Utilice el arte del sueño

Cree obras de arte inspiradas en sus sueños, como pinturas, dibujos o collages. Esto le ayudará a conectar con las emociones y los temas de sus sueños y a darles vida de forma tangible.

Pintar o dibujar su expresión de lo que sueña puede ser terapéutico°

Paso 1: Prepare sus materiales artísticos

Reúna sus materiales artísticos, como lápices, rotuladores, acuarelas o herramientas digitales. Tenga preparado un cuaderno de bocetos o una hoja de papel para trabajar.

Paso 2: Piense en su sueño

Dedique un momento a concentrarse en el sueño que desea recordar. ¿Qué imágenes o símbolos destacan? ¿Qué colores o emociones se asocian al sueño? También puede consultar las notas o diarios que haya guardado sobre el sueño.

Paso 3: Empezar a crear

Utilice sus materiales artísticos para crear una representación visual de su sueño. Puede ser un dibujo realista, una pintura abstracta o incluso un collage de imágenes y símbolos. Céntrese en captar la esencia del sueño en lugar de intentar recrearlo exactamente.

Paso 4: Añadir detalles y descripciones

Mientras trabaja en el arte de sus sueños, anote cualquier detalle o descripción que le venga a la mente. Esto le ayudará a recordar el sueño con mayor claridad y a establecer conexiones entre los distintos elementos.

Paso 5: Reflexione sobre el arte de sus sueños

Tómese un tiempo para reflexionar sobre el arte onírico que ha creado. ¿Qué emociones o percepciones le despierta? ¿Emerge algún patrón o tema? Anote cualquier pensamiento o reflexión en su diario de sueños.

7. Compartir sueños

Antes de acostarse, concéntrese en pistas o desencadenantes específicos del sueño, como un símbolo onírico recurrente o una emoción concreta. Esto puede aumentar sus posibilidades de reconocer estas pistas en sus sueños y ayudarle a recordar más detalles.

Paso 1: Elija a un amigo o familiar de confianza

Querrá asegurarse de que se siente cómodo siendo vulnerable con ellos y de que le proporcionarán comentarios positivos y apoyo.

Paso 2: Reserve tiempo

Reserve un tiempo para hablar de sus sueños con regularidad. Puede ser una vez a la semana o cada varias semanas, según su horario y disponibilidad. Encuentre un momento que funcione tanto para usted como para su compañero de sueños compartidos.

Paso 3: Recuerde sus sueños

Antes de la hora programada para compartir, asegúrese de recordar claramente sus sueños. Mantenga su diario de sueños junto a la cama y anote tantos detalles como pueda recordar al despertar.

Paso 4: Compartir

Cuando llegue el momento de compartirlo, comience dando una visión general del sueño, incluyendo cualquier emoción, tema o detalle importante que le haya llamado la atención. Sea descriptivo y utilice un lenguaje específico.

Paso 5: Obtener información

Escuche las opiniones y puntos de vista de su compañero para compartir sueños. Haga preguntas y aclare los puntos que no estén claros. Esté abierto a diferentes perspectivas e interpretaciones de sus sueños.

Recordar sus sueños puede ser una herramienta valiosa para el crecimiento personal, el autodescubrimiento y la creatividad. Los sueños pueden proporcionarle una visión de su subconsciente y ofrecerle soluciones a problemas con los que puede estar luchando en su vida de vigilia. Si hace un esfuerzo consciente por recordar y analizar los sueños, podrá obtener una comprensión más profunda de sí mismo y del mundo que le rodea. Además de las técnicas mencionadas, los ejercicios de relajación como la meditación o la respiración profunda pueden aquietar la mente y favorecer un sueño más profundo, lo que se traduce en sueños más vívidos.

También es importante tener en cuenta que no todos los sueños encierran significados o simbolismos significativos. Algunos sueños pueden reflejar simplemente sus experiencias cotidianas o ser el resultado de disparos neuronales aleatorios durante el sueño. Por lo tanto, es esencial abordar la interpretación de los sueños con una mente abierta y no obsesionarse demasiado con tratar de encontrar un significado a cada sueño. También cabe mencionar que los sueños de cada persona son únicos para ella. Las experiencias personales, los antecedentes culturales y las creencias individuales pueden influir en los sueños. Por lo tanto, aunque puede haber algunos símbolos y arquetipos universales, es crucial recordar que la interpretación de un sueño depende en última instancia del soñador.

Capítulo 3: ¿Qué hace en su sueño?

Los sueños a menudo imitan la vida real. Todo lo que ve y experimenta en su vida de vigilia puede introducirse en sus sueños. Cuando cierra los ojos para dormir por la noche, suele verse realizando actividades como correr, comer o reír, mientras que en otros sueños ve realizados algunos de sus peores miedos, como caer del cielo o ahogarse. Sin embargo, con los sueños, todo tiene un significado diferente.

Este capítulo tratará sobre las acciones y actividades cotidianas que ve en sus sueños y lo que simbolizan.

Ahogamiento

El ahogamiento es una de las peores pesadillas, aunque tiene significados positivos y negativos. Puede indicar que está abrumado en su vida de vigilia y necesita un descanso. El sueño también puede significar que está sometido a mucho estrés y siente que se ahoga y necesita recuperar el aliento. Como el agua se asocia con el renacimiento,

Soñar con ahogarse puede tener interpretaciones negativas y positivas[4]

puede simbolizar la renovación, los nuevos comienzos y la transformación.

Evitar el ahogamiento

Si se salva de ahogarse, indica que puede evitar situaciones perjudiciales que pueden afectar a su bienestar espiritual, físico y mental. Aunque se enfrente a retos y obstáculos, los superará y saldrá fortalecido. También significa que la buena suerte se acerca a usted, por lo que debe estar preparado.

Morir ahogado

Si se ahoga y muere en su sueño, es señal de que es incapaz de hacer frente a sus inhibiciones y emociones. Por lo tanto, necesita cambiar su mentalidad y empezar a adoptar una actitud positiva hacia su vida.

Ahogarse en una piscina de natación

Dado que las piscinas están hechas por el hombre, soñar que se ahoga en una indica que alguien de su círculo le está causando problemas o que es usted quien se pone las cosas difíciles. Probablemente se ha fijado metas inalcanzables y no puede cumplirlas. También puede significar que un amigo íntimo en el que confía le está causando problemas. Podrían ser celosos y rencorosos y no tener ningún problema en traicionarle.

Ahogarse en un barco

En sueños, los barcos simbolizan el rumbo que está tomando en su vida. Si sueña que está en un barco que se hunde, es que está a punto de enfrentarse a desafíos en su vida de vigilia. Está sometido a mucho estrés y este sueño le está diciendo que reduzca la velocidad. Probablemente se sienta agotado en su vida de vigilia o se sienta ansioso por su vida en este momento. Si está manejando el barco mientras se hunde, nada va bien en su vida.

Ver ahogarse a un ser querido

Soñar que un ser querido se ahoga sugiere que teme perderlo. Está preocupado por alguien en su vida que podría estar muriendo o luchando con problemas de salud.

Verse ahogado

Si es usted el que se está ahogando, está experimentando emociones negativas en la vida real, como ansiedad, miedo o depresión. Siente que se está haciendo desgraciado y que no puede hacer nada para cambiar su situación.

Comer

Los sueños con comida suelen ser agradables, a menos que esté comiendo algo incomestible. Este sueño podría significar simplemente que se acostó con hambre o que está a dieta y tiene antojo de cierto tipo de comida, como pizza o chocolate. Sin embargo, este sueño puede tener otros significados diferentes. No se trata sólo del acto de comer; la comida y el sabor también pueden tener significados. Si la comida tiene un sabor extraño, es que ha perdido una gran oportunidad en su vida despierta. Experimentar la textura, la sensación y el sabor de la comida en el sueño significa que usted es ambicioso e impulsado a tener éxito.

Comer puede simbolizar el hambre de algo que falta en su vida, como el amor, el reconocimiento o una carrera mejor. Puede sugerir que hay un objetivo que desea o le ilusiona y no puede esperar a cumplir, como comprarse un coche nuevo o perder peso. La forma en que come en su sueño representa lo mucho que desea alcanzar ese objetivo.

Comer solo

Soñar que come solo puede significar varias cosas

Comer solo en su sueño indica que se siente perdido o aislado de las personas de su vida. Sin embargo, si se siente feliz o relajado durante la comida, es que necesita algo de paz y tranquilidad en su vida de vigilia.

Si en su sueño se siente infeliz mientras come solo, es que se siente solo y debe hacer algo para vencer este sentimiento.

Comer algo incomestible

No todos los sueños de comer tienen que ver con la comida. Comer algo incomestible significa que no sabe cómo afrontar los problemas de su vida y que necesita enfrentarse a ellos de inmediato.

Comer con los demás

Comer con otras personas en sus sueños tiene un significado más positivo que comer solo. Muestra su comodidad en situaciones sociales y que tiene una gran relación con las personas de su vida. También puede significar que desea relacionarse con los demás o que le faltan amistades.

Falta de alimentos

La falta de comida o no tener suficiente comida en su sueño indica que falta algo en su vida. También puede tener hambre de nuevas experiencias. Está haciendo algo en su vida que no le produce ninguna satisfacción, o ha alcanzado un objetivo en el que llevaba mucho tiempo trabajando, pero sigue sintiéndose infeliz.

Comer en exceso

Comer en exceso en su sueño significa que está abrumado en su vida de vigilia. Está sometido a mucho estrés y necesita un descanso. También puede indicar que se siente inseguro y necesita impresionar a alguien o que está intentando que una persona que le interesa se fije en usted. El sueño también puede significar que necesita un cambio en su vida.

Alimentos venenosos

La comida venenosa significa que está luchando con un problema en su vida de vigilia. Alguien cercano le ha decepcionado, o un trabajo o una experiencia en la que tenía puestas grandes esperanzas le ha hecho sentirse desgraciado. También puede significar que está trabajando duro para lograr un objetivo, pero no está ni cerca de conseguirlo y se siente desesperanzado.

Caer

Los sueños con caídas son comunes y desagradables, y suelen tener distintos significados. Pueden simbolizar una falta de control sobre diversas cuestiones de su vida, que le provocan ansiedad, miedo e impotencia. Interpretar este sueño depende de encontrar pistas en el contexto de su sueño.

Los sueños con caídas son uno de los más comunes*

Soñar con la caída de otra persona

Este sueño significa que le preocupa perder a alguien que le importa, como que su pareja le abandone. También indica que un ser querido está luchando con el control en su vida, y usted está preocupado por él.

Caerse por un ascensor

Soñar que se cae por un ascensor o unas escaleras simboliza un bienestar emocional pobre y poca confianza en sí mismo. También podría preocuparle que las cosas estén cambiando a su alrededor y no pueda seguir el ritmo de los demás. Este sueño también significa que está herido emocionalmente. Si consigue salir del ascensor o alguien le salva, le están llegando nuevas oportunidades.

Caer en la oscuridad

Caer en un lugar desconocido o en un abismo oscuro significa que tiene miedo de algo en la vida real. Su sueño le está diciendo que se enfrente a estos miedos de inmediato. Si se trata de un sueño recurrente, vea qué pistas o mensajes le está dando y reevalúe su vida para ver qué necesita abordar. El miedo a lo desconocido y al futuro suele ser el principal desencadenante de este sueño.

Hacerse daño

Soñar que se cae y se hace daño significa que es incapaz de afrontar ciertos aspectos de sí mismo y de su vida, como no alcanzar sus objetivos o no estar a la altura de sus expectativas. También puede indicar que no puede superar ciertos retos en solitario.

Verse caer

Si es usted el que cae en su sueño, se siente rechazado, ansioso, inseguro, abrumado, inferior, indefenso y fuera de control. Ver a alguien empujándole por un precipicio significa que se siente inseguro en su vida. Sufre de baja autoestima si tropieza y cae desde un acantilado. En todos los contextos, usted no se siente en control de su vida. Caer de un avión llevando un paracaídas indica libertad y soltar lo que le retiene.

Tropiezos y caídas

Si no puede ver con qué ha tropezado, significa que alguien en su vida le está sacando de quicio. Si tropieza con un plátano o con cualquier otro objeto, debe cuidarse a sí mismo y a las personas de su vida. El sueño también puede tener un significado positivo, como recibir una sorpresa inesperada y feliz.

Volar

Volar puede ser un sueño placentero o aterrador, dependiendo del contexto. Puede significar sentirse libre y que todo es posible. Puede ir a cualquier parte, hacer cualquier cosa y ser cualquiera. Demuestra que puede manejar cualquier cosa que la vida le depare.

El significado negativo de este sueño refleja que hay algo en su vida con lo que no puede vivir y de lo que intenta escapar. A veces, este sueño significa que usted está estresado en su vida de vigilia.

Volar en avión

Volar en sueños simboliza que usted tiene el control de su vida y de hacia dónde se dirige. Los aviones le llevan de un destino a otro, por lo que el sueño puede indicar que se dirige a otro lugar o que inicia un nuevo capítulo en su vida. Si el avión se estrella o experimenta turbulencias, se enfrentará a obstáculos en su camino.

En caída

Si está volando y de repente se ve cayendo, significa que está luchando contra el crecimiento personal y la superación personal. Puede tener obstáculos en su vida que le impidan avanzar y necesita superarlos.

Miedo a volar

Sentir miedo mientras vuela sugiere que usted tiene pensamientos negativos. Estos pensamientos le impiden disfrutar de su vida y de todo lo que le ofrece. También puede significar que está apegado a su pasado, que tiene la necesidad de tener siempre el control o que sus objetivos son difíciles de alcanzar.

Volando alto

Volar alto en su sueño representa la libertad, la falta de obstáculos y el éxito. Usted ha superado algunos retos en su vida de vigilia, como conseguir un ascenso por el que ha trabajado duro o alcanzar el éxito financiero. Sin embargo, este sueño también puede tener un significado diferente. Usted puede presumir constantemente de sí mismo delante de los demás, y su subconsciente le dice que debe tener los pies más en la tierra.

Volar con alas

Si sueña que tiene alas y vuela como un pájaro, indica que tiene un espíritu libre o que está experimentando nuevos comienzos y se siente esperanzado. También puede significar que se le presentan grandes oportunidades que le traerán alegría y felicidad. El sueño puede simbolizar que se siente con poder y fuerte. Ha conseguido deshacerse de todo lo que le retiene y se siente invencible.

Luchando por volar

Soñar que le cuesta volar o que es incapaz de mantenerse en el aire más de unos segundos sugiere que algo en su vida le impide mejorar o avanzar. Está intentando decirle dónde radica el problema, así que preste atención al contexto de su sueño; puede proporcionarle pistas.

Riendo

Reír siempre es agradable, pero como todo en el mundo de los sueños, puede tener significados positivos y negativos. Si su risa es natural y no histérica, significa que está feliz y satisfecho en su vida de vigilia. Reír también puede significar que está abrumado por la tensión y el estrés, y que necesita cuidarse y divertirse. El sueño también representa su satisfacción con su vida. La mayoría de las personas se despiertan sonriendo cuando se ríen en su sueño.

Reír y llorar

Soñar que ríe y llora al mismo tiempo indica confusión. Probablemente ha vivido situaciones difíciles en los últimos meses, se siente sensible y lucha por salir adelante. Cada vez que intenta mantenerse positivo, se ve arrastrado de nuevo a un círculo de oscuridad y negatividad. Nadie puede ayudarle excepto usted.

Reír a carcajadas

Este sueño significa que le gusta ser el centro de atención. Quiere que todas las miradas estén puestas en usted y siempre intenta conseguir una reacción de los demás. Hay algo en usted que hace que la gente disfrute de su compañía y se ría allí donde esté. Desea caer bien, lo que le vuelve loco cuando le cae mal a alguien.

Reír en silencio

Reír tranquilamente en un sueño refleja su paciencia. Usted está tranquilo y sereno, y no deja que el estrés le afecte. Sea cual sea la situación, usted nunca reacciona con ira o agresividad.

Alguien más ríe

Soñar con alguien que se ríe significa que pronto vivirá experiencias felices. Puede que se vaya de vacaciones con sus amigos o un ser querido, o que pronto celebre una buena noticia. El sueño también puede presagiar que algo que está esperando ocurrirá por fin, como casarse, tener un bebé o conseguir un ascenso.

Alguien se ríe de usted

Soñar que alguien se ríe de usted significa que algo en su vida requiere atención y que debe forzarse a manejar la situación. También puede indicar que usted tiene una personalidad fuerte. Este sueño también puede ser una advertencia de que está a punto de recibir malas noticias o de que está rodeado de energía negativa.

Risa incontrolable

Este sueño refleja sus emociones fuera de control. Pierde fácilmente los nervios y reacciona sin pensar. Le está diciendo que deje de reaccionar de forma exagerada ante cada situación y que piense antes de hablar.

Correr

Correr es uno de los sueños más recurrentes. No suele ser un sueño agradable, ya que usted escapa de algo o persigue a alguien. Por lo general, correr significa escapar de la realidad, crecimiento personal, alejarse de sus problemas, superar retos y, en algunos casos, experimentar alegría. Si corre rápido y con fuerza, debería encontrar un objetivo en su vida hacia el que correr.

Correr despacio significa que le costará alcanzar sus objetivos en la vida real. También podría estar corriendo para evitar algo o a alguien en su vida real, como una tarea laboral, un examen o problemas de pareja. Cuando huye de algo o hacia algo, se siente ansioso o culpable por un asunto de su vida despierto. Correr sin un propósito indica preocupación y ansiedad por su futuro o que se siente atrapado o le cuesta tomar una decisión.

Huir de alguien

Soñar que huye de alguien o de algo significa que intenta evitar o escapar de sus miedos. Se siente en peligro o amenazado, así que huye. A veces, puede estar huyendo de algo dentro de usted, como sus impulsos o sus luchas internas. Ver la cara de la persona o cosa que le persigue puede darle una idea de lo que le preocupa.

Correr para hacer ejercicio

Soñar que está corriendo para hacer ejercicio representa que está trabajando para mejorarse a sí mismo y a su vida. Sin embargo, el sueño también puede indicar que está malgastando su esfuerzo en cosas equivocadas, como un proyecto o una carrera. Analice e investigue el asunto detenidamente antes de dar ningún paso.

Correr con miedo

Si está corriendo para salvarse de alguien que le persigue y tiene miedo, se siente protegido y seguro en su entorno. También puede estar dirigiéndose por un camino peligroso, y este sueño le sirve de advertencia para que tenga la guardia alta. Este sueño también puede reflejar ciertos problemas con los que está luchando en su vida de vigilia.

Correr para esconderse

Si sueña que corre para esconderse, debe mirarse a sí mismo y reevaluar su vida. Puede que esté sometido a mucho estrés y necesite bajar el ritmo, o que las cosas estén cambiando a su alrededor y no se sienta en control. Este sueño también simboliza la evasión. Hay un asunto en su vida que no puede afrontar, como un secreto o un recuerdo triste que intenta bloquear.

Correr hacia alguien

Correr hacia alguien en sus sueños tiene dos significados. Puede indicar que está trabajando en un objetivo difícil, pero lejos de conseguirlo. En este caso, evalúe sus estrategias para determinar qué necesita cambiar. También puede reflejar su ambición y su deseo de alcanzar sus objetivos inmediatamente. Va por buen camino y puede lograr todo lo que se proponga y convertir su sueño en realidad.

No se puede ejecutar

Soñar que intenta correr, pero no puede mover los pies es un sueño recurrente, normalmente resultado de la parálisis REM. Sin embargo, puede reflejar que sufre de baja autoestima.

En el país de los sueños, nada es lo que parece. Ahogarse puede tener un significado positivo, mientras que la risa puede tener uno negativo. Preste atención a sus sueños y comprenda el significado que hay detrás de todo lo que ve. Su subconsciente le está pintando un cuadro y cada detalle importa.

Capítulo 4: Lugares y significados de los sueños

Los sueños tienen lugar en escenarios reales o imaginarios. Lo más frecuente es que cambien durante el sueño, mientras que otras veces, ni siquiera se fija en el lugar, ya que los acontecimientos tienen prioridad. Cuando la gente interpreta sus sueños, suele centrarse más en el escenario que en el lugar en el que ocurrió. Sin embargo, de forma similar a las acciones, su subconsciente también está intentando decirle algo a través de la localización de sus sueños.

Los mundos oníricos reflejan su mentalidad. No simbolizan un lugar, sino lo que usted piensa en su vida de vigilia. Por ejemplo, soñar con su oficina significa que está preocupado por su trabajo. Si sueña con volver a la escuela, le preocupan las lecciones de vida que espera aprender. Soñar con la casa de su infancia sugiere que sigue apegado al pasado. Una vez que comprenda el significado que hay detrás de los distintos lugares comunes, se comprenderá mejor a sí mismo.

Este capítulo tratará sobre los diferentes lugares de los sueños y los significados y simbolismos que hay detrás de ellos.

Parque de atracciones

Soñar con un parque de atracciones simboliza su necesidad de tomarse un descanso y divertirse. Quizá haya estado trabajando demasiado y necesite más tiempo para usted. También puede indicar que siente nostalgia de su despreocupada infancia. El sueño podría reflejar además su deseo de escapar de la realidad, aunque sea temporalmente.

Soñar con un parque de atracciones simboliza la necesidad de un descanso[7]

Si no se divierte en el parque, se siente atrapado y no tiene ningún control sobre su vida.

Parque de atracciones abarrotado

Soñar con un parque de atracciones abarrotado refleja su miedo a la soledad. Necesita el amor y el apoyo de su familia y amigos para combatir este sentimiento. También puede significar que le cuesta tomar una decisión. Muchas personas intentan influir en su opinión y usted no puede pensar con claridad.

Montaña rusa

Una montaña rusa en sueños indica que no se toma nada en serio. Significa que está intentando mejorar su vida y tomárselo día a día. Montar en una montaña rusa con un ser querido simboliza los altibajos de su relación. Representa su deseo de vivir experiencias nuevas y divertidas con ellos. La montaña rusa también puede simbolizar que su relación con esta persona cambiará o que factores externos afectarán a ambos. Estos cambios serán positivos si se divierte en el viaje. Sin embargo, si se siente asustado o incómodo, serán desagradables. Si no está disfrutando del paseo en el sueño, no aceptará los cambios en su vida de vigilia.

Playa

Ver la playa en sueños sugiere reflexionar sobre sí mismo y su vida. Está a punto de experimentar grandes cambios que pueden ser buenos o malos, como una proposición de matrimonio o una ruptura. También significa que está en paz con cualquier cosa que ocurra en su vida. Ha decidido ver el lado positivo y aceptar cualquier cosa que le ocurra con una sonrisa y gratitud. Este sueño sugiere que está a punto de irse de vacaciones, que serán una escapada muy necesaria para poder recargar las pilas y volver a centrarse en sus objetivos.

Playa vacía o desierta

Este sueño significa que se siente vacío por dentro. Su subconsciente le está diciendo que mire hacia dentro para encontrarse a sí mismo y llenar el vacío. Olvídese de lo que tiene que hacer y céntrese en las cosas que le aportan alegría. Este sueño también puede simbolizar una transición.

Una playa desierta significa que está agotado y que necesita desesperadamente un descanso. Quiere estar en un lugar sin nada ni nadie de quien preocuparse salvo de usted mismo.

Tomar el sol en la playa

Este sueño simboliza la nostalgia y el regreso a una época en la que usted estaba despreocupado y en paz. También significa que anhela experimentar algo nuevo y sorprendente.

Hogar de la infancia

Soñar con su infancia significa que siente nostalgia del pasado. Probablemente se siente poco apoyado y querido por las personas de su vida y busca el consuelo de su infancia. O simplemente, su cerebro está intentando escapar de lo desagradable de su vida de vigilia hacia un recuerdo seguro y feliz. También puede significar que añora una época en la que la vida era sencilla. A veces, el pasado puede traer malos recuerdos y resentimiento, y su subconsciente le está diciendo que es hora de enfrentarse a él y dejar ir la ira y el dolor.

Un hogar mejor para la infancia

Soñar con una casa de la infancia mejor y más grande sugiere que los principios e ideales con los que ha crecido han influido positivamente en su vida. Su infancia feliz ha influido en la persona fuerte y de éxito en la que se ha convertido.

La casa de la infancia destruida

Soñar que destruyen la casa de su infancia sugiere que le persiguen recuerdos desagradables. También puede significar que un viejo secreto que ha guardado toda su vida ha salido ahora a la luz. Tal vez se ha creado una falsa imagen de su infancia y ahora se revela la verdad.

Iglesia o templo

Ver un lugar de culto en su sueño, como una iglesia o un templo, indica que necesita el apoyo y la orientación de un dios o de un lugar superior. También significa que se enfrenta a dos opciones y no sabe cuál es la correcta para usted. También está luchando con preguntas existenciales como "¿Por qué está aquí?" o "¿Qué le depara el futuro?". Los lugares de culto en sueños pueden reflejar su deseo de conectar con su lado espiritual.

Estar en una iglesia o templo

Si está luchando con dificultades en su vida de vigilia, este sueño representa su frustración y confusión sobre qué hacer en esta situación. Está desesperado, siente que no hay salida y está a punto de renunciar a sus objetivos. Su autoestima se tambalea y ya no tiene fe en sus capacidades. Los lugares de culto simbolizan su fe. Estar en una iglesia o templo en su sueño es señal de que puede superar estos obstáculos.

Iglesia o templo cerrado

Ver una iglesia o un templo cerrado en su sueño significa que se siente desamparado y solo. Quizá un amigo íntimo o un familiar le haya decepcionado recientemente. Su subconsciente le está diciendo que tome el camino correcto y abra su corazón al perdón.

Ciudad

Una ciudad en sueños simboliza un estilo de vida acelerado y animado. Puede indicar que su vida está cambiando a un ritmo con el que no se siente cómodo y que le cuesta seguir el ritmo, por lo que debería hacer una pausa y reflexionar. Dado que la ciudad se asocia con nuevas oportunidades, este sueño sugiere que usted tiene esperanzas y cree que se le avecinan cosas buenas. Soñar que trabaja en una ciudad significa que su trabajo es su prioridad número uno, y que ha afectado a sus relaciones con sus seres queridos. O está insatisfecho con su carrera actual y busca un cambio.

Ciudad abandonada

Una ciudad abandonada en sueños sugiere separación y el fin de una relación. Quizá esté intentando salvar su matrimonio sólo para darse cuenta de que usted es el único que aguanta y la otra persona ya no está interesada. Este sueño es una señal de que debe alejarse antes de que empiece a resentirse. O tendrá una gran pelea con un ser querido que irá a más y acabará con su relación.

Vagando por la ciudad

Este sueño significa su naturaleza indecisa. Pronto le costará tomar una decisión porque las dos opciones le resultarán atractivas. No querrá tomar la decisión equivocada y arrepentirse más tarde. Este sueño es una advertencia de que algunas personas pueden aprovecharse de su confusión e influir en usted para que tome una decisión que les beneficie.

Soñar que deambula por una ciudad extraña sugiere que se mudará a un nuevo país o que vivirá una situación desconocida. Al principio le costará asumir el cambio, sobre todo si implica conocer a gente nueva. Sin embargo, con el tiempo, se adaptará y abrazará su nueva vida.

Si se pierde mientras deambula por una ciudad, significa que está luchando por tomar una decisión relacionada con su carrera. Tal vez quiera iniciar su propio negocio, pero le preocupa asumir el riesgo. También puede significar que le han ascendido en su vida de vigilia o que le han asignado un nuevo proyecto, y se siente abrumado por sus nuevas responsabilidades. Le resulta difícil tomar cualquier decisión porque sabe que afectará a otras personas. También puede indicar que se siente confuso en el lugar de trabajo. La dirección o sus responsabilidades han cambiado y ya no está seguro de lo que se espera de usted.

Campo

Soñar con el campo indica que se siente agotado y estresado en su vida de vigilia. Sus relaciones y las personas de su vida también pueden hacerle sentir constreñido. Estar en el campo simboliza la paz y la libertad que usted anhela. Desea escapar de su vida caótica a un entorno tranquilo y natural. El sueño significa además que se siente libre de las normas impuestas por la sociedad.

Vivir en el campo

Soñar que vive en el campo indica que las cosas van a funcionar en su vida. Ha encontrado a la persona con la que quiere pasar el resto de su vida o por fin ha encontrado una carrera que le hace feliz. Por fin tiene el control de su vida.

Visitar el campo

Si sueña con visitar el campo, es que necesita un descanso o unas vacaciones para alejarse de todo. También puede indicar que está a punto de experimentar cambios positivos en su vida. Cualquier cosa que le preocupe o le cause estrés está a punto de terminar.

Bosque

Soñar con un bosque puede indicar sentimientos de inseguridad.

Soñar con un bosque significa que está buscando algo que ya no existe. Caminar por un bosque puede indicar que se siente inseguro e intranquilo. También simboliza la transformación y la reflexión. Su subconsciente le está diciendo que mire hacia dentro y reevalúe su forma de afrontar los obstáculos de la vida y de encontrar la felicidad. Además, puede significar que debe ser consciente de su entorno para protegerse y evitar problemas.

Estar en un bosque

Soñar que está en un bosque sugiere que debe ser precavido. Puede tener problemas en el trabajo que requieran toda su atención. También puede indicar que experimentará discordias con otros miembros de su familia. Este sueño puede servirle de advertencia de que alguien en su vida le traicionará. No comparta sus miedos o inseguridades con personas en las que no confíe; pueden utilizar sus debilidades en su contra.

Perderse en un bosque

Este sueño es señal de que probablemente experimentará decepciones y traiciones. También significa que debe estar agradecido por lo que tiene porque las circunstancias pueden cambiar en cualquier momento. Si se encuentra en una situación difícil en estos momentos, este sueño le está diciendo que aprenda de las dificultades, ya que le harán más fuerte y las cosas mejorarán.

Biblioteca

Soñar con una biblioteca simboliza sus vastos conocimientos y su sabiduría. Sus seres queridos a menudo buscan su consejo y confían en su opinión. También indica que se le oculta cierta información y que algunas personas de su vida no son lo que parecen. Su subconsciente le está diciendo que investigue más y que sea cuidadoso y esté alerta para descubrir lo que se oculta. Este sueño le está diciendo además que mire en su interior para encontrar las respuestas que busca.

Bibliotecas vacías y abandonadas

Soñar con una biblioteca vacía es señal de que está a punto de enfrentarse a algún problema en su vida profesional. Puede que su empresa se enfrente a problemas financieros y tenga que despedir a algunas personas, o que su rendimiento no esté a la altura de sus estándares, por lo que le preocupa que puedan despedirle. Tal vez, uno de sus compañeros de trabajo le apuñale por la espalda y le haga perder su empleo.

Ver una biblioteca abandonada en su sueño implica renunciar a sus objetivos profesionales y académicos para centrarse en su familia. Su subconsciente le está diciendo que siga persiguiendo sus sueños o vivirá lamentándose.

Gente en una biblioteca

Soñar con extraños en una biblioteca significa que debe comprender sus puntos fuertes, sus debilidades y sus capacidades antes de iniciar cualquier nuevo proyecto. Si sueña con amigos o familiares en una biblioteca y esta persona le guía, estará aprendiendo de ellos en su vida de vigilia. Le abrirán los ojos a conocimientos que ni siquiera sabía que existían. Si está solo en una biblioteca, es señal de que acabará alcanzando todos sus objetivos.

Pasillo largo

Soñar con un largo pasillo simboliza su pasión, liderazgo, entusiasmo y valentía. También significa transformación en su vida. Sin embargo, usted no está dispuesto a aceptar el cambio. Usted quiere que todo siga igual. Este sueño simboliza además nostalgia, preocupaciones e inseguridad.

Correr por un largo pasillo

Este sueño sugiere mala salud o tristeza en su vida de vigilia. Su subconsciente le está diciendo que vaya más despacio y se centre en usted mismo. Indica que algo en su vida requiere su atención inmediata. El sueño refleja dudas sobre sí mismo. Usted no cree tener lo necesario para alcanzar sus objetivos. También insinúa que experimentará el final de su negocio o relación.

Caminando por un largo pasillo

Este sueño sugiere que está a punto de iniciar un nuevo capítulo en su vida y que debe estar preparado para ello. Sin embargo, su subconsciente le está diciendo que sopese todas sus opciones antes de tomar cualquier decisión.

Escaleras

Los sueños con escaleras significan crecimiento personal y trabajo para alcanzar sus objetivos. Simbolizan los pasos que debe dar para tener éxito en su vida de vigilia. También reflejan los altibajos que siente en su vida cotidiana.

Subiendo las escaleras

Soñar que sube las escaleras simboliza la consecución de sus sueños. Refleja su naturaleza ambiciosa. Unas escaleras largas significan que su objetivo no será fácil de alcanzar y que se enfrentará a retos en el camino. Si sube las escaleras con dificultad, se enfrenta a contratiempos en su vida de vigilia. Su subconsciente puede estar advirtiéndole que haga una pausa y se cuide.

Bajando las escaleras

Este sueño significa que desciende de un alto cargo, como si le degradaran en el trabajo. También significa que algo en su vida le está estresando y se siente aplastado bajo su peso. La dificultad para bajar las escaleras simboliza indecisión hacia el cambio. Si baja la escalera con facilidad, usted es optimista y confía en el futuro.

Túnel

Soñar con túneles significa que está preparado para dejar atrás el pasado y centrarse en el futuro. Representan el camino que recorre y los retos a los que se enfrenta en la vida. Los túneles reflejan sus fuertes capacidades y su actitud positiva incluso cuando se enfrenta a retos y dificultades. Si tiene este sueño durante un momento difícil de su vida despierta, su subconsciente le está enviando un mensaje para que se mantenga fuerte y siga adelante. Saber a dónde conduce el túnel en su sueño significa que se siente seguro y tranquilo sobre el camino que está tomando en su vida de vigilia. Sin embargo, si la ruta no está clara, se siente inseguro sobre sus decisiones.

Estar en un túnel

Este sueño implica que ha superado retos en su vida de vigilia que le impedían alcanzar sus objetivos. Ahora que los ha logrado, está a punto de emprender un nuevo y emocionante viaje.

Quedarse atrapado en un túnel

Soñar que se queda atrapado en un túnel sugiere que un malentendido entre usted y un amigo desembocará en una gran pelea. Si el túnel es oscuro, se enfrenta a retos en su vida y busca apoyo. La oscuridad indica que se siente solo. Está atravesando momentos difíciles y se niega a confiar o abrirse a alguien.

Todas las historias tienen lugar en algún lugar, y las historias de sus sueños no son diferentes. La ubicación de su sueño es un mensaje de su subconsciente sobre el estado de su mente. Entrénese para fijarse en dónde tienen lugar sus sueños. Cuantos más lugares encuentre, más mensajes deberá descifrar. Comprender el significado que hay detrás de estos lugares le dará una visión de su mente y le revelará secretos sobre usted mismo que le sorprenderán. A la hora de interpretar los sueños, siga el consejo de los agentes inmobiliarios y céntrese en el lugar, lugar, lugar.

Capítulo 5: Simbolismo onírico de los cuatro elementos

Los símbolos se han utilizado a lo largo de la historia para representar conceptos y sentimientos abstractos, y los sueños no son una excepción. El simbolismo onírico en los cuatro elementos, fuego, tierra, agua y aire, es una antigua técnica griega de conexión con el mundo natural. En un sueño, cada elemento representa algo único. Tanto si sueña con un fuego furioso, una exuberante playa tropical o una poderosa ráfaga de viento, los elementos ofrecen una forma única de comprender sus pensamientos y sentimientos más íntimos. Este capítulo explorará por qué comprender el simbolismo de estos elementos puede ayudarle a descifrar el significado de sus sueños y a obtener una visión más profunda de su subconsciente.

Los cuatro elementos

El origen de los cuatro elementos en los sueños se remonta a la antigua Grecia. Este sistema de creencias, denominado Teoría de los Cuatro Elementos, fue fundado hacia el 450 a.C. y retomado posteriormente por Aristóteles. Sugería que toda la materia de la Tierra estaba compuesta por cuatro elementos fundamentales: Fuego, agua, tierra y aire. Según la antigua Grecia, los sueños eran una manifestación de los cuatro elementos del universo.

1. Se creía que el fuego era el elemento de la creatividad y la pasión
2. El agua se asociaba con las emociones y el inconsciente
3. La Tierra estaba vinculada a la realidad física
4. El aire estaba conectado con el reino espiritual

Para los antiguos griegos, los cuatro elementos eran esenciales para comprender la experiencia humana, y el proceso de soñar era una extensión de ello. Esta teoría formó parte integral del desarrollo de la filosofía occidental y ha sido adoptada por muchas culturas de todo el mundo. Hoy en día, los cuatro elementos siguen utilizándose como un aspecto intrínseco de la interpretación de los sueños.

- El fuego aparece a menudo en los sueños como símbolo de pasión, energía, fuerza y creatividad. Representa el impulso, la ambición y la motivación. El fuego puede ser señal de un deseo ardiente o una advertencia para que tenga cuidado con algo que podría ser peligroso.
- La tierra se asocia con la estabilidad, el arraigo y el sentido práctico. Un recordatorio para mantenerse en sintonía con el momento presente y centrarse en lo importante, la tierra representa su conexión con el mundo físico y con los demás.
- El agua es un elemento de emoción, intuición y creatividad. Refleja sus sentimientos más íntimos, así como sus deseos subconscientes. El agua también es un signo de apertura al cambio o de aprendizaje de experiencias pasadas.
- El aire se asocia con la comunicación, la claridad y la libertad. Signo de la necesidad de expresarse abiertamente o de estar abierto a nuevas ideas y perspectivas, el aire representa la necesidad de claridad en una situación difícil.

Profundicemos en cada uno de los cuatro elementos para que pueda evaluar la energía global de su sueño y obtener una visión en profundidad del mensaje potencial y el propósito del sueño.

Fuego

El fuego es un símbolo poderoso con una amplia gama de interpretaciones. Desde la pasión y la transformación hasta la destrucción y la ira, el simbolismo del fuego depende del contexto del sueño, de sus sentimientos y de su estado de ánimo actual. Un sueño en el que aparece un fuego furioso podría simbolizar:

- Emociones intensas, como la ira, la rabia o la pasión.
- Una transformación poderosa, como un nuevo comienzo o un renacimiento.
- Calidez, comodidad y seguridad.

El fuego también puede ser un símbolo de destrucción. Si el soñador se siente abrumado o se enfrenta a una situación difícil, el fuego puede estar advirtiéndole del peligro que se avecina o representar la destrucción que podría producirse si el soñador no tiene cuidado. El color del fuego también puede ser significativo:

- El fuego amarillo o naranja brillante puede representar la energía, el calor y la pasión.
- El fuego rojo puede simbolizar la ira o la rabia.
- El fuego azul puede representar una transformación espiritual o una influencia tranquilizadora.

Incendio de una casa

Los sueños sobre incendios domésticos suelen interpretarse como una señal de miedo o ansiedad. El simbolismo del fuego está relacionado con la inseguridad, la vulnerabilidad y la ira, además de indicar una falta de control y un deseo muy arraigado de tomar más las riendas de su vida. El sueño sugiere:

- Falta de control.
- Una situación que se siente impotente para cambiar.
- Una señal de impulsos o hábitos destructivos de los que necesita deshacerse.
- Peligro potencial.
- Que se siente abrumado.

Dado que el fuego se asocia con la transformación, la destrucción y la renovación, el incendio de una casa puede simbolizar:

- Un deseo de empezar de nuevo o un periodo de transición.
- Aspectos de su vida que deben abordarse o cambiarse.
- Pasión e intensidad, por lo que podría ser representativo de emociones fuertes.

Estar cerca de un incendio/Fuego en la distancia

Si sueña que está cerca de un fuego ardiente, significa que se siente abrumado por emociones intensas y necesita encontrar una forma de expresarse.

- Si usted mismo enciende el fuego en su sueño, es que desea con fuerza crear algo nuevo o iniciar un nuevo proyecto. También indica que necesita tomar las riendas de su vida y ser más firme.
- Por otro lado, si el fuego de su sueño ya está encendido, se siente con energía y listo para asumir nuevos retos.

Soñar con un fuego ardiente en la distancia significa una crisis inminente o una advertencia de peligro potencial.

- Si se siente en conflicto o está luchando con algo, el fuego representa la intensidad de la situación, y la distancia representa lo lejos que se siente una solución.

Un fuego en la distancia también simboliza su pasión y entusiasmo por algo en su vida, pero aún tiene que esforzarse para conseguirlo. No obstante, su entusiasmo y su pasión arden con fuerza y está avanzando hacia la consecución de algo.

Usted está en llamas

Soñar que usted mismo se prende fuego es señal de transformación y renacimiento. Este tipo de sueño suele indicar que está atravesando un periodo de crecimiento y desarrollo personal. También significa un deseo de hacer cambios en su vida, como cambiar de profesión o iniciar una nueva relación, pero tiene miedo al fracaso o a ser juzgado por los demás. En definitiva, el simbolismo de este sueño podría interpretarse de diferentes maneras, dependiendo del contexto y de los detalles del sueño. Por ejemplo:

- Si sueña que le envuelven las llamas y siente una sensación de libertad, significa que está preparado para asumir riesgos y hacer cambios audaces en su vida.
- Por el contrario, si se siente abrumado por las llamas, es señal de que está abrumado por los retos de la vida o se siente atrapado en una situación insatisfactoria.

Alguien más está ardiendo

Soñar que otra persona se incendia puede ser fuente de confusión y temor. Puede ser difícil hacerse a la idea del simbolismo de un sueño así, sobre todo si se trata de alguien a quien quiere. En cualquier caso, recuerde que estos sueños son simbólicos y no deben tomarse al pie de la letra. Tómese su tiempo para reflexionar sobre lo que significan los sueños y cómo se aplican a usted. En el simbolismo onírico, que otra persona esté ardiendo puede indicar una necesidad de cambio o transformación en su vida:

- Es un signo de ira o resentimiento hacia ellos y significa que debe enfrentarse a ellos y mantener una conversación sincera.
- Es una señal de deseo o de querer ver sufrir a esa persona de alguna manera.
- Es una señal de que necesita desprenderse de algo que le retiene, ya sea una relación tóxica o un hábito destructivo.

Esencialmente, los sueños de este tipo simbolizan el final de una fase concreta de su vida o el comienzo de algo nuevo y emocionante. Sin embargo, debe abordar lo que le esté frenando antes de seguir adelante.

Tierra

Generalmente, cuando se sueña con tierra, simboliza estabilidad y seguridad. Concretamente, indica la necesidad de mantenerse enraizado y conectado a las propias raíces. Puede recordarle que debe mantenerse fiel a sí mismo y a sus valores. La tierra también representa:

- Fertilidad y crecimiento, lo que sugiere que el soñador se encuentra en un buen momento de su vida y puede manifestar sus sueños y deseos.
- Una advertencia para centrarse en el presente, ya que las acciones del soñador ahora determinarán el futuro.
- Signo de abundancia y prosperidad, ya que la tierra es abundante y siempre proporciona lo necesario.

El simbolismo de la tierra en sueños está relacionado con la propia madre y la familia. Sirve como recordatorio de que uno debe cuidar de la familia o apreciar el tiempo que pasa con ella. Como la tierra es la criadora por excelencia, representa la necesidad de nutrirse y ser compasivo.

Una catástrofe natural

Soñar con catástrofes naturales como terremotos, inundaciones, huracanes y tornados puede interpretarse de varias maneras, según los detalles del sueño. Por ejemplo:

- Si sueña con un terremoto, representa un trastorno en su vida. Puede tratarse de algo grande, como una mudanza o un nuevo trabajo, o de algo más pequeño, como el final de una relación.

- Soñar con una inundación representa una liberación emocional. Simboliza una sensación abrumadora de emociones que usted ha estado reteniendo.
- Por el contrario, si sueña que ve una inundación, es señal de que está dejando atrás algo que le retiene, como una relación tóxica o un hábito poco saludable.
- Soñar con un huracán, un tornado u otra tormenta poderosa representa un periodo de intenso crecimiento o transformación. La intensidad de la tormenta indica el nivel de transformación que está atravesando. Si la tormenta fue destructiva, significa el final de un viejo capítulo, mientras que, si fue calmante, significa que un nuevo comienzo está a punto de desarrollarse.

Dependiendo de cómo se sintiera durante el sueño, puede tomar estos escenarios de catástrofes naturales como positivos o negativos. Si se siente asustado e indefenso, representa una falta de control sobre su vida. En cambio, si se siente lleno de energía y dispuesto a afrontar el peligro, representa la voluntad de aprovechar nuevas oportunidades.

Ser enterrado

Cuando sueña que le entierran en la tierra, puede significar una variedad de cosas diferentes dependiendo del contexto del sueño:

- El deseo de escapar de una situación difícil.
- Estar abrumado.
- Un deseo de estar protegido del mundo exterior.
- La sensación de estar atascado en la vida.
- El deseo de estar más cerca de la naturaleza.
- Un sentimiento de estar agobiado por las responsabilidades de la vida.

Cuando se trata de simbolismos oníricos como éste, considere el contexto del sueño y cómo se sintió al despertar. Si sintió alivio o una sensación de liberación, el sueño representa el deseo de escapar de una situación difícil. Si el sueño le dejó una sensación de impotencia o agobio, significa que está abrumado. Por otro lado, si el sueño le dejó sintiéndose seguro y protegido, representa el deseo de estar protegido del mundo exterior.

Ver los planetas en el cielo

Los sueños pueden ser un fenómeno fascinante y misterioso. Cuando sueña que ve los planetas en el cielo, puede ser un reflejo de sus pensamientos y emociones más íntimos. Este tipo de sueños simbolizan:

- Ambición, exploración y deseo de alcanzar las estrellas.
- La necesidad de ampliar sus horizontes y explorar el mundo.
- El deseo de comprenderse mejor a sí mismo y al mundo que le rodea.
- Sentirse abrumado por la enormidad de la vida y las responsabilidades que conlleva. Su subconsciente le está diciendo que dé un paso atrás y reevalúe la dirección en la que se dirige.

Mirando la Tierra desde el espacio

Soñar que mira a la Tierra desde el espacio es un poderoso símbolo de perspectiva y distancia espiritual y física. Representa comprensión, claridad y distancia respecto a su situación actual. Su subconsciente le está diciendo que mire una situación desde un ángulo diferente, que dé un paso atrás y adquiera cierta distancia emocional. Ver la Tierra desde el espacio representa:

- La necesidad de crecimiento y desarrollo espiritual.
- Un recordatorio para que saque algo de tiempo de su ajetreada vida y lo dedique a sí mismo o a la naturaleza.
- Una señal para tomarse un descanso de la tecnología y volver a conectar con uno mismo y con el mundo natural, permitiéndose adquirir una nueva perspectiva.
- La necesidad de distancia física o de cambio.

Agua

Cuando sueña con agua, indica un estado emocional: sentimientos como la calma, la tranquilidad, el equilibrio, el miedo, la ansiedad y la turbulencia. El agua habla de las profundidades de su subconsciente, que puede ser oscuro y misterioso, y simboliza sentimientos que no puede expresar en su vida de vigilia. El agua también representa:

- Limpieza y renovación espiritual.
- Un signo de despertar y crecimiento espiritual.
- Nuevos comienzos y oportunidades.
- Un viaje de transformación.

Por último, soñar con agua en cualquier estado implica una conexión con lo divino: Un signo de estar en sintonía con su yo superior, lo que significa que está dispuesto a realizar cambios positivos.

El océano

Soñar con el océano puede indicar expresividad emocional[9]

Si está nadando, navegando o flotando en el océano, viéndolo de lejos o de cerca, suele indicar que algo está siendo liberado o arrastrado o que está en proceso de expresarse emocionalmente. También es un signo de limpieza espiritual o de conexión con lo desconocido. Dado que el océano simboliza la inmensidad del inconsciente y las profundidades interiores del alma, soñar con él le recuerda que debe confiar en su intuición e instintos y explorar sus profundidades. En algunos casos, soñar con el océano indica miedo a lo desconocido o sentirse abrumado por las emociones o el estrés. Soñar con el océano representa

- Crecimiento y transformación.
- Una nueva etapa en la vida.
- Un periodo de sanación y renovación.
- Una fuente de vida y abundancia en un futuro próximo.

Lagos y ríos

Soñar con lagos y ríos puede interpretarse como un viaje espiritual hacia la comprensión de sí mismo y la búsqueda de su paz interior. Más profundamente, soñar con lagos y ríos puede representar transformación, renovación y fertilidad. Esto se debe a que su naturaleza fluida simboliza el subconsciente, lo desconocido y las profundidades de nuestro interior. Soñar con lagos y ríos sugiere:

- Que busca una comprensión más profunda de sí mismo.
- Que busca aprovechar su sabiduría interior.
- Un signo de creatividad e inspiración.
- Una asociación con la sanación emocional y la necesidad de dejar atrás el pasado.

Dado que el agua del río y del lago representa las lágrimas que puede necesitar derramar para superar una situación difícil, soñar con ellos significa que necesita una liberación emocional. Son un lugar de seguridad emocional para que usted descanse y sane.

Lluvia

La lluvia en sueños simboliza limpieza y renovación, sugiriendo una época de cambios y nuevos comienzos. Si siente que su vida ha estado estancada o aburrida, la lluvia en su sueño muestra que necesita sacudir las cosas y hacer un cambio. O al menos tomarse un descanso y empezar de cero. En algunos casos, soñar con lluvia indica:

- Tristeza y pena.
- Una expresión de sus emociones y una señal de que necesita tomarse un tiempo para procesarlas y sanar.
- Necesita dar un paso atrás y encontrar una nueva perspectiva.
- Debe prestar más atención a su intuición y buscar las señales del universo.
- Tiene que prestar más atención a sus sentimientos y confiar en su voz interior.

Si ha estado luchando con un proyecto o un problema, la lluvia en su sueño indica éxito. Significa que su situación financiera está a punto de mejorar o que su duro trabajo pronto dará sus frutos.

Ahogamiento

Los sueños de ahogamiento pueden ser bastante inquietantes. Sin embargo, es un poderoso recordatorio para que preste atención a sus sentimientos y tome el control de la situación. Estos sentimientos están relacionados con el estado actual de su vida o con un problema o asunto concreto. Cuando sueña que se ahoga, significa que siente que no puede mantener la cabeza fuera del agua. Puede sentir que está atascado y que no sabe cómo salir. Este simbolismo está estrechamente relacionado con sentimientos de sentirse abrumado por un problema concreto o por el caos general de la vida.

En algunos casos, es una señal de que está intentando evitar enfrentarse a una situación difícil o a un problema que ha estado evitando. El sueño le está diciendo que necesita tomar el control y afrontar el asunto para seguir adelante.

Aire

El aire simboliza la libertad en sueños. Como símbolo de liberación, creatividad y alegría, si sueña que vuela o se eleva por los aires, es señal de que siente libertad emocional o espiritual. Alternativamente, los sueños con aire representan:

- Estar abrumado.
- La necesidad de tomarse un descanso mental o espiritual.
- Comunicación, ideas y pensamientos.
- Una conexión con un poder superior o con su intuición.
- Una señal de que necesita abrir su mente a nuevas ideas y posibilidades.
- Comprensión espiritual.

Asfixiante

Los sueños pueden ser muy misteriosos, e interpretarlos puede resultar aún más desconcertante. Sin embargo, soñar que se asfixia tiene un mensaje muy claro: Su subconsciente está intentando decirle que se siente abrumado por algo en su vida de vigilia. Asfixiarse en un sueño simboliza sentirse sofocado por una situación o persona o que no puede progresar y expresarse en algún ámbito de su vida. Puede sentirse atrapado, ya sea en su trabajo, en una relación o en una situación que es incapaz de controlar. Los sueños de esta naturaleza también significan:

- Siente que su opinión o sus sentimientos no se tienen en cuenta o no se respetan.

Estos sentimientos de sentirse abrumado pueden ser bastante desalentadores y podrían ser la causa de que su subconsciente intente expresar estos sentimientos en su sueño.

Sentir la brisa

Soñar que siente una agradable brisa es señal de satisfacción y símbolo de que se avecina un cambio agradable. También significa un sentimiento de libertad, alegría y esperanza, ya que el viento se asocia con la liberación. Una brisa agradable puede representar:

- Un nuevo comienzo, un nuevo viaje o un nuevo comienzo.
- La presencia de un guía espiritual o de un ángel que vela por usted y le ayuda en su viaje.
- Que está a punto de experimentar un periodo de paz en su vida.

A un nivel más profundo, soñar que siente una brisa agradable significa que algo positivo se acerca a usted. Como símbolo de progreso, éxito y felicidad, sueños como éste significan que se está moviendo en la dirección correcta y que está manifestando sus sueños en la realidad.

Algo volando en su cara

Soñar que algo vuela hacia su cara puede ser una experiencia aterradora, sobre todo si es uno de esos saltos que le asustan al despertar. Pero cuando ocurren, son un símbolo de su miedo al fracaso o del temor a una situación determinada en su vida. Otros significados son:

- Se acerca algo para lo que no está preparado.
- Una situación que intenta evitar.
- Necesita ser más abierto y vulnerable en su vida.
- Tiene que arriesgarse y estar dispuesto a enfrentarse a lo que venga.

Enfrentarse a una tormenta, suciedad voladora o viento fuerte

Soñar que se topa con una tormenta, suciedad o viento fuerte simboliza una situación caótica en su vida de vigilia. Representando una situación en la que se siente abrumado y fuera de control, los sueños de este tipo reflejan estrés y agitación.

- Una tormenta o viento está relacionada con la idea de cambio, un periodo de agitación y rápida transformación.
- La suciedad que vuela en su cara está relacionada con los nuevos comienzos. Una señal de que está listo para empezar de cero y hacer un nuevo comienzo.

Aprender sobre el simbolismo onírico de los cuatro elementos es un ejercicio increíblemente perspicaz y significativo. Cada elemento - fuego, tierra, agua y aire - encierra un conjunto único de símbolos y significados. Al comprender el simbolismo de estos cuatro elementos, obtendrá una comprensión más profunda de los mensajes y significados ocultos en sus sueños. Al descubrir sus deseos y miedos subconscientes y los aspectos más profundos de su vida, se encaminará hacia un viaje de autodescubrimiento.

Capítulo 6: Observar los colores y los números

Los sueños pueden estar llenos de símbolos e imágenes extrañas que inicialmente parecen carecer de sentido. Los colores y los números aparecen a menudo y tienen significados especiales. Los colores asociados a emociones ocultas proporcionan una visión de su mente subconsciente. Los números, por su parte, representan la guía espiritual y la iluminación. Este capítulo explorará el simbolismo de los colores y los números en la interpretación de los sueños y cómo utilizar este análisis para desentrañar significados más profundos y obtener información sobre usted mismo.

Colores

Cuando se sueña con los colores, no existe un único significado o interpretación. Cada persona tiene una experiencia y una relación muy personales con los colores, por lo que la explicación varía de una persona a otra. Sin embargo, en general, los colores expresan emociones. Proporcionan un marco para la percepción emocional e indican una perspectiva o un sentimiento positivo o negativo:

- El verde simboliza el equilibrio, la armonía, el crecimiento y la fertilidad
- El azul significa paz y tranquilidad
- El amarillo simboliza el optimismo y la alegría
- El rojo significa ira, pasión o peligro

- El negro significa tristeza, pena, miedo y negatividad
- El blanco indica una sensación de pureza, inocencia, esterilidad o vacío
- El cielo naranja hace referencia al optimismo y al entusiasmo

Colores que representan recuerdos y acontecimientos concretos de su pasado:

- El amarillo vivo simboliza la nostalgia por una época de su vida

El color en los sueños puede ayudarle a comprender su subconsciente:

- El rosa brillante simboliza la necesidad de más amor y cariño en su vida
- El verde intenso sugiere la necesidad de más equilibrio y armonía interior

En última instancia, el significado de los colores en los sueños es muy subjetivo y depende de cada persona. Al profundizar en los detalles de los siguientes escenarios oníricos, considere el contexto del sueño, así como cómo se siente durante y después. A continuación, reflexione sobre los acontecimientos recientes que han tenido lugar en su vida, ya que pueden haber influido de algún modo en su sueño.

Negro

El negro es misterioso y poderoso. Representa lo desconocido, las sombras y su subconsciente. A menudo asociado con la fuerza y la fortaleza, el negro simboliza la protección, la transformación y la fuerza.

- Un sueño en el que todo aparece en tonos negros representa la oscuridad y lo desconocido, sugiriendo una sensación de miedo.
- Todo negro se refiere a un periodo de oscuridad antes del crecimiento y la luz.
- Si se encuentra en una habitación oscura, representa la desorientación y la confusión.
- Si el sueño incluye un gato negro, simboliza mala suerte o engaño.
- Soñar con un caballo negro significa poder y libertad.
- Un cielo negro significa muerte, ya sea literal o metafórica, como la muerte de un viejo hábito o comportamiento.

Azul

El azul es el color de la paz, la tranquilidad y la comprensión profunda. Los sueños con este color simbolizan la verdad, la fe y la comunicación e indican que usted se siente emocionalmente tranquilo y seguro. Por ello, el azul en sueños suele representar un sentimiento positivo o el deseo de encontrar la paz interior.

- Un cielo azul brillante simboliza una sensación de libertad y apertura.
- Un relajante océano azul representa las emociones tranquilizadoras y el deseo de mantener los pies en la tierra.
- La ropa azul, ya sea la suya o la de otra persona, simboliza la seguridad y la protección.

Marrón

El marrón es un color de estabilidad y practicidad. Significa organización, estructura y una conexión con el mundo natural. Soñar con marrón puede indicar el deseo de algo fiable. Esencialmente, usted busca estabilidad.

- El tronco de un árbol simboliza la necesidad de enraizamiento y estabilidad.
- Si sueña con un paisaje estéril, es que carece de inspiración y motivación.
- La suciedad marrón en sus manos se refiere a sentirse perdido. Significa que se siente desorientado y necesita ayuda para encontrar su camino.
- Una maleta marrón simboliza un viaje.
- Un coche marrón significa éxito.
- Un río marrón representa el flujo de la vida.
- Un pájaro marrón representa la buena suerte o la fortuna.

Borgoña

El borgoña es un color profundo y rico y simboliza la pasión, la ambición y la intensidad. Representa el valor, la fuerza y la determinación. Los sueños en los que aparece el color borgoña suelen ser señal de que se siente con fuerzas y motivado para afrontar un nuevo reto. En sueños, esto aparece como autoafirmación y fuerza:

- Un vestido borgoña simboliza que está tomando las riendas de su vida o que está a punto de emprender un nuevo viaje.
- Si un coche es de color borgoña, significa que usted conduce su destino y controla adónde va.
- Los muros de color borgoña representan una barrera o una protección contra las fuerzas exteriores.
- Una persona de color borgoña simboliza que se encuentra con una figura poderosa e inspiradora en su vida.

Crema

Asociada con la inocencia y la pureza, el color crema simboliza un nuevo comienzo o un empezar de cero. Cuando se ve el crema en un sueño, indica el deseo de liberarse de algo o de empezar de nuevo. Desde una perspectiva psicológica, el crema también se asocia con la comodidad y la seguridad, o con la necesidad de sanación:

- Una manta de color crema es señal de que necesita tomarse tiempo para usted y relajarse.
- Si sueña con una pared de color crema, es señal de que se siente atrapado y necesita encontrar la forma de liberarse.
- Un cielo de color crema simboliza la paz y la tranquilidad.

Oro

El oro se asocia con la riqueza, el poder y el éxito. Al indicar un deseo de posesiones materiales o una necesidad de reconocimiento o respeto, el oro significa que usted tiene ambición, un impulso hacia el éxito o un deseo de ser considerado importante o valioso.

- Una olla dorada de monedas significa que pronto se hará rico.
- Un anillo de oro simboliza el compromiso y el éxito a largo plazo.
- Otras cosas de oro en un sueño pueden ser estatuas doradas, joyas e incluso ropa.

Independientemente de su forma, el oro suele significar algo positivo en su vida.

Verde

El verde, símbolo del crecimiento, la fertilidad y la naturaleza, indica esperanza en el futuro o deseo de abundancia. Cuando el verde aparece en un sueño, es señal de que está en el buen camino y de que debe confiar en sus instintos y seguir sus sueños. El verde tiene un efecto calmante, por lo que no es de extrañar que aparezca en sus sueños. Desde exuberantes praderas verdes hasta lagos de color esmeralda, el verde es una visión común en el mundo de los sueños:

- Un árbol verde simboliza el crecimiento de una relación.
- Un campo verde augura abundancia de riqueza y éxito.
- Un rayo de luz verde significa esperanza.
- La ropa verde es un signo de fertilidad o abundancia.
- Los ojos verdes simbolizan la intuición y el conocimiento.

Marfil

El marfil, el color de la pureza y la inocencia, simboliza la paz, la tranquilidad y el equilibrio. Cuando el marfil aparece en un sueño, es señal de que se encuentra en un lugar seguro y confortable.

- Si ve a alguien vestido de marfil, simboliza la necesidad de pureza espiritual.
- Una estatua de marfil es señal de que está preparado para dejar algo en el pasado y pasar a algo nuevo.
- Una pared de marfil indica que está listo para construir una nueva base en su vida y crear algo fresco y emocionante.

Lila

El color lila puede indicar la ingenuidad de un soñador[10]

El lila se asocia con la alegría y la juventud. En un sueño, este color representa la inocencia e ingenuidad del soñador respecto a una situación o persona. También significa la necesidad de romper con una situación y explorar nuevas oportunidades. Los sueños en los que aparecen cosas de color lila pueden ser muy reveladores, ya que este color suele tener fuertes connotaciones:

- Un cielo de color lila indica que se siente tranquilo y contento con el estado actual de su vida.
- Las flores de color lila son un signo de que necesita más alegría y belleza y de que está buscando formas de atraer más de éstas a su vida.
- Una casa de color lila significa que busca una vida hogareña más armoniosa y equilibrada.

Granate

El granate suele considerarse un signo de poder y autoridad. En un sueño, este color representa la necesidad de tomar el control. Puede significar el deseo de ser respetado y admirado. Los sueños en los que aparecen cosas de color granate pueden interpretarse como un signo de transformación profunda, fuerza y sabiduría:

- Un cielo granate indica un periodo oscuro de su vida.
- Un muro granate simboliza una barrera que le impide alcanzar sus objetivos.
- La ropa granate significa un profundo deseo de ser aceptado o respetado. También podría ser un signo de sentirse vulnerable.
- Los muebles granates son un signo de estancamiento y falta de crecimiento.

El granate también se ve en sueños en forma de animales:

- Una serpiente granate indica que se enfrenta a un reto que debe superar.
- Un pájaro granate representa la transformación y la libertad.

Malva

El malva se asocia a menudo con el romanticismo y la tranquilidad. Este color representa la necesidad de encontrar la paz interior y la relajación en un sueño. También significa un deseo de conexiones significativas. Este color con una vibración soñadora y misteriosa aparece en los sueños de muchas formas diferentes. Desde una delicada puesta de sol malva hasta un profundo océano malva, significa una gama de emociones y sentimientos:

- Un cielo malva representa la paz y la tranquilidad.
- Por otro lado, un océano de color malva profundo representa la inquietud e incluso el miedo.

Naranja

El naranja es un signo de creatividad y entusiasmo. En un sueño, este color representa un deseo de autoexpresión y de cultivo de las ideas. También significa un deseo de ser más abierto y aventurero. En general, soñar con cosas de color naranja puede interpretarse como una nueva oportunidad o un cambio emocionante en el horizonte:

- Una puesta de sol de color naranja vivo es señal de que está a punto de embarcarse en una nueva aventura.
- Las llamas naranjas representan una advertencia para que tome precauciones en algunos aspectos de su vida.

Melocotón

El melocotón se asocia con la satisfacción y la felicidad. En un sueño, este color representa la necesidad de equilibrio y armonía. También simboliza el deseo de estabilidad y seguridad. Este tono cálido y acogedor puede interpretarse de muchas maneras, dependiendo del contexto del sueño y de la persona:

- Para algunos, un cielo color melocotón implica una sensación de paz, calma y satisfacción.
- Para otros, si algo habitualmente blanco o gris se tiñe de melocotón en un sueño, sugiere algo negativo, como una advertencia contra el peligro o un signo de enfermedad.

El melocotón también simboliza la fertilidad y la abundancia. Por ejemplo, una persona puede soñar que come un melocotón y se siente llena y satisfecha.

Rosa

El rosa se considera un signo de amor y compasión. En un sueño, este color representa la necesidad de abrirse y mostrar los verdaderos sentimientos. También se refiere al deseo de cercanía emocional e intimidad.

- Un osito de peluche rosa podría interpretarse como un signo de comodidad y seguridad.
- Del mismo modo, soñar con una flor rosa representa el crecimiento y el renacimiento.

Por otro lado, el rosa es un indicador de algo negativo:

- Un cielo rosa simboliza una advertencia al soñador para que sea más precavido en un futuro próximo.
- Un elefante rosa representa la ansiedad o el miedo.

Rojo

El rojo es el color de la pasión, el poder, el amor y la ira. En sueños, es señal de emociones intensas como el miedo o la ira o de la presencia de una fuerza poderosa. Un sueño con mucho rojo puede ser una advertencia para que preste atención a lo que ocurre en su vida.

- Un cielo rojo es una señal de peligro y una advertencia para tener cuidado.
- Los frutos rojos simbolizan el crecimiento de una nueva vida.
- La sangre representa la muerte o el desprendimiento de viejas ideas.
- Una rosa roja simboliza el amor y la pasión.
- Una señal de stop roja simboliza el peligro que se avecina.

Plata

Como color del lujo, la plata se asocia con la protección espiritual y la presencia de la guía divina. Puede ser un signo de que se le sostiene y apoya incluso en tiempos difíciles.

- Una luna plateada hace referencia a la intuición y a la conexión espiritual.
- Un coche plateado es señal de éxito.
- Un anillo de plata simboliza el compromiso.

Blanco

El blanco es el color de la pureza y la inocencia. En sueños, representa nuevos comienzos y un nuevo comienzo. Puede ser un signo de esperanza y optimismo y de que usted tiene el poder de realizar cambios positivos en su vida.

- Las palomas blancas son un signo de paz y protección.
- Las nubes blancas indican un plano espiritual superior.
- Los animales blancos, como los caballos o los leones, representan la fuerza y el valor.
- Los objetos blancos como casas, castillos o muebles reflejan la vida doméstica del soñador, positiva o negativamente.

Amarillo

El color amarillo significa alegría, optimismo, felicidad y buena fortuna. Signo de nuevos comienzos y de un futuro brillante, significa que usted está preparado para asumir nuevas oportunidades y retos.

- Un cielo amarillo es un signo de esperanza.
- Un río amarillo simboliza emociones intensas.
- Un vestido amarillo indica un deseo de cambio.
- Los zapatos amarillos son un signo de aventura.
- Un coche amarillo es señal de lujo y buena fortuna por venir.

Números

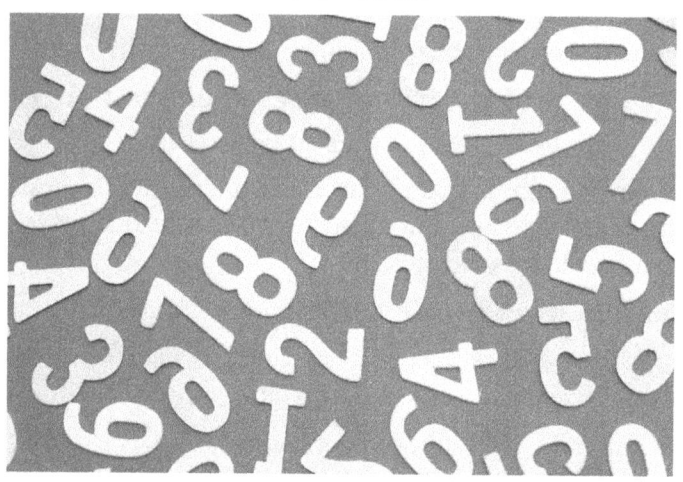

Los números en un sueño pueden representar muchas cosas[11]

Los sueños son un fenómeno fascinante y, la mayoría de las veces, nos dejan preguntándonos qué significan. ¿Ha tenido alguna vez un sueño en el que aparecían números? Si es así, no está solo. Muchas personas dicen haber soñado con números. Pero, ¿qué significan estos números? Los números pueden representar:

- El paso del tiempo, una cuenta atrás, una fecha límite o una especie de advertencia
- Su subconsciente
- Orientación
- Un área de su vida que necesita mejorar

Los dígitos específicos también significan algo:

- El número tres simboliza la creatividad, el crecimiento y la expansión
- El número cuatro representa la estabilidad y la estructura
- El número siete refleja la comprensión espiritual

A veces, los números en sueños son literales. Podrían representar algo significativo en su vida o actuar como recordatorio de cosas que debe hacer:

- Un número de teléfono
- Una dirección
- Una cuenta bancaria

Preste atención al contexto y las emociones de su sueño y al número concreto que aparece. De este modo, comprenderá mejor lo que su yo interior intenta decirle.

Número uno

El número uno simboliza la singularidad, la independencia, el liderazgo, la confianza en sí mismo y la fuerza de carácter. Por ejemplo, si sueña con el número uno, podría significar que necesita asumir un papel de liderazgo o tomar medidas decisivas.

- Soñar con un reloj con el número uno es señal de gran potencial y éxito, a menudo insinúa que ha llegado el momento de arriesgarse y lograr algo extraordinario.
- Una secuencia de 111 representa una trifecta de energía positiva, un triplete de nuevos comienzos o la idea de una poderosa trinidad.

Número dos

Símbolo de asociación y equilibrio, los sueños con el número dos sugieren la necesidad de colaboración y armonía. Significa que necesita buscar un socio o colaborador que le ayude a alcanzar sus objetivos.

- El número dos, en cualquiera de sus formas, se asocia a una situación financiera, como tener dos fuentes de ingresos o un saldo bancario con dos dígitos.

Número Tres

Signo de creatividad, imaginación, crecimiento y desarrollo espiritual, soñar con el número tres es señal de que necesita abrazar su creatividad y explotar su lado espiritual.

- Un número de teléfono que contiene el número tres significa que está a punto de lograr un objetivo.
- Una formación de nubes con el número tres significa creatividad y abundancia.
- Un objeto al azar con el número tres significa que está a punto de emprender un nuevo viaje.

Número Cuatro

El número cuatro simboliza típicamente la estabilidad y la estructura. Al representar los cuatro pilares de la vida - físico, mental, emocional y espiritual - un sueño con el número cuatro le está diciendo que se centre en la estabilidad y trabaje en los cimientos de su vida. Cuando el número cuatro aparece en su sueño, está relacionado con algo práctico y significativo:

- Ver un número de teléfono con el número cuatro indica que alguien necesita ponerse en contacto con usted urgentemente o que tiene un secreto que quiere contarle.
- Soñar con un calendario con el número cuatro indica un plazo inminente o un acontecimiento que no debe perderse.

Número Cinco

El número cinco representa el cambio. Como símbolo de transición o transformación, un sueño con el número cinco en él le dice que abrace el cambio y esté abierto a nuevas experiencias.

- Cinco relojes significan estrés inminente o un recordatorio para que controle su tiempo.
- Un billete de cinco dólares es señal de que busca la estabilidad financiera o de que se siente financieramente seguro.
- Un pentagrama (una estrella de cinco puntas) indica la necesidad de reconciliar los sentimientos y emociones más íntimos.

- Cinco puertas sugieren la necesidad de explorar diferentes caminos en la vida.
- Cinco velas representan la necesidad de ser más conscientes del reino espiritual.
- Cinco cartuchos de dinamita indican la necesidad de un cambio o transformación drástica en la vida.

Número Seis

A menudo asociado con la armonía y el equilibrio, el número seis representa la estabilidad, la paz y el equilibrio. Un sueño con el número seis en él le está diciendo que se centre en lograr la armonía y el equilibrio en su vida.

- Seis objetos, como seis sillas o libros, significan una necesidad de equilibrio o estabilidad.
- Seis hijos sugieren el deseo de estar rodeado de amor y apoyo.
- Un trébol de seis hojas sugiere que tiene la suerte de los irlandeses de su lado.
- Un dado de seis caras simboliza el deseo de apostar y arriesgar algo por una recompensa potencial.

Número Siete

Número de la suerte siete. Los sueños con este número pueden interpretarse como un signo de buena suerte y fortuna en camino.

- Siete pájaros son un signo de buena suerte y éxito en su camino.
- Siete estrellas en el cielo representan la iluminación espiritual.
- Siete monedas significan la necesidad de ser más consciente de sus finanzas.

Número Ocho

El número ocho también se considera un número poderoso y auspicioso en muchas culturas, y puede simbolizar abundancia y prosperidad. Los sueños con el número ocho significan que dispondrá de muchos recursos y que está en el buen camino.

- Ocho personas podrían significar que está rodeado de personas comprensivas y solidarias en su vida.
- Ocho objetos significan que está intentando conseguir algo o un recordatorio para mantenerse centrado en su objetivo.

Número Nueve

Muy revelador, el número nueve es una señal de que está a punto de conseguir algo importante. Podría significar que está en la cúspide de un gran avance y que debe seguir empujando hacia delante.

- El número nueve como fecha significa que se acerca el final de algo que ha ocupado su vida durante algún tiempo.

- El número nueve en su reloj es un poderoso recordatorio de que es hora de mirar hacia delante y empezar de nuevo.

Aprender sobre los colores y los números es una experiencia interesante y emocionante. Hay mucho que explorar, desde los significados simbólicos de los colores hasta cómo pueden interpretarse los números. Por ejemplo, el significado simbólico de los colores le ofrece una enorme visión de su subconsciente. Por otro lado, los números pueden utilizarse para explorar una gran variedad de energías, desde el mundo físico hasta los reinos espirituales y metafísicos. Por lo tanto, aprender sobre los colores y los números puede ser una forma estupenda de comprender mejor su funcionamiento interno.

Capítulo 7: Sueños con animales y plantas

¿Ha tenido alguna vez un sueño en el que aparecían animales o plantas? Los animales, en primer lugar, y las plantas, en segundo, son símbolos comunes que aparecen en los sueños, y pueden tener una gran variedad de significados. Este capítulo abarcará el amplio significado simbólico de soñar con animales y plantas. Explorará por qué estos símbolos pueden aparecer en sus paisajes oníricos, qué tipo de mensajes o percepciones podrían ofrecerle y cómo interpretarlos.

Los animales en los sueños

Los animales aparecen a menudo en los sueños como símbolos que nos dan una mayor visión de los reinos inconsciente y espiritual. Diferentes animales representan aspectos distintos de usted mismo, como el poder, la intuición, la agresividad, la inocencia, la ligereza o la sabiduría. También representan un rasgo o sentimiento específico que usted se esfuerza por aprender o encarnar. Prestar atención a los animales en sus sueños puede ser valioso para el crecimiento personal y el autodescubrimiento.

El animal de su sueño puede ser una pista sobre su significado. Las distintas especies tienen connotaciones simbólicas diferentes; comprenderlas es clave para interpretar su sueño.

León

El león es un símbolo poderoso y majestuoso de fuerza, valor y liderazgo. En sueños, representa el poder y la confianza en sí mismo necesarios en su vida cotidiana. Alternativamente, simboliza sentirse o estar atrapado en una situación incómoda. Representa la necesidad de actuar o tomar decisiones para progresar.

El león también simboliza el miedo y el instinto primarios. A menudo representa un miedo interior profundo o una ansiedad que usted puede luchar por superar. En algunos casos, puede tratarse de miedo a lo desconocido o miedo al cambio.

El león se asocia además con la realeza y la nobleza, símbolo de poder, fuerza y autoridad en muchas culturas. En la interpretación de los sueños, puede indicar la necesidad de ser más asertivo o de asumir un papel de liderazgo en su vida. También representa el deseo de reconocimiento o admiración por parte de los demás.

Gato

Los gatos son símbolos de misterio, magia, alegría e independencia. Representan su salvajismo interior y su capacidad de autonomía, ingenio y supervivencia. Además, simbolizan su capacidad para esconderse y protegerse del mundo exterior.

En un sueño, los gatos pueden verse como un signo de protección y simbolizan su conexión espiritual con el mundo. Representan un espíritu independiente o la capacidad de cuidar de sí mismo. También podrían representar el misterio, la intuición y lo desconocido.

Los sueños con gatos suelen ser ecos de sus emociones, sentimientos y deseos internos. Es un mensaje para que conecte con su intuición y su sabiduría interior. Además, los sueños con gatos pueden interpretarse como signos de su potencial oculto y de su intuición.

Perro

Los sueños con perros suelen simbolizar lealtad, compañía y protección. Según el tipo de perro que sueñe, puede ser un signo de fidelidad o incluso de posesividad. Puede representar inocencia y jugueteo si sueña con un perro pequeño, como un caniche o un terrier. Si sueña con perros más grandes, como un pastor alemán, puede simbolizar fuerza y valor. Si el perro ladra en su sueño, podría indicar su necesidad de defenderse de alguien o algo. También podría representar una advertencia sobre un peligro potencial que se acerca.

Caballo

Los sueños con caballos simbolizan poder y energía. Los caballos se asocian desde hace mucho tiempo a emociones fuertes como la pasión y la libertad. Si el caballo es salvaje, puede representar una energía salvaje que necesita ser domada. Si el caballo está tranquilo y contento en su sueño, esto refleja su estado emocional y cómo se enfrenta a las emociones fuertes.

Los sueños con caballos también pueden interpretarse como un deseo de libertad o movimiento. El caballo puede representar una necesidad de cambio y crecimiento en su vida. Alternativamente, el sueño podría decirle que ha llegado el momento de salir de su zona de confort y asumir riesgos para alcanzar el éxito. Los caballos también pueden representar su ambición, deseo de poder o necesidad de controlar su destino. Si el caballo aparece galopando en su sueño, usted se siente poderoso y capaz de alcanzar el éxito.

Algunos creen que los sueños con caballos también pueden interpretarse como un signo de buena suerte y fortuna. Si el caballo aparece fuerte y sano, esto puede indicar un futuro próspero. Por el contrario, si el caballo aparece débil o moribundo en su sueño, podría significar que se avecinan tiempos difíciles.

Soñar con un caballo blanco podría interpretarse como un signo espiritual, que representa su espíritu interior o su yo superior. Tales sueños sugieren su necesidad de emprender un viaje espiritual para alcanzar la iluminación. Si el caballo es negro, podría indicar ambición y poder. En general, el significado de un sueño con caballos depende de muchas variables, como el color, el comportamiento y el contexto general de su sueño.

Elefante

Los elefantes se consideran un signo de protección[18]

En la interpretación de los sueños, los elefantes representan la fuerza, el poder, la sabiduría y la suerte. Pueden verse como un signo de protección. Soñar con un elefante indica que pronto le llegará la buena suerte y la fortuna. También sugiere que debe estar preparado para el trabajo duro y las dificultades que se avecinan en su vida. Los elefantes representan la fuerza y el valor, lo que podría significar que usted está preparado para afrontar cualquier reto.

En algunas culturas, los elefantes representan la fertilidad y la abundancia. Soñar con un elefante podría significar que está listo para iniciar un nuevo capítulo y abrirse a todas las posibilidades que le traerá. Si el elefante es grande, podría simbolizar que usted tiene mucho que ofrecer y una gran capacidad de crecimiento.

Oso

Los osos representan la fuerza y el potencial del valor. A menudo simbolizan la protección, por lo que soñar con un oso podría interpretarse como una señal de protección frente a algo en su vida. Los osos también pueden significar su necesidad de asumir más responsabilidades o de reafirmarse en sus relaciones o en su familia.

Mapache

En la interpretación de los sueños, los mapaches simbolizan la astucia y la inteligencia. Indican que necesita utilizar sus habilidades de resolución de problemas y pensamiento crítico para encontrar una solución creativa a un problema que se le plantee. Si aparece un mapache en su sueño, puede representar su falta de seguridad e incertidumbre. También podría significar que oculta algo a los demás o que se protege de un peligro potencial. En una nota más positiva, un mapache en su sueño significa la importancia de adaptarse a su entorno y ser flexible.

En términos más generales, los mapaches simbolizan la necesidad de contemplar una situación desde múltiples perspectivas y utilizar la intuición para llegar a la solución adecuada.

Cada animal tiene su simbolismo y significado singulares, por lo que prestar atención a los detalles de su sueño es esencial. Preste mucha atención a cualquier animal que aparezca en su sueño, ya que podría tener un mensaje especial sólo para usted. Para resumir las cualidades de los animales:

- **León:** Poder, valor y liderazgo
- **Tigre:** Fuerza y agresividad
- **Perro:** Lealtad y protección
- **Elefante:** Sabiduría, paciencia y bondad
- **Ratones:** Timidez y mansedumbre
- **La mariposa:** Transformación y renacimiento
- **Las ranas** La intrepidez ante lo nuevo
- **Aves:** Alcanzando mayores alturas
- **Halcón:** Cualidades visionarias y capacidad de superación
- **Búho:** Intuición, perspicacia y clarividencia
- **Caballo:** Fuerza, libertad y el poder de tomar el control
- **Lobo:** Ingenio y poder instintivo
- **Unicornio:** Magia, esperanza y capacidad de trascender
- **Pez:** Intuición, creatividad y emociones
- **Reptiles (serpientes o dragones):** Miedos desconocidos y verdades ocultas

Sueños con bichos

Los bichos en sueños suelen representar la sensación de estar fuera de control, abrumado o vulnerable. Simbolizan el miedo a lo desconocido o el sentirse insignificante en el gran esquema. Los insectos suelen aparecer en sueños cuando usted siente que su vida se descontrola y lucha por seguir el ritmo de todos los cambios que le rodean.

Los sueños con insectos significan la presencia de un problema o asunto que le está causando estrés. También puede significar que algo en su vida necesita ser abordado o tratado.

Hormigas

Los sueños con hormigas significan trabajo duro, determinación y perseverancia en la consecución de sus objetivos. A menudo se ven hormigas correteando de forma organizada, lo que puede simbolizar la necesidad de organizarse para alcanzar sus objetivos. Las hormigas también pueden representar laboriosidad, ambición y productividad.

Arañas

Los sueños con arañas suelen significar la necesidad de examinar más de cerca algo en su vida y asegurarse de que lo ve desde todos los ángulos. Las arañas también pueden representar su intuición y su capacidad para percibir el peligro, o pueden ser un aviso de que algo se le oculta.

Si sueña con una araña que se arrastra por su cuerpo, puede indicar que alguien intenta aprovecharse de usted. Alternativamente, podría significar una parte de su vida que descuida, como una relación malsana o un hábito tóxico. Este sueño puede animarle a examinar esta área y hacer cambios.

Soñar que está atrapado en una tela de araña significa que se siente atrapado en una situación o relación concreta. Puede pensar que no puede salir de la tela y que, por mucho que se esfuerce, no podrá escapar. Este sueño le pide que mire en su interior y comprenda por qué se siente atrapado antes de intentar cambiar su vida.

Abejas

Los sueños con abejas indican trabajo duro, ambición y productividad. Pueden significar su entusiasmo por los proyectos o actividades en los que está trabajando. Las abejas representan el poder polinizador del trabajo duro y la importancia de trabajar juntos para realizar tareas y proyectos. Cuando ve una abeja o un enjambre de abejas en su sueño, es señal de que está trabajando duro para conseguir algo. Le recuerda que debe centrarse en la tarea que tiene ante sí y esforzarse por alcanzar sus objetivos.

Los sueños con abejas también simbolizan que alguien dirige hacia usted su energía negativa y sus intentos de perturbar su éxito. Si sueña que un enjambre de abejas se le echa encima, puede indicar que alguien intenta interferir en su vida o impedir que alcance sus objetivos.

Pulgas

Los sueños con pulgas a menudo significan sentirse abrumado e impotente en una situación determinada. Las pulgas también pueden representar estar irritado por alguien o algo, pero no tener el poder de hacer nada al respecto.

Cucarachas

Los sueños con cucarachas a menudo significan sentirse impotente e indefenso ante un problema. También pueden simbolizar que se siente sucio y asqueroso o que tiene un problema físico o emocional que debe resolver.

Moscas

Los sueños con moscas a menudo representan sentimientos de estar inundado y abrumado. Representan sentirse impotente o incapaz de impedir que algo suceda. Las moscas pueden ser una molestia en el sueño, indicando a menudo un sentimiento de ser molestado o acosado por alguien. En algunos casos, las moscas podrían representar un sentimiento de ser víctima de alguien o de algo. Alternativamente, si las moscas están ordenadas y no le molestan, podría ser un signo de buena suerte.

Avispas

Los sueños con avispas suelen representar situaciones difíciles y poco acogedoras. Puede ser señal de que se siente abrumado por un problema en su vida o de que se enfrenta a la resistencia de alguien. Las avispas pueden ser a veces una advertencia de peligro o de que algo terrible está a punto de suceder. Significan agresión, traición o tensión en sus relaciones.

Las avispas también pueden verse como un signo de orgullo o ego. Puede que se sienta demasiado seguro de sus capacidades o especialmente ambicioso. Es un mensaje de que debe dar un paso atrás y evaluar la situación antes de tomar decisiones importantes.

El contexto del sueño también tiene consecuencias; por ejemplo, un león puede tener significados diferentes según se encuentre en un zoo o atacándole. En el primer caso, podría significar que su fuerza está siendo enjaulada o restringida de algún modo. En el segundo, podría significar la necesidad de enfrentarse a sus demonios interiores. Del mismo modo, la ubicación del sueño también es importante. Si sueña con un animal grande y poderoso en un campo abierto, podría simbolizar la libertad y el poder de tomar las riendas de su vida. En cambio, si se encuentra en una cueva oscura y estrecha, podría representar que se siente atrapado y reprimido.

El número de animales también puede ser revelador. Un animal en un sueño podría representar el yo, mientras que dos o más podrían simbolizar los diversos aspectos de su personalidad y cómo interactúan.

Otro factor a tener en cuenta es el comportamiento del animal. ¿Es amistoso u hostil? ¿Pasivo o agresivo? ¿Dócil o salvaje? El comportamiento de un animal en sueños ofrece una visión de su mentalidad y actitud actuales. Por ejemplo, si sueña con un tigre tumbado tranquilamente al sol, podría indicar que se siente relajado y contento en su situación actual. Por otro lado, si sueña que un tigre le gruñe y le ataca, puede significar que algo o alguien le amenaza.

Soñar con una lucha entre dos animales puede significar una lucha interna o un conflicto dentro de nosotros mismos. También podría representar dos partes de su vida que se oponen y deben reconciliarse. Los animales en armonía podrían indicar una sensación de paz y equilibrio en su interior.

Además de la especie y el comportamiento del animal, es esencial tener en cuenta la historia personal del soñador y su relación con ese tipo concreto de animal. Por ejemplo, si un soñador tuvo una experiencia traumática con un animal específico, eso podría reproducirse en su sueño. Esto es increíblemente influyente si el soñador siente miedo o una emoción intensa al ver al animal en su sueño.

Los sueños con animales proporcionan una visión única del subconsciente, ya que a menudo representan aspectos de usted mismo de los que quizá no era consciente o tenía dificultades para expresar. Los animales en sueños pueden simbolizar un comportamiento instintivo, emociones primarias e indómitas o el poder de acceder a sus deseos más profundos. Prestar atención al contexto, el comportamiento y la historia personal del animal puede ayudarle a comprender mejor su interior y las fuerzas que conforman su vida.

Sueños sobre plantas

Los sueños con plantas y árboles también pueden ser muy simbólicos, ya que a menudo se asocian fuertemente con el crecimiento, la vida, la fertilidad y la conexión con la naturaleza. Pueden representar la salud de una relación, su bienestar físico o significar una transformación espiritual. En sueños, las plantas simbolizan diversas emociones y experiencias, desde el nacimiento hasta la muerte y desde el crecimiento hasta la decadencia.

El tipo de planta que aparece en su sueño es esencial, ya que cada especie tiene significados únicos. Por ejemplo, soñar con un jardín exuberante y vibrante podría representar abundancia. En cambio, si las plantas están marchitas o muertas, podría indicar que algo falta o está estancado.

Árboles

Los árboles son potentes símbolos de crecimiento, vida y naturaleza. Un sueño en el que aparece un árbol sugiere que una persona está preparada para avanzar y alcanzar el éxito. Los árboles también representan el conocimiento, el crecimiento y la estabilidad que pueden ayudar a superar tiempos difíciles.

Los sueños con árboles también pueden referirse a la vida personal y simbolizar una relación sólida o estrecha con los demás. Los árboles pueden representar a miembros de la familia, amigos o incluso un poder superior. En sueños, los árboles también pueden interpretarse como símbolos de fertilidad y abundancia.

Algunos árboles tienen profundas connotaciones espirituales y religiosas, como el Árbol de la Vida del cristianismo o el Árbol Bodhi del budismo.

Cactus

Soñar con cactus puede asociarse con la protección, la independencia y el poder. Los cactus también simbolizan la fortaleza ante la adversidad. Pueden indicar que alguien está luchando por hacer frente a una situación problemática o sobrevivir a un periodo difícil. Los sueños con cactus sugieren que el soñador se siente aislado y solo.

Palma de coco

Los cocoteros suelen asociarse con el conocimiento, la sabiduría y el progreso. En muchas culturas, el cocotero se considera un símbolo de abundancia, fertilidad y crecimiento. Simbólicamente, representan un sentido de resistencia y fortaleza, ya que pueden crecer incluso en las condiciones más adversas. En la interpretación de los sueños, soñar con un cocotero puede significar transformación y progreso. Representa el crecimiento espiritual, nuevos comienzos, cambios en su vida y un mayor conocimiento.

Abedules blancos

Los abedules blancos suelen representar la buena suerte, el éxito y la esperanza en los sueños. Simbolizan la flexibilidad, la resistencia, la fuerza y la superación de obstáculos. Estos árboles representan la necesidad de ser más flexible en la vida y de mantenerse centrado en el objetivo a pesar de las dificultades que puedan surgir.

Roble blanco

El roble blanco es un árbol hermoso y majestuoso que representa el valor, la fuerza y la longevidad. Este árbol sugiere perseverancia, estabilidad y sensación de seguridad en sueños. Es un símbolo de buena suerte y éxito a largo plazo, por lo que si ve un Roble Blanco en su sueño, podría representar una perspectiva positiva y alentadora.

El Roble Blanco también se asocia con la voluntad de superar obstáculos y asumir nuevos retos. Si sueña con un Roble Blanco, puede recordarle que debe tener fe y mantenerse fuerte en los momentos difíciles. Este árbol también representa la sabiduría, la paciencia y la fertilidad.

Sueños con flores

Las flores suelen considerarse en sueños símbolos de belleza, pureza y amor. Soñar con flores representa el comienzo de algo nuevo o un florecimiento de ideas y pensamientos. Un ramo puede simbolizar la reunión de valor, amor y fuerza que necesita en la vida. Una sola flor puede ser un signo de inocencia y vulnerabilidad o incluso un recordatorio de que debe cuidarse.

Rosa

Las rosas son quizá las flores más populares del mundo y a menudo representan el amor, la belleza, la fuerza, la inocencia y la alegría. En sueños, las rosas pueden simbolizar varias cosas; a menudo representan sus sentimientos en la vida de vigilia. Por ejemplo, si sueña con rosas rojas, pueden expresar amor apasionado, mientras que las rosas blancas en su sueño pueden significar pureza e inocencia.

Lirios

El lirio es un símbolo de inocencia, belleza y pureza. En sueños, representa una sensación de paz, serenidad y un anhelo de algo bello. Soñar con un lirio blanco simboliza la pureza y la inocencia, mientras que un lirio amarillo puede significar un deseo de alegría y felicidad.

Girasol

El girasol simboliza la alegría, la creatividad, la fuerza y el crecimiento. Estos sueños suelen representar estas cualidades y significan esperanza y positividad. Indica que va en la dirección correcta y que puede alcanzar sus objetivos. También es un signo de fe y optimismo, ya que el girasol siempre vuelve la cara hacia el sol. Los sueños con girasoles suelen significar que está entrando en una época de prosperidad y abundancia.

Gloria de la mañana

Se cree que los sueños con la gloria de la mañana están relacionados con los nuevos comienzos y los comienzos frescos. Puede simbolizar el inicio de un nuevo viaje en la vida o un nuevo proyecto. Soñar con estas flores suele representar el potencial de crecimiento, la fertilidad y una fuerte conexión con la naturaleza. También se asocian con la capacidad de sanación propia y ajena.

Tulipán

Los tulipanes son un signo de creatividad y libertad[18]

Los tulipanes son una flor popular y hermosa conocida por sus colores brillantes, sus tallos largos y sus pétalos sencillos. En la interpretación de los sueños, los tulipanes se consideran un signo de belleza, libertad y creatividad. Suelen aparecer cuando usted necesita expresarse o abrirse a nuevas ideas. Cuando sueña con un tulipán, puede significar que necesita mirar las cosas con ojos nuevos y encontrar inspiración en algo nuevo.

Las plantas y los animales son habitantes habituales de su paisaje onírico y a menudo aparecen de forma simbólica para darle mensajes importantes sobre su vida de vigilia. Además del simbolismo general, cada tipo de planta o animal puede tener un significado especial cuando aparece en su sueño. Dedicar tiempo a examinar e interpretar estos símbolos puede ser una herramienta útil para comprender su subconsciente y obtener información sobre su vida. Sin embargo, recuerde que la interpretación de los sueños es personal y que el significado de estos animales y plantas difiere de una persona a otra. Lo mejor es explorar el simbolismo de un sueño en el contexto de su propia vida y experiencias.

Capítulo 8: Sueños sobre partes del cuerpo

Los sueños son un fenómeno increíble y a la vez intrincado que encierra una infinita variedad de simbolismos y significados. Los sueños que contienen partes del cuerpo, en particular, pueden ser especialmente confusos, ya que pueden tener muchas connotaciones y capas de interpretaciones diferentes. Mientras que algunas pueden representar cosas como la salud física o el crecimiento del desarrollo, otras se refieren a sentimientos y emociones dentro de uno mismo o a interacciones con quienes le rodean. Inevitablemente, desentrañar el verdadero significado que se esconde tras estos sueños puede resultar a veces una tarea difícil. Este capítulo arroja luz sobre la confusión de los sueños sobre partes del cuerpo. A través de la exploración del simbolismo, uno puede comprender mejor por qué está presente su sueño y qué está tratando de decirle sobre su vida y su situación actual.

Cabello

El cabello es un símbolo onírico común, y su significado cambia dependiendo de su contexto. Soñar con un cabello peinado podría representar vanidad, mientras que un corte de cabello en sueños podría simbolizar un nuevo comienzo o fase en su vida. El cabello revuelto o caótico suele reflejar sensación de agobio y descontrol, mientras que el cabello limpio y ordenado indica sentimientos de satisfacción y estabilidad. Por lo general, el cabello largo se asocia con la feminidad y la juventud, mientras que el cabello corto sugiere fuerza y madurez. El cabello también puede significar energía espiritual o creativa cuando se ve entrelazado con enredaderas u otros elementos naturales; este tipo de sueño puede sugerir que necesita expresarse de forma creativa o restablecer una conexión con la naturaleza.

Cabeza

Los sueños en los que está implicada la cabeza tienden a simbolizar su capacidad intelectual y cómo procesa los acontecimientos de su vida. Por ejemplo, soñar que tiene una cabeza grande podría simbolizar que se siente "testarudo" y que piensa que sabe más que los demás. Por el contrario, si sueña que tiene una cabeza pequeña, podría significar que es demasiado humilde o que se siente inadecuado. Soñar con una cabeza herida o enferma puede simbolizar angustia mental o incapacidad para procesar su realidad actual. Estos símbolos oníricos proporcionan una visión de su mente subconsciente y ofrecen valiosas pistas sobre usted mismo.

Cerebro

Los sueños con cerebros simbolizan a menudo su poder de pensamiento e intelecto. Son una señal de que su mente está intentando procesar y contener una gran cantidad de información. El simbolismo puede tener una gama de temas dependiendo del contexto; si un sueño implica emociones, por ejemplo, podría sugerir que el soñador está trabajando subconscientemente a través de sentimientos o conflictos dentro de sí mismo. Alternativamente, si el sueño gira principalmente en torno a tareas de resolución de problemas, podría indicar que el soñador se siente presionado para encontrar soluciones a dilemas vitales. Así pues, cuando sueñe con cerebros, tenga en cuenta los demás símbolos asociados a su presencia para interpretar el verdadero significado profundo de tales sueños.

Nariz

El simbolismo onírico de la nariz refleja el "sentido" que usted tiene de una determinada situación, que puede adoptar muchas formas. Por ejemplo, si sueña que alguien tiene una nariz grande y prominente, puede significar que es consciente de lo que ocurre a su alrededor. En el lado opuesto, soñar con una nariz ausente o inexistente puede sugerir que alguien no presta atención a su entorno o intenta eludir responsabilidades. También se ha dicho que el tamaño de la nariz en su sueño podría corresponder a cuánto esfuerzo está poniendo en algo: una nariz más grande y prominente representa más esfuerzo que una más pequeña.

Dientes

Los dientes son un símbolo común con el que sueñan personas de todo el mundo, con diversas interpretaciones sobre su significado. Los sueños con dientes suelen simbolizar ansiedades y miedos, representando cómo se sienten estos miedos: afilados y dolorosos. Los dientes pueden representar poder o control; si se representa a alguien con dientes viciosos y afilados como cuchillas, podría representar miedo a la influencia de esa persona. También se podría soñar con dientes incipientes en la infancia, que representan el aumento de las responsabilidades mentales con la edad. Estos dientes podrían incluso presagiar futuros éxitos o fracasos en la vida. Junto a esto, los dientes representan la comunicación, o tener problemas con los dientes en sueños puede significar que tiene dificultades para hacerse oír o transmitir su mensaje. Si una persona tiene que someterse a un tratamiento dental en el paisaje onírico, puede significar emociones desbordantes que necesitan ser atendidas. En definitiva, soñar con dientes puede tener numerosos significados según el contexto, por lo que es importante prestar atención a los detalles al interpretar este tipo de sueños.

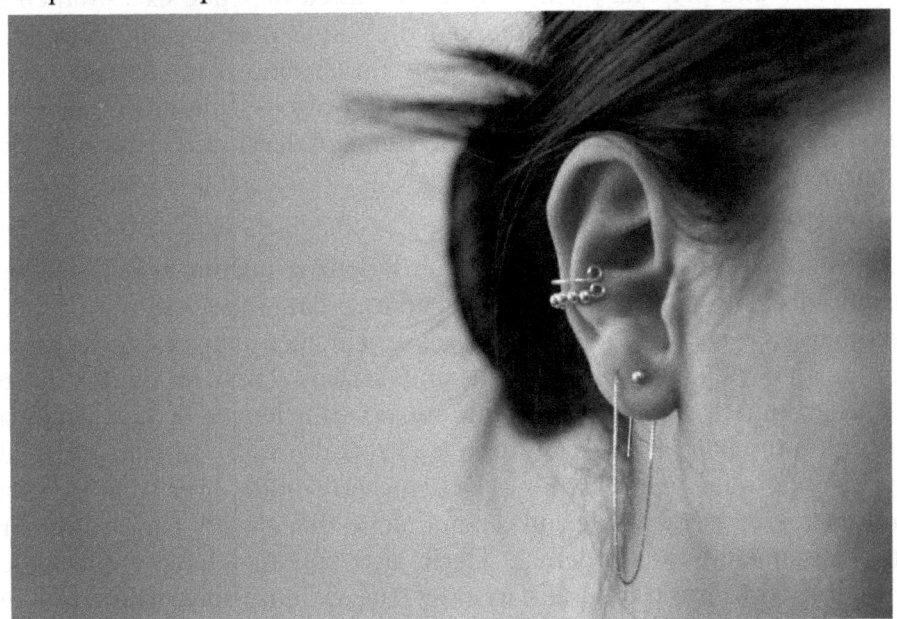

Las orejas tienen distintos significados en un sueño según el contexto[14]

Soñar con orejas puede significar varias cosas según el contexto. Desde los sentidos espirituales a los físicos, soñar con orejas indica que está escuchando algo o a alguien. Las orejas en sueños suelen representar la capacidad de una persona para confiar y ser confiada. Símbolos de percepción objetiva, las orejas pueden sugerir que un individuo está prestando atención, buscando el conocimiento y siendo abierto de mente. En algunos casos, soñar con orejas también significa obstáculos que bloquean la comunicación con los demás y el engaño de alguien cercano o incluso de uno mismo. Por ejemplo, si tiene la oreja tapada o bloqueada, puede significar agitación interior, o que está abrumado por pensamientos y opiniones que no coinciden con sus creencias. En definitiva, soñar con orejas transmite el conjunto de escuchar atentamente con intención y discernimiento.

Espalda

Los sueños con espaldas significan las distintas capas de protección y apoyo que tiene en su vida. La espalda simboliza fuerza y seguridad, por lo que soñar que tiene una espalda fuerte y sólida puede representar estabilidad emocional y una nueva creencia en su fiabilidad. Por otro lado, si sueña que tiene una espalda herida o débil, puede significar sentimientos de vulnerabilidad o inseguridad. Además, soñar con la espalda de otra persona puede sugerir que usted depende excesivamente de ella para su seguridad y comodidad, lo que puede estar afectando negativamente a su bienestar emocional. En términos más generales, los sueños con espaldas sugieren algo oculto o algo escondido dentro de usted que necesita protección, y que necesita fortalecer esas áreas antes de avanzar en su vida.

Lengua

Los sueños en los que se habla con la lengua pueden tener muchos significados; sin embargo, generalmente están relacionados con la comunicación o la falta de comunicación. Un sueño en el que se habla con una lengua incontrolable puede simbolizar la sensación de que no se escucha al interlocutor, mientras que soñar con la lengua de otra persona puede representar la sensación de que el soñador está completamente al margen de una conversación. Del mismo modo, ver una lengua anormalmente larga puede indicar que tiene dificultades para transmitir sus pensamientos a los demás. Decir algo con una lengua hecha de comida podría mostrar insatisfacción y sugerir que sus palabras no se toman en serio. Una lengua inamovible podría revelar que se siente impotente e incapaz de expresar opiniones, advertir a los demás o simplemente ser escuchado por quienes le rodean. Todo ello puede verse como indicios de ansiedad en torno a la comunicación.

Senos

Uno de los símbolos oníricos más comunes, los pechos se asocian a menudo con la nutrición, la feminidad y la fertilidad. El simbolismo de los senos puede indicar una necesidad de consuelo y nutrición en la vida de vigilia tanto en hombres como en mujeres. Los pechos pueden tener connotaciones relacionadas con la protección materna cuando se ven como una entidad nutritiva, mientras que la sexualidad de los pechos también puede representarse en sueños para simbolizar deseos lujuriosos o un sentido de conexión. En general, soñar con senos representa la nutrición física o emocional, conexiones espirituales profundamente arraigadas y la posibilidad de la maternidad. Aunque éstas son algunas ideas centrales en torno al simbolismo de los senos, la experiencia de cada soñador se basará en última instancia en una interpretación personal determinada por las circunstancias actuales de su vida.

Pezones

Soñar con pezones puede indicar que busca formas de conectar con otra persona, ya sea íntimamente o en general. También podría simbolizar un deseo de alimento y consuelo y una búsqueda de sustento emocional. Además, soñar con pezones forma parte de los temas sexuales, ya que están relacionados con las partes más íntimas de uno mismo, donde se producen y exploran los sentimientos de deseo en los estados oníricos. Al comprender los diferentes conceptos relacionados con soñar con pezones, las personas pueden entender mejor sus deseos inconscientes y obtener nuevas perspectivas en sus vidas.

Brazos

Las armas representan fuerza, poder, agresividad y protección. A veces, soñar con brazos representa la sensación de estar armado con habilidades o recursos para afrontar las tareas y los retos de la vida. Pueden simbolizar la capacidad de pedir ayuda o de que alguien le tienda la mano y le ofrezca ayuda. Otras veces, los sueños con armas pueden indicar una necesidad de autodefensa o un esfuerzo por defender a un ser querido del peligro.

Abdomen

El simbolismo onírico del abdomen es bastante fascinante y tiene multitud de significados. Por lo general, el abdomen se asocia con el autocontrol, las emociones, la estabilidad financiera y las cuestiones de fertilidad o infertilidad. Al soñar con su abdomen, podría indicar que algo que tiene en su interior necesita atención y liberación. Podría ser un recordatorio para que se centre en mantener el equilibrio en su vida y controlar cualquier emoción extrema que pueda estar gobernando su comportamiento. Alternativamente, podría simbolizar la estructura de la propia identidad o una necesidad de libertad financiera para sentirse seguro. El dolor o las heridas abdominales en el mundo onírico pueden indicar problemas de infertilidad, mientras que unos abdominales esculpidos pueden representar fuerza y poder. Los símbolos oníricos sobre el abdomen son poderosos indicadores de que debe producirse una sanación para restablecer la armonía en la propia vida.

Dedos

Soñar con dedos tiene mucho simbolismo, dependiendo del contexto. Por lo general, los dedos representan asertividad y fuerza. Sin embargo, si los dedos en su sueño están rotos o mutilados, esto puede representar sentimientos de impotencia. Si se encuentra contando sus dedos en el estado de sueño, esto podría sugerir que se siente abrumado por las responsabilidades y tareas cotidianas. Soñar que estrecha la mano de otra persona puede significar a menudo una conexión entre dos partes: generalmente representa comprensión y respeto por las opiniones de la otra parte. Por otro lado, si en el sueño está apretando el puño, puede que se sienta enfadado o frustrado, y quizá le falte el control sobre algo que ocurre en su vida. Comprender los diferentes dedos simbólicos puede revelar lo que ocurre en su mente y es bastante fascinante.

Palma

Si en un sueño aparece una persona con la palma de la mano derecha abierta hacia usted, suele interpretarse como un signo de reconciliación o amistad. Cuando aparece en sueños con seres queridos, aferrarse a la mano de alguien podría representar su presencia reconfortante y su protección frente a las dificultades de la vida. Ver la palma de la mano en un sueño simboliza a menudo la esperanza o la confianza que empieza a tener en sí mismo, como tener fe para encontrar el valor de empezar algo nuevo o superar obstáculos. También podría ser un recordatorio de que posee la fuerza necesaria para enfrentarse a situaciones temibles o emprender esfuerzos ambiciosos. En consecuencia, los sueños en los que aparecen palmas de manos pueden significar muchas cosas, desde protección hasta esperanza, un símbolo universal con varios temas e interpretaciones.

Genitales

Los sueños que implican genitales son sorprendentemente comunes y a menudo pueden conllevar profundos mensajes psicológicos. Por lo general, tener sueños con genitales significa que el soñador está realizando algún tipo de transición, explorando una nueva identidad o abrazando una ya existente. También puede significar la oportunidad de realizar un poderoso cambio de perspectiva, que le permita tomar las riendas de su vida. Para algunas personas, representa un deseo sexual o la integración de su identidad de género. Además, los sueños que se centran en los genitales pueden simbolizar cómo alguien se experimenta a sí mismo en el nivel más íntimo, resaltando tanto los elementos positivos como los negativos de su autoimagen. En general, los sueños protagonizados por sus órganos sexuales proporcionan una visión de cómo navega la dinámica de poder dentro de sí mismo y en sus relaciones.

Nalgas

Las nalgas son un símbolo onírico destacado que representa la sensualidad, la fertilidad y el poder físico. Los sueños reflejan a menudo la necesidad de los soñadores de expresarse o moverse libremente. Esto puede interpretarse como una búsqueda de pasión e independencia de las expectativas externas. Las nalgas también se han relacionado con el crecimiento y la exploración en distintos aspectos de la vida, como los objetivos profesionales, las relaciones y la autorreflexión. Simbólicamente, las nalgas pueden sugerir que está trabajando para alcanzar su propio poder y abrazarse plenamente a sí misma.

Tobillos

Los tobillos han sido durante mucho tiempo un símbolo con varias capas diferentes de significado. En algunas culturas, los tobillos representan la estabilidad y el hogar: sentirse seguro y arraigado en su vida. Un sueño en el que los tobillos ocupan un lugar destacado puede representar la necesidad de centrarse en hacer planes o en formar unos cimientos sólidos para uno mismo. Los tobillos pueden representar sensualidad y feminidad. Un sueño en el que aparece ropa con tobillos podría revelar que está explorando su atractivo sexual, mientras que las imágenes de tobillos en torno a las alturas pueden sugerir que se siente frenada por sentimientos de duda o inseguridad sobre el futuro. Aunque el simbolismo de los tobillos varía de una cultura a otra, es innegable que estas articulaciones flexibles evocan emociones poderosas - tanto positivas como negativas - venga usted de donde venga.

Rodillas

Soñar con rodillas es un tema particularmente singular y fascinante. Los significados simbólicos de los sueños relacionados con las rodillas varían mucho en función de lo que aparezca en el sueño. Por lo general, soñar con rodillas representa flexibilidad, vulnerabilidad o estabilidad. Por ejemplo, si las rodillas de una persona son fuertes y estables en el paisaje onírico, esto podría simbolizar confianza en uno mismo y resistencia. Por el contrario, si las rodillas aparecen débiles y frágiles en el sueño, puede sugerir sentimientos de inestabilidad o debilitamiento de la determinación respecto a un asunto o situación. Del mismo modo, si una persona puede mover las partes de su cuerpo con facilidad en el sueño - desde agacharse hasta ponerse en cuclillas -, esto puede aludir a su nivel de flexibilidad en la vida o a su capacidad para pensar con rapidez y eficacia. En conjunto, estas interpretaciones son ideas valiosas para interpretar el simbolismo de la rodilla dentro de los sueños.

Piernas

Los sueños, llenos de simbolismo, pueden descubrir sus pensamientos y emociones subconscientes, por lo que el significado de algunos elementos extraños puede tener un significado particular. Un símbolo onírico frecuente son las piernas. Por lo general, soñar con piernas puede representar su deseo de estabilidad y equilibrio o indicar cómo afronta una determinada situación, ya sea alejándose de ella o dando un paso adelante. También puede apuntar a sentirse atado o restringido en la vida, luchando por avanzar o atrapado sin escapatoria. Además, soñar con piernas puede implicar confianza y fuerza o simbolizar la superación de obstáculos independientemente de su tamaño. Alternativamente, soñar con piernas aracnoideas podría simbolizar momentos difíciles que pronto pasarán si usted sigue siendo ingenioso. Los sueños con piernas suelen ser muy individualizados y pueden depender de los sentimientos que el soñador asocie a ellos para obtener una interpretación precisa, así que piénselo detenidamente antes de llegar a ninguna conclusión.

Dedos de los pies

Soñar con los dedos de los pies puede resultar desconcertante, pero en realidad dice bastante sobre su estado de ánimo y sus emociones actuales. Los dedos de los pies suelen simbolizar el equilibrio en su vida; si sus dedos están sanos y puede caminar sin dificultad, puede significar que se siente equilibrado en todos los aspectos de su vida o que tiene esperanzas. Sin embargo, si los dedos de los pies aparecen rotos o poco sanos, probablemente signifique que alguien se siente fuera de control. Además, soñar con cualquier tipo de movimiento en el que intervengan los dedos de los pies, como correr o bailar, podría representar alegría y felicidad, mientras que soñar con contar pasos sugiere centrarse en los detalles o evitar problemas. En general, el simbolismo onírico de los dedos de los pies oscila entre sentimientos de logro y desesperanza, dependiendo de la situación actual del soñador.

Sangre

La sangre es un símbolo poderoso que se ha utilizado para representar una variedad de temas a lo largo de la historia y a través de las culturas. Históricamente, se ha asociado a menudo con la vida y la muerte y el dolor o el sufrimiento, lo que refleja su posición entre ambos estados. También puede representar emociones intensas como la ira, la violencia y la pasión. En el simbolismo onírico, la sangre puede interpretarse de forma diferente según el contexto en el que aparezca. A veces puede significar pérdida o tristeza, pero también protección o sanación. A un nivel aún más profundo, la sangre en un sueño puede apuntar hacia la memoria ancestral, la pérdida del alma e incluso la transformación espiritual. Sea cual sea la forma que adopte su presencia, se cree que los sueños con sangre tienen un significado único, ya que a menudo reflejan intensas luchas internas de la propia naturaleza subconsciente.

Huesos

Los huesos son un símbolo común en los sueños, ya que representan tanto la vida como la muerte. Los sueños en los que aparecen huesos pueden representar a menudo algo que ha muerto o un ciclo que se ha roto, como la ruptura de un viejo hábito o actitud. Por otro lado, pueden simbolizar fuerza, resistencia y antepasados que han transmitido su sabiduría y conocimientos. Por ejemplo, soñar con un esqueleto antiguo puede representar una conexión con su pasado y cómo éste influye en su vida actual. Además, soñar con huesos múltiples o incompletos puede indicar una sensación de estar incompleto en algún nivel, con ciertas áreas de su vida que necesitan atención. En definitiva, los huesos son símbolos poderosos llenos de un profundo significado que captan la fragilidad y la belleza de la vida.

Capítulo 9: Cuando aparecen seres sobrenaturales

Su subconsciente genera los sueños. Esta parte de su mente es responsable de la imaginación, la intuición y los deseos y valores ocultos. Además de imágenes de usted mismo y de seres normales, su imaginación también puede crear personajes o seres sobrenaturales. Dragones, ángeles, espíritus, duendes y enanos son algunos de los personajes comunes que pueden aparecer en los sueños de la gente. Este capítulo explora el significado de estos personajes sobrenaturales que aparecen en los sueños, analizando el simbolismo y las variaciones.

Sueños sobre ángeles

Soñar con ángeles es un signo positivo. Los ángeles pueden ofrecer sabiduría, protección, orientación, seguridad y purificación. En muchas culturas, los ángeles también se consideran mensajeros de los dioses; sin embargo, también pueden tener otras funciones. Algunos ángeles se especializan en asuntos espirituales concretos, y prestarán su ayuda en ese campo. Los ángeles de la guarda tienen una poderosa conexión con las personas a su cargo y permanecen con ellas durante la mayor parte de su vida. Otros ángeles simplemente se materializan porque estaban disponibles en ese momento y notaron que se requería su ayuda.

Sea cual sea el tipo de ángel que aparezca en sus sueños, lo más probable es que lo hagan siempre de la misma forma. Pueden aparecer en un cartel, volar, hablar o cantar a su realidad onírica. Los ángeles también

pueden aparecer de formas más sutiles, como:
- Arco iris en el cielo
- Otros símbolos angélicos en el cielo
- Plumas blancas a su alrededor
- Sentir energía nutritiva a su alrededor
- Un repentino destello de luz
- Una voz que aparentemente sale de la nada
- La sensación de que una mano invisible te toca
- Sensación de hormigueo en el cuerpo o la cabeza

Si un ángel aparece en sus sueños (ya sea en persona o a través de símbolos) y nota que se siente feliz al despertar, es que ha sido bendecido con su energía. También podría significar que ha necesitado consuelo para un reto próximo o consejos para superar influencias tóxicas.

Si un ángel le canta o le habla en sueños, está abriendo su alma a su sabiduría. Le ayudará compartir sus quejas y preocupaciones para que puedan comprenderle mejor. Este sueño simboliza su triunfo sobre una herida pasada o un reto próximo. Puede actuar como una forma de intervención, en caso de que sepa que necesita consuelo o consejo. Tanto si las palabras del ángel le resultan familiares como si no, no se preocupe. Conllevan una bendición eterna que su alma comprenderá y abrazará sin palabras. Si recuerda que un ángel le habló, pero no puede recordar sus palabras, intente traerlas de vuelta en fragmentos a través de la meditación. Es probable que su conversación esté almacenada en su subconsciente. Sólo necesita la herramienta adecuada para acceder a ella. Cuando lo haga, sabrá en qué dirección avanzar.

Los ángeles y los demonios suelen aparecer juntos e interactuar en sueños. Si los ve luchando, esto indica que está experimentando un conflicto interior. Lo más probable es que se trate de decisiones acertadas o equivocadas o de ir en la dirección correcta. Puede que algo le esté impidiendo avanzar hacia un camino mejor. Este obstáculo puede estar representado por las dos fuerzas opuestas de su sueño. La lucha interior también puede provenir de emociones negativas, adicciones, impulsos poderosos o comportamientos autolimitantes similares.

Los sueños desaparecerán tras reconocer su conflicto, centrarse en rodearse de buenas energías y luchar contra las influencias tóxicas que provocan la disputa. Si no lo hacen, aún tiene asuntos que resolver.

Si sueña con alas de ángel, está protegido por una energía poderosa. Si se concentra lo suficiente, sentirá que esta energía le rodea. Es probable que este sueño aparezca cuando esté atravesando un periodo difícil y necesite más protección.

Aunque los ángeles adultos aparecen con frecuencia en los sueños, algunas personas también sueñan con ángeles bebés o querubines. Si nota que un ángel bebé de aspecto inocente aparece de repente en sus sueños, le están ofreciendo una amplia protección desde arriba. Estos seres tienen muchas funciones celestiales, entre ellas proteger la entrada al Jardín del Edén, lo que habla de su cercanía a Dios y a los demás ángeles. Si sueña con un ángel bebé, se enfrentará a un obstáculo importante y repentino en la vida y necesitará toda la ayuda angélica que pueda conseguir para superar sus retos.

Sueños sobre demonios

Los demonios en sueños nunca son una buena señal. Estos seres están vinculados a fuerzas hostiles. Si aparecen en sus sueños, tiene motivos para alarmarse. Es probable que se esté viendo afectado por energías negativas en su vida de vigilia. Estas energías pueden tener consecuencias perjudiciales para su vida. Puede tratarse de una situación laboral desagradable o de la relación con un jefe o colega, que le hunden y bloquean su desarrollo profesional. O puede representar un lugar en el que se sentiría seguro, pero en el que tiene que pasar muchas horas, lo que provoca ansiedad y otros desequilibrios entre las distintas partes de su vida. Los demonios también pueden estar vinculados a individuos complejos de la vida real que desean secretamente que usted fracase. Estos individuos complejos ocultan muy bien su verdadero rostro (demoníaco). Debe tener cuidado al interactuar con este tipo de personas para revelar quiénes son.

Sueños con dragones

Soñar con dragones tiene varios significados. Las circunstancias particulares, el color y la forma del dragón y su comportamiento influyen en el significado de este sueño. En las antiguas culturas occidentales, los dragones eran vistos a menudo como adversarios que los guerreros debían derrotar para asegurar su comunidad. Por ello, muchos ven a los "dragones de los sueños" como presagios de problemas, destrucción y sufrimiento en la vida real. Los dragones enfadados también denotan sentimientos y comportamientos negativos, típicamente nacidos de la ira y la pérdida de control.

Dicho esto, en las culturas orientales, los dragones tienen una imagen muy diferente. Se cree que traen buena suerte, protección y equilibrio a la vida de las personas. Si sueña con un magnífico y colorido dragón sin alas que actúa amistosamente, puede ser que esté anhelando la libertad y el equilibrio. Si es un sueño recurrente, está en camino de establecer este equilibrio.

Los dragones en sueños pueden simbolizar poder, figuras de autoridad o su deseo de tener estas características. Los dragones también son conocidos por ser excéntricos. Soñar con ellos puede indicar que usted tiene una personalidad apasionada y es propenso a encontrar soluciones poco ortodoxas para sus problemas. O puede tener un deseo oculto de expresar su pasión, buscar nuevas aventuras o lamentar haber perdido oportunidades de tener fondos en el pasado.

Aunque soñar con dragones enfadados puede dar miedo, recuerde que estas criaturas suelen aludir a sus emociones subconscientes reprimidas y a sus pensamientos reprimidos. Además, puede implicar un problema o conflicto con otra persona en su vida laboral o personal.

Sueños sobre enanos

Si ve un enano en su sueño, tiene suerte. Estas inusuales criaturas son símbolos de buena fortuna y sorpresas. Podría significar que le tocará la lotería y tendrá dinero suficiente para no preocuparse por sus finanzas durante un tiempo. O puede que reciba una herencia o un inesperado buen rendimiento de su inversión. Si hay varios enanos en sus sueños y sabe que va a jugar a la lotería, esto sugiere que debería compartir su boleto con otras personas para que puedan participar de su buena suerte.

Sueños con espíritus

Las imágenes oníricas de espíritus son probablemente las más comunes en los sueños de seres sobrenaturales. Casi todas las culturas antiguas tienen mitos y registros sobre espíritus. Sabiendo esto, no es sorprendente que estas criaturas se abrieran paso en la imaginación responsable de los aspectos oníricos. La mayoría de las culturas coinciden en que los espíritus pueden ser de naturaleza ambivalente. Pueden aparecer como visiones, voces o símbolos en los sueños, proporcionando guía, sanación y protección o, en algunos casos, causando trastornos.

Los significados de los sueños con espíritus pueden variar en función de las circunstancias y las acciones de estas entidades en el mundo onírico. Algunos creen que los sueños vívidos con espíritus - especialmente con el espíritu de sus seres queridos - indican una fuerte conexión y la aparición real del alma en sus sueños. Soñar con espíritus ficticios no es más que la forma que tiene su cerebro de procesar la información relacionada con sus pensamientos y emociones.

En la mayoría de los casos, soñar con espíritus indica que tiene asuntos pendientes en su vida de vigilia. Esta asociación proviene de la creencia común de que los espíritus que vuelven de visita también tienen asuntos pendientes en este mundo. Además de esto, los sueños con espíritus pueden denotar incertidumbre y procesos de pensamiento descoordinados. Puede que se encuentre en una encrucijada en la vida y no esté seguro de hacia dónde ir a continuación. O puede que simplemente sienta curiosidad por saber adónde le lleva la vida, pero no pueda evitar sentirse nervioso al respecto. Debido a su naturaleza etérea, soñar con espíritus puede referirse a que se siente invisible en su vida personal o profesional.

Los espíritus en sueños son un fenómeno reconfortante porque representan la vida después de la muerte. Sin embargo, pueden verse como señales de mortalidad. Por ejemplo, si no se está cuidando, soñar con espíritus puede ser una advertencia de que debe empezar a prestar más atención a su salud.

Los espíritus también pueden verse como reflejos de su lado oculto, la parte con la que no se siente cómodo y a la que no quiere enfrentarse. Por ejemplo, si sueña con un espíritu que no puede ver, simplemente sienta y note las señales que le están enviando. Considere la posibilidad de hacer un poco de introspección para ver qué intenta ocultar de sí mismo. Puede que haya algo que usted pretenda no ver, pero su subconsciente seguirá percibiéndolo.

Los espíritus rara vez le hablan directamente en sus sueños, pero pueden hacer otras cosas. Si los espíritus de sus sueños mueven objetos a su alrededor, esto podría indicar que carece de control sobre algunas áreas de su vida de vigilia.

La aparición de espíritus en su sueño puede ser una experiencia estresante. Si se siente perseguido por el espíritu o sofocado por su energía negativa, esto indica que se siente abrumado por las personas o las situaciones del mundo real. También es posible que tema lo desconocido, por lo que se aferra a las aguas conocidas, aunque esto dificulte su progreso y crecimiento. Si es usted alguien que se preocupa a menudo por el futuro, es probable que tenga este sueño. No importa lo insignificante que sea el acontecimiento, no puede evitar esperar el peor resultado posible. Pensar constantemente en que pronto ocurrirá algo adverso hará que se preocupe y proyecte sus pensamientos y emociones en su subconsciente. Los espíritus inquietantes significan además un estado emocional vulnerable. Si se siente negativo respecto a alguien o algo en su vida de vigilia, ahora es el momento de tratar con ello para que pueda recuperar el control de sus sentimientos.

Si sueña que es un fantasma, podría significar que está experimentando una culpabilidad extrema por hechos pasados. Quizá haya hecho daño a alguien intencionadamente y nunca haya tenido la oportunidad de pedir perdón o rectificar la situación. Afrontar su sentimiento de culpa puede ayudarle a superarlo. Algunas personas también tienen un miedo paralizante a los espíritus en sus sueños. De nuevo, se trata de miedo de la vida real proyectado en su mundo onírico. Tendrá que buscar su causa y superar su miedo adoptando un enfoque más positivo de la situación.

Si sueña con los espíritus de seres queridos que han fallecido, el sueño trata de su conexión con ellos. Puede que necesite tener una última charla con ellos para encontrar un cierre. Puede que necesiten que les asegure que todo irá bien y que usted ha aceptado su fallecimiento y ha seguido adelante con su vida.

Sueños con duendes

Soñar con duendes refleja su esperanza y confianza en sus capacidades para alcanzar sus objetivos. Al igual que los ángeles, las hadas en sueños también son buenos augurios. Las hadas suelen parecer criaturas amistosas, por lo que soñar con ellas se asocia con la felicidad. Puede que consiga un logro importante en la vida o que obtenga algo que ha añorado desesperadamente o que creía imposible de conseguir. O puede que haya encontrado un objeto o una conexión que había perdido.

Aunque los sueños con duendes rara vez tienen connotaciones negativas, debe tener cuidado. Hay hadas maliciosas que son cualquier cosa menos amistosas y serviciales. Si sueña con un hada traviesa, esto indica que su vida emocional está desequilibrada. Si siente miedo de los espíritus en sus sueños, podría significar que tiene problemas en una de sus relaciones. Puede que alguien quiera formar parte de su vida, aunque usted no desee tener ningún vínculo con él.

Soñar con una varita de hada es un mensaje lleno de sabiduría. A menudo significa que debe escuchar a las personas que le rodean a la hora de tomar decisiones importantes, ya que le harán sabias sugerencias. Esto se aplica especialmente si quiere obtener beneficios de algo. Los duendecillos pueden darle muchas ganancias financieras, sólo tendrá que escuchar sus consejos.

Los vampiros en sueños simbolizan que su energía se agota en la vida de vigilia [15]

Sueños con vampiros

Se sabe que los vampiros se alimentan de la sangre de personas vivas. Si aparecen en sus sueños, podría significar que algo o alguien está drenando su energía en su vida de vigilia. La sangre simboliza la energía que sostiene su mente, cuerpo y alma, algo sin lo que no puede sobrevivir. Soñar con vampiros es una advertencia para que observe atentamente su entorno e identifique qué partes le están chupando la vida. Piense en las áreas de su vida en las que tiene dificultades para avanzar o siente que no está haciendo un trabajo lo suficientemente bueno. Puede que su jefe le fije plazos irrazonables para sus proyectos, lo que hace que no consiga terminarlos. O puede que tenga una pareja controladora que no le deja expresar su personalidad y sus necesidades en sus relaciones. También puede tener un amigo que se queje constantemente de algo, que le deprima con su negatividad y le reste tiempo para actividades más productivas.

Guías espirituales

La mayoría de los guías espirituales son almas que residen en el reino espiritual. En lugar de pasar a otro ciclo vital, han elegido quedarse y velar por sus descendientes vivos. Se trata de las almas de los antepasados, de seres queridos o mascotas fallecidos recientemente o de personas a las que usted ha admirado durante su vida. Sin embargo, los guías espirituales también pueden ser seres sobrenaturales, como hadas, ángeles y demonios.

Se le empareja con un guía espiritual que puede servirle mejor en cualquier situación. Esto puede significar que tendrá varios guías espirituales a la vez. Por ejemplo, si se encuentra en una situación difícil, puede necesitar las fuerzas y la sabiduría complementarias de un ancestro y un ángel. El ancestro le proporcionará los conocimientos que necesita para encontrar una solución, mientras que el ángel le dará poder con su guía.

Sus guías espirituales le conocen mejor de lo que usted se conoce a sí mismo, lo que les hace útiles en el crecimiento espiritual y la sanación. Esta es también la razón por la que no aparecerán en la forma que usted esperaría de ellos. La mayoría de las personas no son conscientes de que sus guías espirituales están cerca porque aparecen en formas únicas, como los patrones de un sueño, por ejemplo. Si ve que un personaje intenta guiarle en sus sueños, es un signo común de que un compañero espiritual está actuando. Puede que le señalen un lugar concreto del mundo onírico, le digan que les siga o le muestren un símbolo que representa el siguiente paso que debe dar.

Algunos guías sólo aparecen durante un breve periodo de tiempo, le ayudan a superar un momento especialmente difícil y luego se marchan una vez que sus problemas se han resuelto. Supongamos que ha tenido un sueño recurrente sobre un ser sobrenatural, pero ha dejado de aparecer. Podría haber sido un compañero espiritual que ha cumplido su propósito. Otros guías están ahí para ayudarle en sus relaciones, experiencias, negocios o acontecimientos; sin embargo, cuando éstos terminen, las entidades también se marcharán.

Otros acompañantes son como expertos en su campo (como los arcángeles) y aparecen y desaparecen según sea necesario. Algunos guías sólo están ahí para ayudarle a superar su pérdida. Por ejemplo, si sueña con una mascota que ha perdido recientemente, puede que sea su alma diciéndole que es hora de seguir adelante. La mayoría de las personas tienen una o varias almas de por vida. Conoce a estas almas en la infancia y permanecerán con usted el resto de su vida. Aparecen en sueños, visiones y símbolos en su entorno. Le ayudan a descubrir sus dones, le guían hacia el camino correcto y le ayudan a permanecer en la senda elegida. Los compañeros espirituales pueden adoptar la forma de cualquier animal, planta o ser sobrenatural. Si tiene sueños recurrentes sobre una entidad sobrenatural, animal o planta específica, podría ser la forma que tiene su guía espiritual de intentar establecer contacto. Sus guías pueden ser persistentes, especialmente cuando saben que usted los necesita. Hay muchas razones por las que sus guías espirituales no aparecerán en su forma original. Por ejemplo, muchas personas no pueden soportar ver el verdadero rostro de un guía espiritual. Si su guardián cree que usted no está preparado, sólo le enviará señales sutiles y aparecerá en otras formas hasta que usted haya establecido un vínculo con ellos y esté preparado para aceptar su verdadera naturaleza. Las distintas entidades tienen habilidades diferentes. Puede que su espíritu guía no aparezca delante de usted en sus sueños porque simplemente no puede.

Capítulo 10: Técnicas avanzadas de interpretación de los sueños

Los sueños pueden estar llenos de personajes y símbolos extraños y misteriosos que parecen no tener equivalente en el mundo real. Son un reflejo de la mente subconsciente y, como tales, pueden revelar pensamientos, emociones y deseos ocultos de los que quizá no sea consciente en su vida de vigilia. Sin embargo, los sueños pueden ser difíciles de entender, ya que están llenos de símbolos que pueden parecer confusos o carecer de sentido. Aunque algunas personas creen que los sueños tienen un significado universal que puede descifrarse fácilmente, lo cierto es que la interpretación de los sueños es un proceso muy personal y subjetivo.

Una de las limitaciones de la interpretación de los sueños es la idea de que existe un significado universal detrás de los símbolos oníricos. Por ejemplo, algunas personas creen que un sueño con una serpiente siempre representa peligro o tentación; sin embargo, lo cierto es que la interpretación de un símbolo onírico es única para el soñador. De hecho, el mismo símbolo puede tener significados diferentes para distintas personas, en función de sus asociaciones personales y antecedentes culturales.

Este capítulo se centra en la importancia de las asociaciones personales, las emociones y el contexto en el análisis de los sueños. Explorando cómo se siente durante el sueño, centrándose en los personajes y objetos que le llaman la atención y teniendo en cuenta el contexto del sueño, puede obtener una comprensión más profunda de lo que su sueño puede estar intentando decirle.

Hacer las preguntas adecuadas

Recordar un sueño puede ser una tarea desalentadora, sobre todo si el sueño parece fragmentado o confuso. Afortunadamente, utilizando la técnica de las 5W, puede empezar a recomponer los detalles de su sueño y dar sentido a lo sucedido. Una vez que tenga una comprensión básica de los detalles de su sueño, es el momento de utilizar las respuestas para guiar el proceso de interpretación.

¿Quiénes eran los personajes de su sueño y qué papeles desempeñaban? ¿Qué objetos o símbolos le llamaron la atención y por qué? ¿Dónde tuvo lugar el sueño y qué significado tenía el lugar? ¿Cuándo ocurrió el sueño y qué acontecimientos condujeron a él? Respondiendo a estas preguntas, podrá empezar a descubrir los mensajes y significados ocultos de su sueño.

También es importante explorar cualquier acontecimiento, emoción o pensamiento significativo del día anterior que pueda haber influido en su sueño. Los sueños suelen ser un reflejo de sus pensamientos y emociones subconscientes, por lo que es posible que algo de su vida de vigilia haya desencadenado el sueño. Tal vez haya tenido un día estresante en el trabajo, o quizá haya mantenido una conversación importante con un ser querido. Mientras trabaja en el proceso de interpretación, preste mucha atención a sus emociones y sentimientos durante el sueño. ¿Se sintió asustado, ansioso o abrumado? ¿O se sintió feliz, amado o contento? Las emociones que experimente durante el sueño pueden ofrecer pistas importantes sobre los mensajes y significados subyacentes.

He aquí un ejemplo que puede tener en cuenta para aprender a interpretar mejor sus sueños:

Supongamos que ha soñado que estaba en una fiesta con sus amigos. He aquí cómo podría utilizar las 5W para analizar el sueño:

- **¿Quién?** ¿Quién estaba en la fiesta con usted? ¿Eran personas que conoce en la vida real o eran desconocidos?
- **¿Qué?** ¿Qué pasó en la fiesta? ¿Se divirtió o algo salió mal? ¿Hubo algún objeto o símbolo que le llamara la atención?
- **¿Cuándo?** ¿Cuándo ocurrió el sueño? ¿Fue durante el día o por la noche? ¿Ocurrió algo antes del sueño que pudiera haber influido en él?

- **¿Dónde?** ¿Dónde se celebró la fiesta? ¿Fue en un lugar conocido o en algún sitio nuevo?
- **¿Por qué?** ¿Por qué estaba en la fiesta? ¿Tenía una meta u objetivo específico, o sólo estaba allí para divertirse?

Digamos que, tras reflexionar, se da cuenta de que los asistentes a la fiesta eran sus amigos del instituto a los que no ve desde hace años. Se lo pasó muy bien en la fiesta, pero recuerda haberse sentido un poco fuera de lugar. También se dio cuenta de que había un reloj en la pared que marcaba las horas cada vez más deprisa. Utilizando esta información, puede empezar a explorar los mensajes y significados subyacentes en su sueño. Quizá el sueño represente el deseo de volver a conectar con viejos amigos, pero también el miedo a sentirse fuera de lugar o a no encajar. El tic-tac del reloj podría simbolizar una sensación de urgencia o la sensación de que el tiempo se acaba. Alternativamente, podría representar el miedo a perder oportunidades o a no aprovechar su tiempo al máximo.

Al explorar estas ideas y prestar atención a sus emociones durante el sueño, puede empezar a descubrir los mensajes y significados ocultos de su sueño y obtener una comprensión más profunda de sí mismo y de su mente subconsciente.

Es importante tener en cuenta las emociones a la hora de interpretar los sueños [16]

Examinar las emociones y los sentimientos

Las emociones son un elemento crucial a tener en cuenta a la hora de interpretar un sueño. Los sueños suelen acceder a sus sentimientos y emociones más profundos: cómo se siente durante el sueño y cuando se despierta puede dar algunas pistas importantes sobre lo que el sueño podría estar tratando de decirle. Así pues, debe tener en cuenta sus emociones durante el sueño para analizarlo con eficacia. ¿Se sentía ansioso, asustado o abrumado? ¿O se sentía tranquilo, alegre o curioso? Estas emociones pueden ofrecer pistas significativas sobre el significado del sueño. Por ejemplo, sentir miedo de un personaje del sueño puede indicar una sensación de vulnerabilidad o inseguridad, mientras que sentirse reconfortado por ese mismo personaje puede indicar una necesidad de apoyo o guía. Cuando despertó, ¿se sintió aliviado por despertar de un sueño aterrador? ¿O se sintió triste por dejar atrás un sueño agradable? Estas emociones pueden aportar más información sobre los mensajes y significados subyacentes del sueño.

Al interpretar los símbolos o personajes de los sueños, tenga en cuenta las emociones asociadas a ellos. Por ejemplo, un sueño con una serpiente puede evocar sentimientos de miedo o repugnancia para algunas personas, mientras que otras pueden sentirse fascinadas o intrigadas. Estas respuestas emocionales pueden influir en la interpretación de la serpiente en el sueño. Del mismo modo, un sueño sobre un ser querido puede tener significados muy diferentes según si el soñador se sintió feliz, triste o en conflicto en el sueño. Las emociones pueden ofrecer pistas importantes sobre lo que el sueño intenta comunicar y ayudarle a desvelar mensajes y significados ocultos. Considere estos ejemplos para comprender cómo intervienen las emociones en la interpretación de un sueño:

- **Soñar con volar:** Si el soñador se siente alegre y libre mientras vuela, esto podría simbolizar una sensación de liberación o la capacidad de superar los retos en su vida de vigilia. Sin embargo, si el soñador se siente ansioso o asustado mientras vuela, esto podría simbolizar un miedo al fracaso o a la pérdida de control.
- **Un sueño con agua:** Si el soñador se siente tranquilo y en paz mientras nada en una masa de agua, esto podría simbolizar equilibrio emocional y tranquilidad. Sin embargo, si el soñador se siente abrumado o ansioso mientras navega por aguas agitadas,

esto podría indicar una sensación de estar abrumado por las emociones o los retos de la vida.

- **Soñar con una casa:** Si el soñador se siente feliz y cómodo en la casa, esto podría simbolizar una sensación de seguridad y pertenencia. Sin embargo, si el soñador se siente inquieto o asustado mientras explora la casa, esto podría indicar un miedo a lo desconocido o sentirse perdido en su vida de vigilia.

- **Soñar con un ser querido:** Si el soñador se siente feliz y querido mientras interactúa con un ser querido en el sueño, esto podría simbolizar una profunda conexión y sensación de apoyo. Sin embargo, si el soñador se siente conflictivo o molesto mientras interactúa con el ser querido, esto podría indicar asuntos sin resolver o una necesidad de cierre.

- **Soñar con un coche:** Si el soñador se siente en control y confiado mientras conduce un coche, esto podría simbolizar independencia y autodeterminación. Sin embargo, si el soñador se siente fuera de control o ansioso mientras conduce el coche, esto podría indicar un miedo a perder el control o una necesidad de orientación en su vida de vigilia.

Utilizar técnicas de interpretación creativa

Si aborda el análisis de los sueños con una mente abierta y la voluntad de explorar diferentes perspectivas, podrá descubrir símbolos ocultos, asociaciones y conexiones que podrían no ser evidentes a primera vista. Las técnicas de interpretación creativa implican pensar fuera de la caja y considerar múltiples posibilidades de lo que un símbolo o personaje podría representar. Le animan a confiar en sus instintos y a recurrir a sus experiencias y asociaciones personales a la hora de interpretar sus sueños. En las secciones siguientes, se explorarán varias técnicas avanzadas de análisis de los sueños.

1. Amplificación

Esta técnica consiste en ampliar las imágenes y símbolos de su sueño explorando sus asociaciones históricas, culturales y personales. Implica explorar la rica red de asociaciones y significados que rodean a un símbolo o imagen onírica. Esta técnica se basa en la idea de que una imagen onírica puede tener muchas capas de significado y que, profundizando en estos significados, podrá comprender mejor el mensaje que subyace al sueño.

Para utilizar la técnica de amplificación, empiece por identificar un símbolo o imagen que le haya llamado la atención en el sueño. A continuación, considere todos los posibles significados y asociaciones que le vengan a la mente cuando piense en ese símbolo. Esto podría implicar recurrir a experiencias personales, símbolos culturales, referencias históricas y otras fuentes de inspiración. Si explora estas asociaciones y amplía el significado del símbolo, podrá descubrir nuevas perspectivas sobre el sueño y su significado.

Por ejemplo, supongamos que ha soñado con un gato. Utilizando la técnica de amplificación, puede empezar por considerar todos los significados y asociaciones posibles de un gato. Considere las características físicas del gato, como su agilidad, independencia y gracia. Considere también las asociaciones culturales con los gatos, como su papel en la mitología del antiguo Egipto como protectores de la otra vida. Por último, reflexione sobre sus experiencias con los gatos, incluidas las emociones positivas o negativas que asocie a estos animales. Puede que se dé cuenta de que el gato simboliza su deseo de independencia y libertad o representa una sensación de misterio e intriga en su vida de vigilia.

2. Imaginación activa

La imaginación activa es una poderosa técnica de análisis de los sueños que consiste en comprometerse con los símbolos y las imágenes de sus sueños mediante la visualización y la participación activa. Con una imaginación activa, no se limita a observar las imágenes de sus sueños, sino que se sumerge en ellas y explora toda su gama de significados y asociaciones. Para utilizar la imaginación activa, empiece por identificar un símbolo o imagen que le haya llamado la atención en su sueño. A continuación, intente visualizarse interactuando con ese símbolo o imagen, utilizando todos sus sentidos para sumergirse plenamente en el mundo onírico. Imagínese hablando con un personaje del sueño, explorando un paisaje onírico o participando en un acontecimiento soñado.

Supongamos que ha tenido un sueño en el que caminaba por un callejón oscuro. En el sueño se sentía asustado y vulnerable, y figuras sombrías acechaban en las esquinas. Cuando despertó, seguía teniendo una sensación de miedo e inquietud, y no estaba seguro de lo que el sueño podía estar intentando decirle. Para utilizar la imaginación activa para analizar este sueño, podría empezar por visualizarse de nuevo en el sueño, caminando por el callejón una vez más. Mientras camina, intente prestar atención a los detalles de su entorno: ¿Qué ve, oye y siente? ¿Hay alguna sensación o emoción en particular que le llame la atención?

A continuación, podría intentar interactuar con el entorno del sueño de alguna manera. Por ejemplo, podría intentar encontrar una salida del callejón o enfrentarse a las figuras sombrías que le acechan. Mientras interactúa con el sueño, preste atención a cómo cambian sus emociones y pensamientos. ¿Siente más o menos miedo? ¿Experimenta alguna sensación de poder o control? A medida que siga interactuando con el sueño en su visualización, puede que descubra nuevas percepciones y asociaciones. Por ejemplo, puede darse cuenta de que el sueño representa un miedo o una ansiedad con los que ha estado luchando en su vida de vigilia. O puede descubrir que el sueño le está señalando una situación o relación que siente insegura o amenazadora.

3. Diálogo

La técnica del diálogo es una herramienta poderosa para la interpretación de los sueños, ya que le permite explorar las relaciones e interacciones entre los distintos elementos de su sueño de una forma más matizada y dinámica. En lugar de limitarse a analizar cada elemento de forma independiente, puede utilizar el diálogo para crear una comprensión más compleja y estratificada del sueño en su conjunto. Para utilizar la técnica del diálogo, empiece por identificar dos o más elementos de su sueño que parezcan estar en conflicto o en conversación entre sí.

Supongamos que tiene un sueño en el que está de pie en una playa, mirando al océano. Mientras observa las olas, nota a lo lejos una pequeña embarcación que se dirige hacia usted. A medida que la embarcación se acerca, ve que está pilotada por una figura que no alcanza a distinguir. Cuando la barca se acerca a la orilla, se da cuenta de que el piloto es en realidad su padre, fallecido hace varios años. Le invita a subir al barco y comienza a dirigirlo hacia mar abierto. Mientras navegan juntos, siente una mezcla de emociones: emoción, alegría y un sentimiento de profunda tristeza al mismo tiempo.

Para utilizar la técnica del diálogo para interpretar este sueño, imagine una conversación entre usted y su padre en el barco. ¿Qué le diría usted y qué le diría él? ¿Qué emociones expresaría usted y cómo respondería él? Al imaginar este diálogo, descubrirá nuevas percepciones y asociaciones sobre su relación con su padre y sus emociones y deseos. Por ejemplo, puede que se dé cuenta de que el sueño está aprovechando su anhelo de conexión e intimidad con su padre o que el barco representa un viaje o transición que está atravesando actualmente.

4. Gestalt

La técnica Gestalt es otra gran herramienta para la interpretación de los sueños que le ayudará a descubrir una visión más profunda de los patrones y temas que subyacen en sus sueños. Para utilizar esta técnica, tendrá que acercarse a su sueño con una mente abierta y la voluntad de explorar sus diversos elementos y relaciones. Por ejemplo, supongamos que sueña que camina por un mercado abarrotado de gente, ojea los puestos y charla con los vendedores. Mientras camina, observa un patrón recurrente de colores rojos y verdes, que parecen aparecer de distintas formas a lo largo del sueño, desde las frutas y verduras de los puestos hasta la ropa de las personas que le rodean.

Para utilizar la técnica Gestalt para interpretar este sueño, intente ver el sueño en su conjunto y explorar las relaciones y conexiones entre los distintos elementos. ¿Qué representan para usted los colores rojo y verde y cómo se relacionan con los demás elementos del sueño? ¿Qué patrones y temas emergen cuando observa el sueño en su conjunto? Puede que se dé cuenta de que los colores rojo y verde representan lados diferentes de su vida emocional: el rojo representa la pasión y la intensidad y el verde el crecimiento y la abundancia. O podría ver el mercado abarrotado como un símbolo de su deseo de conexión e interacción social, y los colores recurrentes resaltan las diferentes experiencias emocionales que encuentra en estas situaciones.

Estas técnicas avanzadas de interpretación pueden ayudarle a comprender mejor sus sueños y descubrir mensajes y significados ocultos que podría haber pasado por alto con un análisis más básico. Sin embargo, tenga en cuenta que la interpretación de los sueños es subjetiva y que no existe una única forma "correcta" de interpretar un sueño. La clave está en mantener la mente abierta, explorar distintas posibilidades y confiar en su intuición. No tema experimentar con distintos enfoques y técnicas hasta que encuentre lo que mejor funciona. Confíe en su intuición y déjese guiar por sus percepciones y su sabiduría interior.

Glosario de símbolos de los sueños

Colores

Negro: El negro sugiere sentimientos de tristeza o desesperación en un sueño; sin embargo, también puede reflejar poder y fuerza. Además, puede representar obstáculos que hay que superar.

Azul: Los azules suelen asociarse en sueños con sentimientos de paz y tranquilidad. También pueden significar guía espiritual o comunicación positiva.

Marrón: El marrón apunta a sentimientos de estabilidad, fiabilidad y comodidad. También puede indicar la necesidad de estar anclado en la realidad.

Dorado: El dorado simboliza generalmente la riqueza y la abundancia en sueños, pero también puede representar la sabiduría y el crecimiento espiritual.

Gris: El gris se asocia típicamente con la neutralidad en los sueños. Puede sugerir una falta de emoción o sentimiento o una decisión inminente sobre la que uno aún no se ha decidido.

Verde: El verde representa generalmente el equilibrio, la armonía y el crecimiento. Puede simbolizar la renovación, la fertilidad o la prosperidad.

Naranja: El naranja suele relacionarse con la creatividad e indica abundante energía y entusiasmo.

Rosa: El rosa representa el amor, el romanticismo y la feminidad. También puede simbolizar la compasión y la comprensión.

Púrpura: El púrpura simboliza típicamente el misterio, la conciencia espiritual o la comprensión superior en los sueños. También puede sugerir una conexión con lo sobrenatural.

El arco iris: Los arco iris se asocian a menudo con la esperanza y la alegría, pero también pueden significar transformación o buena suerte. Pueden representar una necesidad interior de equilibrio y armonía.

Rojo: El rojo puede simbolizar emociones fuertes como el amor, la ira, la pasión y la intensidad. También puede representar peligro o advertencia.

Plateado: El plateado suele indicar fuerza espiritual y sabiduría interior. También puede reflejar la capacidad de ver a través del engaño o la mentira.

Blanco: El blanco suele considerarse en sueños un signo de pureza y paz. Puede ser indicativo de nuevos comienzos y claridad de pensamiento.

Amarillo: El amarillo suele asociarse con la alegría, la felicidad, el optimismo y la buena suerte. También puede representar la inteligencia y la claridad mental.

Animales

Oso: Los osos representan el poder, la autoridad y la capacidad de liderazgo. Si aparece uno en su sueño, podría ser el momento de que se haga cargo de una situación y tome decisiones.

Abeja: Las abejas representan el trabajo duro, la diligencia y la productividad. Si aparece una en su sueño, puede que sea el momento de esforzarse más para alcanzar el éxito.

Pájaro: Los pájaros representan la libertad y el crecimiento espiritual. Pueden sugerirle que asuma riesgos y haga cambios en su vida para crecer y tener éxito.

Mariposa: Las mariposas simbolizan a menudo la transformación y los nuevos comienzos. Soñar con una mariposa podría sugerir que está listo para dejar atrás el pasado y embarcarse en un nuevo viaje.

Gato: Los gatos simbolizan a menudo la independencia, la gracia, la feminidad y el misterio. También pueden indicar que está dispuesto a explorar nuevas ideas u oportunidades.

Ciervo: Los ciervos suelen representar la gracia, la dulzura y la sensibilidad. Si aparece uno en su sueño, puede que haya llegado el momento de que aborde una situación con más cuidado y comprensión.

Perro: Los perros representan la lealtad, la protección y la devoción. Soñar con un perro podría significar que ha llegado el momento de depositar más confianza en las personas que le rodean o de pedirles ayuda cuando la necesite.

Dragón: Los dragones representan el poder, la fuerza y el valor. Soñar con un dragón puede sugerir que ha llegado el momento de recurrir a estas cualidades en su interior para alcanzar el éxito.

Elefante: Los elefantes representan la sabiduría, la fuerza y la paciencia. Pueden sugerirle que dé un paso atrás y evalúe su situación para seguir adelante.

Peces: Los peces en sueños suelen representar la creatividad, la fertilidad, la abundancia y la suerte. Podrían sugerirle que aproveche una oportunidad que se le presente.

Zorro: El zorro simboliza la inteligencia y la astucia. Soñar con un zorro puede sugerir que ha llegado el momento de utilizar su ingenio y sus conocimientos para salir adelante.

Caballo: Los caballos representan el poder, la fuerza y la resistencia. También pueden significar el progreso en su viaje para alcanzar sus objetivos.

León: Los leones son símbolos de valentía, fuerza y confianza. También pueden sugerir que necesita ser más firme para conseguir lo que quiere de la vida.

Mono: Los monos suelen simbolizar la picardía y el juego. Soñar con un mono puede instarle a relajarse y divertirse mientras persigue sus objetivos.

Búho: Los búhos se asocian a menudo con el misterio, los secretos, la sabiduría y la intuición. Soñar con un búho puede sugerir que necesita confiar en sus instintos a la hora de tomar decisiones.

Conejo: Los conejos suelen representar la fertilidad, la abundancia y la suerte. También pueden sugerirle que ha llegado el momento de dar un salto de fe para alcanzar el éxito.

Rata: Las ratas pueden considerarse símbolos del miedo, la enfermedad y el peligro. Sin embargo, también pueden representar la adaptabilidad y el ingenio, que le permitirán superar los obstáculos.

Serpiente: Las serpientes suelen considerarse un símbolo de transformación y crecimiento espiritual. También pueden advertirle de que el peligro o la tentación están cerca, así que tenga cuidado.

Tigre: Los tigres representan la audacia, el valor y la determinación. Si aparece un tigre en su sueño, puede que haya llegado el momento de que recurra a estas cualidades en su interior para alcanzar el éxito.

Lobo: Los lobos suelen considerarse símbolos de protección, guía y lealtad. Si aparece un lobo en su sueño, puede significar que alguien cercano a usted le ayudará a conducirle por el buen camino.

Números

Uno: Simboliza la unidad, la culminación y el comienzo de algo nuevo. Puede verse como un hito o el comienzo de una aventura.

Dos: Representa las relaciones, las asociaciones, el equilibrio y la dualidad. También puede referirse a las elecciones que hay que hacer y a estar atrapado entre dos opciones.

Tres: Se refiere a la expresión creativa y al crecimiento. Simboliza el potencial y se asocia con la autoexpresión y el optimismo.

Cuatro: Asociado con la estabilidad y la seguridad en la vida y los sentimientos de estar enraizado y arraigado en el propio universo.

Cinco: Representa el cambio y la transformación, tanto internos (desarrollo personal) como externos (cambios en el entorno).

Seis: Hace referencia a la armonía y el equilibrio. A menudo simboliza la necesidad de crear un entorno o una situación armoniosa para alcanzar los propios objetivos.

Siete: Asociado con el crecimiento espiritual, la sabiduría interior y la intuición. También puede representar los logros y el éxito.

Ocho: Simboliza la abundancia, la prosperidad y la confianza en sí mismo.

Nueve: Representa los ciclos vitales, la renovación, los finales, los comienzos y el cierre de viejos capítulos de la vida. También puede ser un signo de nuevas oportunidades o nuevos comienzos.

Diez: Representa la plenitud y la totalidad que se obtienen al alcanzar el éxito tras un duro trabajo y dedicación. Se considera un signo del destino y el final de un ciclo.

Once: Se asocia con la iluminación espiritual, la guía divina y la conciencia superior. También puede indicar el propio camino o viaje espiritual.

Doce: Simboliza la fuerza interior, la fe en uno mismo y en el universo, y el poder personal. Significa una mayor perspicacia y comprensión del propósito de la propia vida.

Trece: Representa la intuición, los sueños proféticos, las visiones y la capacidad de ver más allá del reino físico. También puede simbolizar la transformación y la ascensión.

Catorce: Significa buena suerte, éxito y tener todo lo que uno necesita en la vida. También puede verse como un recordatorio de que la ayuda está en camino.

Quince: Se refiere a la independencia y a la liberación de las limitaciones o creencias del pasado que frenan a alguien. Significa manifestar un cambio positivo en la propia vida.

Dieciséis: Asociado con el crecimiento y el desarrollo personal, alcanzando nuevos niveles de comprensión, sabiduría e iluminación.

Diecisiete: Representa la fuerza interior, la perseverancia y el valor. También puede simbolizar la esperanza y el autoempoderamiento.

Dieciocho: Simboliza el ciclo de la vida y la finalización del propio viaje. Puede significar la realización espiritual y la iluminación.

Diecinueve: Hace referencia a la renovación, la sanación y el perdón, tanto a nivel individual como en las relaciones con los demás. Simboliza el crecimiento personal y la transformación.

Veinte: Representa la estabilidad, el equilibrio y la seguridad en la vida, junto con sentimientos de estar enraizado y arraigado en el propio universo. También puede indicar que la ayuda está en camino.

Plantas

El narciso: El narciso significa nuevos comienzos, esperanzas de futuro, renacimiento y resurrección.

La dalia: Una dalia representa la elegancia, la gracia, la dignidad, la fuerza interior, la resistencia y el optimismo.

La margarita: La margarita simboliza la inocencia, la pureza, la juventud, el optimismo y la alegría.

El hibisco: El hibisco significa belleza, feminidad, amor, lealtad y paz.

La hortensia: La hortensia representa la gratitud, el aprecio, la comprensión, la armonía y la gracia.

La hiedra: La hiedra simboliza la lealtad, la amistad, la longevidad, la fuerza, la resistencia y la determinación.

El lirio: El lirio significa pureza, inocencia, renacimiento, rejuvenecimiento y vida después de la muerte o renovación.

El loto: Un loto representa la iluminación, el despertar espiritual, el poder divino, la paz interior y la armonía para quienes contemplan su belleza.

La caléndula: La caléndula simboliza la pasión, el valor y la fuerza. En muchas culturas se considera una flor que trae buena suerte y alegría.

La orquídea: Una orquídea significa amor, belleza, lujo y riqueza. Su belleza exótica la convierte en un regalo ideal para obsequiar a un ser querido.

La rosa: Una rosa representa el amor, la belleza, la perfección, la pasión, el romance y las emociones profundas.

El girasol: El girasol simboliza el optimismo, la esperanza y la buena fortuna. Es un recordatorio de que, incluso en los momentos más oscuros, siempre hay luz al final del túnel.

El tulipán: El tulipán significa abundancia, fertilidad y prosperidad. También se cree que trae buena suerte en muchas culturas.

Partes del cuerpo

Brazos: Los brazos significan fuerza, comodidad, protección y capacidad para llevar a cabo las tareas de su vida.

Espalda: La espalda representa a menudo el apoyo, la fuerza, la resistencia en tiempos difíciles y la necesidad de mirar atrás a experiencias pasadas o dar marcha atrás en algo para avanzar con mayor claridad.

Cerebro: El cerebro se asocia con el intelecto, la resolución de problemas y la sabiduría. Un sueño con el cerebro puede sugerir que necesita utilizar su capacidad analítica o su intuición para dar sentido a algo que ocurre en su vida.

Orejas: Las orejas simbolizan a menudo escuchar y prestar atención a lo que dicen los demás. También podrían sugerir que debe prestar más atención a su entorno para comprender las situaciones que le rodean.

Ojos: Los ojos simbolizan la perspicacia y ver las cosas con claridad. Los sueños sobre ojos pueden indicar una necesidad de claridad o perspicacia en una situación a la que se enfrenta en su vida de vigilia.

Cabello: El cabello significa una necesidad de autoexpresión, creatividad y un deseo o impulso de destacar entre la multitud.

Manos: Las manos representan la creatividad, la sanación, la capacidad de completar tareas y la necesidad de control o autoridad sobre algo.

Cabeza: La cabeza simboliza el intelecto, la sabiduría y la necesidad de utilizar la mente para resolver un problema o averiguar una solución.

Corazón: El corazón se asocia con las conexiones emocionales, la compasión, el amor, la comprensión y la necesidad de sanación o conexión emocional en su vida.

Piernas/pies: Las piernas y los pies significan movimiento, progreso, un viaje, sentirse estancado en algún área de su vida y la necesidad de avanzar para lograr sus objetivos.

Boca: La boca puede representar la expresión, la comunicación, la voz y las cosas que necesita decir, pero que no puede expresar por miedo u otros obstáculos.

Nariz: La nariz simboliza a menudo la intuición, el conocimiento, la perspicacia o la necesidad de aumentar la conciencia de sí mismo o del mundo que le rodea.

Hombros: Los hombros se asocian con el apoyo, la fuerza, la resistencia a la hora de afrontar situaciones difíciles y la necesidad de asumir responsabilidades y rendir cuentas de sus actos.

La piel: La piel puede significar vulnerabilidad, sensibilidad, perspicacia y una necesidad de protegerse del mundo exterior o de ser más abierto y aceptar a los demás.

El estómago: El estómago puede representar la digestión (literal y metafóricamente), la seguridad y la estabilidad, y la alimentación a nivel emocional.

Los dientes: Los dientes simbolizan la comunicación, la capacidad de expresarse en diferentes situaciones y la necesidad de ser más consciente de lo que se dice o de cómo se dice.

Conclusión

Descifrar los sueños es una herramienta poderosa que puede conducirle a una profunda percepción personal, ofreciéndole la oportunidad de explorar su mente subconsciente. A través de la interpretación de los sueños, puede identificar ciertos patrones recurrentes en sus pensamientos y comportamientos, así como obtener una comprensión de sus experiencias vitales y sus relaciones con los demás. Explorar las profundidades de su mente subconsciente y comprender sus mensajes ocultos a través de los sueños es un proceso apasionante que puede ser una poderosa herramienta de crecimiento personal.

Después de leer este libro sobre la interpretación de los sueños, dispondrá de los conocimientos necesarios para descifrar los diferentes elementos que pueden aparecer en sus sueños e interpretar su simbolismo. Tendrá una buena idea de lo que significa soñar con lugares, animales, plantas, colores y partes del cuerpo. Armado con un nivel más profundo de autoconciencia a través de técnicas de interpretación de sueños como la asociación libre y el diario de sueños, podrá descubrir más sobre sí mismo y sobre cómo experimenta el mundo que nos rodea.

Además de descubrir detalles vitales sobre uno mismo, es fundamental tener en cuenta que los sueños son a menudo un intento de nuestro cerebro de procesar emociones o recuerdos difíciles que han sido reprimidos. Al comprender estos símbolos en sus sueños, puede empezar a sanar de traumas pasados o asuntos sin resolver. También es importante recordar que los sueños no siempre son interpretaciones literales de acontecimientos o sentimientos; pueden ser representaciones más abstractas o simbólicas de experiencias. Por lo tanto, es crucial que las personas que busquen claridad en torno a la interpretación de un sueño se acerquen a ellos con amplitud de miras y curiosidad.

Por último, cualquiera que intente descifrar sus sueños debe tratar su viaje con cuidado y respeto. Aunque algunas interpretaciones pueden resultar incómodas o incluso dolorosas al principio, las personas que emprenden este viaje espiritual deben aprender a confiar en su intuición y darse tiempo para reflexionar antes de hacer cambios drásticos basados en sus nuevos conocimientos. La interpretación de los sueños no tiene por qué ser una experiencia intimidatoria o abrumadora, sino que debe considerarse como una oportunidad de crecimiento y descubrimiento personal a través de la cual puede alcanzar mayores niveles de comprensión tanto en su interior como en lo que respecta a los demás que le rodean.

A través de este libro, los lectores podrán por fin dar sentido a esos sueños misteriosos que se han ido repitiendo en sus vidas. Sus sueños son ahora accesibles para una exploración más profunda, lo que le ayudará a lograr una mayor comprensión de sí mismo y de hacia dónde quiere ir en el futuro. Que este libro le ayude a aportar claridad y propósito a su vida: así que, ¡siga soñando!

Segunda Parte: Limpieza espiritual

La guía definitiva para la protección psíquica, reiki, formas de limpiar sus chakras, aura, y elevar su vibración

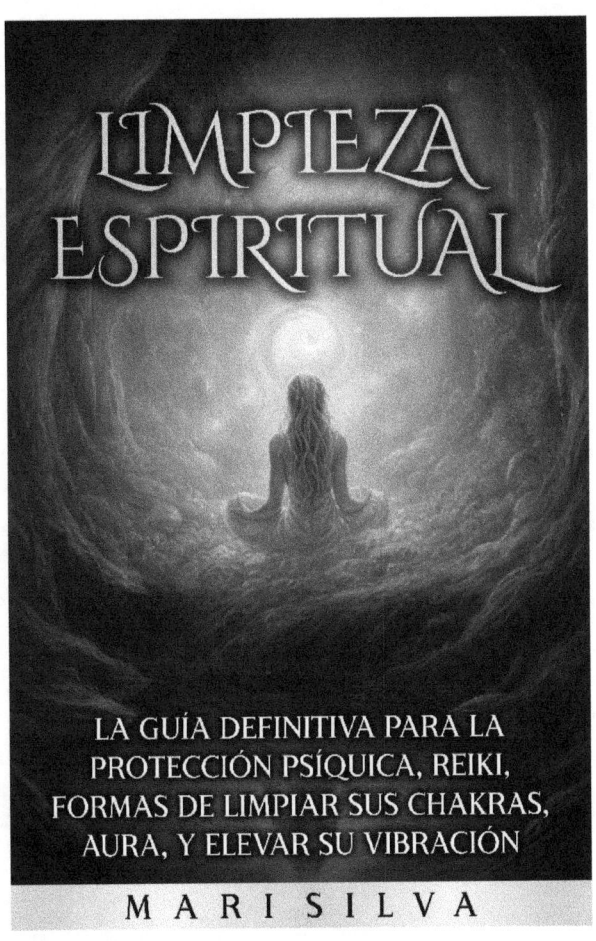

Introducción

¿Está buscando formas de protegerse de la energía negativa y elevar su vibración? Si es así, ha llegado al lugar correcto. En esta guía definitiva para la limpieza espiritual, aprenderá los fundamentos de la protección psíquica, cómo utilizar el reiki para enviar energía curativa, cómo limpiar y equilibrar sus chakras, limpiar la energía negativa de su aura y elevar su vibración a una frecuencia más alta. Compuesto por 10 capítulos minuciosamente investigados y revisados por expertos sobre todas las cosas espirituales, seguir los consejos de este perspicaz libro le permitirá protegerse de la energía negativa y vivir una vida de vibraciones positivas.

El capítulo uno (usted y su bienestar espiritual) le ilustrará sobre la importancia de la limpieza y el bienestar espiritual. Responde a las preguntas más frecuentes, entre ellas:

- ¿Por qué debo preocuparme por mi bienestar espiritual?
- ¿Por qué debo aprender a limpiarme espiritualmente y a protegerme a mí mismo o a mi hogar? ¿De qué me estoy limpiando o protegiendo?
- ¿Cómo sé que estoy limpio y protegido?
- ¿Cualquiera puede practicar la limpieza espiritual?
- Y mucho más.

A través de esto, aprenderá habilidades valiosas para mejorar su calidad de vida y despejar su mente. Al examinar qué son los chakras, de dónde vienen, su propósito y por qué son esenciales, el capítulo dos (su aura y los chakras 101) proporciona una visión general de cómo fluye la energía a través de las fuerzas vitales. Profundiza en cada uno de los símbolos de los chakras, sus nombres en sánscrito, sus orígenes, su ubicación y cómo pueden influir en usted. Aprenderá sobre su aura para gozar de buena salud, vitalidad y una actitud positiva.

Una vez que entienda cómo se conectan su mente y su cuerpo, el capítulo tres (limpieza de su aura y los chakras) le enseñará cómo limpiar y desbloquear cada chakra y limpiar su aura. Esto le permitirá avanzar hacia la felicidad y la paz. El capítulo cuatro (meditación para elevar su vibración) proporciona una visión de la frecuencia vibratoria y de cómo puede ayudarle emocionalmente. Descubrirá instrucciones claras, prácticas y paso a paso para realizar un sencillo ejercicio de meditación para elevar su vibración y muchos más consejos valiosos para personas ocupadas.

El capítulo 5 (el poder curativo del reiki) le presenta el poder del reiki, cómo funciona y cómo puede utilizarlo para su beneficio. Hay muchos consejos y trucos para ponerlos en práctica y aplicarlos a su vida. No se preocupe si no está familiarizado con el concepto de reiki, ya que la práctica se explica minuciosamente. El capítulo seis (limpieza de energía con reiki) se pone un poco más emocionante con ejercicios prácticos para limpiar la energía no deseada a través de varias técnicas de reiki. En el capítulo siete (purificarse o no con sahumerios) aprenderá sobre la purificación y por qué algunos consideran controversial este método de limpieza. No obstante, hay muchas ilustraciones e instrucciones claras sobre cómo crear un sahumerio con hierbas accesibles. A continuación, puede utilizar el sahumerio para limpiarse a sí mismo, su hogar y a otras personas u objetos.

¿En qué se diferencia un baño espiritual de cualquier otro baño? Esta pregunta se responde en el capítulo ocho (baños espirituales de limpieza y protección). Descubrirá los beneficios de los baños espirituales y algunas recetas creativas con ingredientes e instrucciones claras paso a paso para crear un baño espiritual de limpieza y protección. En el capítulo nueve (purificación y protección con cristales), se habla de los cristales y las piedras como métodos de limpieza y protección. Se incluye una lista exhaustiva de los distintos cristales que se pueden utilizar y sus significados espirituales.

Una vez que haya aprendido a limpiarse y protegerse a sí mismo, en el capítulo diez (limpieza y protección de sus seres queridos) se le muestra cómo mantener a los demás espiritualmente a salvo, estén donde estén. El libro termina con un glosario detallado de hierbas útiles para la limpieza espiritual.

Capítulo 1: Usted y su bienestar espiritual

La limpieza espiritual es una parte integral del mantenimiento de su bienestar mental y emocional. Es la purificación de su espíritu y de su campo energético para que esté más conectado con su yo superior y con la esencia divina que le rodea. A través de este viaje, reconectará con su sabiduría interior, obtendrá claridad sobre los retos de la vida y abrirá su corazón a una mayor alegría y satisfacción. Al participar en la limpieza metafísica, descubrirá el propósito de su vida y una mayor sensación de paz y bienestar. Este capítulo le guiará a través de este sólido proceso para que pueda crear equilibrio y armonía en su interior y en su vida, y liberarse de cualquier energía negativa que le impida alcanzar su máximo potencial.

Su bienestar espiritual debe ser siempre una prioridad"

La importancia del bienestar espiritual

El bienestar espiritual es la base de una vida sana y plena. Abarca el bienestar de la mente, el cuerpo y el alma, y es esencial para alcanzar la paz interior y la felicidad. No se puede exagerar la importancia del bienestar espiritual, ya que es crucial para dar forma a sus pensamientos, sentimientos y acciones.

Perseguir el bienestar espiritual implica desarrollar una sólida conexión con su yo interior y con un poder o fuerza superior que gobierna el universo. Gracias a ello, adquiere dirección y sentido en la vida y comprende la razón de su existencia. Cuando se siente realizado espiritualmente, está mejor preparado para afrontar los retos y las complejidades de la vida. Es más resistente y puede manejar mejor el estrés y la adversidad. Además, el bienestar espiritual está estrechamente relacionado con la salud física y mental. Una investigación publicada en el *Diario de estudios sobre la felicidad* muestra que las personas espiritualmente satisfechas tienen más probabilidades de tener una visión positiva de la vida y son menos propensas a la depresión y la ansiedad. Tienen niveles más bajos de hormonas del estrés en el organismo, lo que reduce el riesgo de desarrollar enfermedades crónicas, como cardiopatías, diabetes y cáncer. El bienestar espiritual cultiva virtudes como la compasión, el perdón y la gratitud. Estas cualidades son esenciales para construir relaciones sólidas y satisfactorias con los demás y crear comunidad y pertenencia. Le animan a ser más empático y comprensivo con los demás y a ver el mundo desde diferentes perspectivas.

En última instancia, el bienestar espiritual es vital para llevar una vida plena y significativa. Enriquece la vida, proporciona un propósito, facilita el afrontamiento del estrés y la adversidad y favorece el bienestar físico y mental. Puede llevar una vida más alegre, compasiva y productiva, dando prioridad a su bienestar espiritual.

La limpieza espiritual fomenta el bienestar espiritual

La limpieza espiritual es una antigua práctica utilizada durante siglos para limpiar la mente, el cuerpo y el espíritu de energías negativas. Sus orígenes se remontan a diversas culturas y religiones, como el hinduismo, el budismo y las tradiciones de los nativos americanos.

- En el hinduismo, la limpieza espiritual se denomina *"shuddhi"* e incluye el uso de mantras, meditación y yoga.
- En el budismo, la limpieza espiritual se conoce como "pureza de mente", la práctica de la atención plena, la meditación y la autorreflexión.
- Las tradiciones nativas americanas tienen métodos únicos de limpieza espiritual, como la limpieza con salvia, hierba dulce o cedro.

En cada método, la energía, las emociones y los pensamientos negativos se eliminan y se sustituyen por energía positiva.

Razones por las que su bienestar necesita un estímulo

La contaminación espiritual es un concepto interesante de explorar y puede tener un profundo impacto en su vida. Merece la pena dar un paso atrás para analizar la contaminación del espíritu y cómo se produce. En esencia, la contaminación de la salud interior es una agitación ambiental que afecta al bienestar espiritual, y ocurre de dos maneras.

1. En primer lugar, puede estar causada por factores ambientales físicos, como la contaminación, el ruido y el hacinamiento. Esta toxicidad puede afectar directamente al bienestar mental y emocional, dañando el entorno natural y perturbando su paz mental.
2. La segunda forma en que puede producirse la contaminación espiritual es a través de factores más intangibles, como los pensamientos, las creencias y los valores. Este estrés está causado por su estado mental y emocional. Los pensamientos, creencias y valores negativos pueden tener un efecto insidioso en la conexión divina, ya que pueden erosionar gradualmente el optimismo, la gratitud y la relación con lo divino.

En última instancia, la contaminación espiritual es algo de lo que todo el mundo debe ser consciente. Ya sea de naturaleza física o psicológica, puede tener un impacto devastador en la vida. Debe ser consciente de su entorno y sus pensamientos y hacer todo lo posible por mantenerlos libres de contaminación para combatirla y garantizar que su salud interior se mantenga fuerte y vibrante.

Cómo saber si necesita una limpieza espiritual

Todo el mundo está expuesto a cierto grado de contaminación espiritual en su vida diaria, a través de los medios de comunicación, el entorno o incluso sus acciones. Pero, ¿cómo saber cuándo ha llegado el momento de darle a su espíritu una buena limpieza? He aquí algunas señales que indican que ha llegado el momento de hacer examen de conciencia y limpiarse de influencias perjudiciales.

La primera señal es la sensación de estar estancado. Si se siente estancado e incapaz de avanzar, puede que haya llegado el momento de mirar hacia dentro y eliminar todo lo que le retiene. Pueden ser ideas o pensamientos negativos, pautas de comportamiento o incluso relaciones tóxicas que le impiden desarrollar su verdadero potencial.

Otra señal son los síntomas físicos como la fatiga, los dolores de cabeza o el agotamiento. Si está sintiendo estos síntomas físicos y no puede deshacerse de ellos, podría ser una señal de que algo más profundo está ocurriendo, y posiblemente su espíritu está cargado de energía dañina.

La última señal es sentirse desconectado de sí mismo y de su propósito general. Si se limita a seguir la corriente y no vive la vida al máximo, es hora de dar un paso atrás y purificarse del ego. Una limpieza espiritual puede ayudarle a eliminar las vibraciones negativas que bloquean su conexión con su verdadero yo y a reconectar con su propósito superior.

Con toda esta charla sobre el bienestar personal, puede que se pregunte si puede utilizar la sanación espiritual en cosas no físicas. La respuesta es rotundamente sí. Esta práctica se basa en la energía desfavorable atrapada en un espacio, creando una atmósfera de miedo, tristeza o ira si no se controla. La purificación elimina esta fuerza nociva, creando una atmósfera más positiva y pacífica en el hogar.

Suponga que experimenta alguno de los signos anteriores. En ese caso, es hora de dar un paso atrás y darse una buena limpieza del alma, reconectar con su verdadero yo y avanzar en la vida con mayor claridad y propósito. La buena noticia es que cualquiera puede dedicarse a la limpieza espiritual. No es una actividad exclusiva de una religión o sistema de creencias concreto. Todo el mundo puede beneficiarse de ella, independientemente de su origen. La clave del éxito de la purificación metafísica es centrarse en sí mismo y en su conexión con el mundo natural.

El papel de la limpieza espiritual y el bienestar

La limpieza y el bienestar espirituales son conceptos que han existido durante siglos, pero que recientemente se han hecho más populares a medida que la gente es más consciente del poder de la energía. Se trata de una práctica que utiliza diversos rituales, símbolos y técnicas para limpiar la energía negativa de su vida y atraer la energía positiva.

Energía espiritual

La energía espiritual es la fuerza vital que está dentro de cada persona y a su alrededor en todo momento. Es un poder que existe en un nivel energético, por lo que es difícil de medir, pero sin duda está ahí. Es la fuerza vital que le conecta con el mundo divino y el poder de abrirle a su yo espiritual y a los cuerpos espirituales de los demás. A menudo se describe como una fuerza vital conectada a su alma. Esta energía le ayuda a ser más consciente de su interior y a comprenderse mejor a sí mismo y al mundo que le rodea. Esta energía también está relacionada con el aura, un campo energético que le rodea.

El aura contiene el poder divino que hay en nuestro interior y nos protege de las influencias externas. La energía del reino espiritual puede utilizarse de muchas formas, como la curación y la manifestación. Cuando se utiliza correctamente, este poder divino se convierte en una poderosa herramienta para alcanzar sus objetivos. Es una forma estupenda de conectar con el mundo espiritual porque permite ser más consciente de las sutilezas de la vida que a menudo se dan por sentadas. Al conectar con su energía espiritual, aprende a confiar en su intuición y a utilizar su energía espiritual para manifestar lo que desea en la vida.

Cómo afecta la limpieza espiritual a la energía espiritual

El papel de la limpieza espiritual y el bienestar es a menudo malentendido por muchos. Pero en última instancia, es el concepto de que cada persona comprende un cuerpo físico, un alma y un aura. El cuerpo físico es lo que ve y siente, el alma es la energía que compone su ser, y el aura es el campo de energía que le rodea. Su cuerpo físico es tan importante como su estado espiritual. Su alma comprende energías que están en constante movimiento, y estas energías afectan a su salud física y mental.

- **La limpieza del aura** es una purificación espiritual que restaura el poder natural del aura, el campo de energía que rodea su cuerpo físico. Esta limpieza del aura ayuda a eliminar la energía no deseada o estancada y restaura el flujo de vitalidad en el aura. Le protege de las influencias perjudiciales que afectan a su bienestar físico, mental y espiritual.
- **El bienestar espiritual** es vital para el bienestar general. Consiste en ser consciente de las necesidades de su alma y tomar medidas para asegurarse de que vive en armonía con su yo espiritual, lo que incluye dedicarse a actividades espirituales como la meditación, la visualización y la oración. Es ser consciente de sus pensamientos y sentimientos y asegurarse de que vive alineado con su yo más elevado.

Cuando se está desequilibrado espiritualmente, la energía se bloquea o se estanca, lo que provoca problemas físicos, emocionales y mentales. El objetivo final es fomentar el autoconocimiento y el crecimiento espiritual. Al eliminar los sentimientos negativos, el individuo sintoniza mejor con su yo espiritual y comprende sus necesidades y deseos espirituales. Le ayuda a hacer elecciones y tomar decisiones alineadas con su bien más elevado.

El rejuvenecimiento espiritual y el bienestar son aspectos importantes del bienestar. Eliminan la energía negativa y restauran el equilibrio natural del cuerpo espiritual. Fomentan la atención a las necesidades espirituales y garantizan una vida armoniosa con su verdadero yo. Mediante la práctica de ejercicios metafísicos se pueden limpiar las energías nocivas y participar en actividades que fomenten la autoconciencia y el crecimiento espiritual, lo que conduce a un mayor bienestar y equilibrio.

El acto de la limpieza espiritual

El bienestar espiritual es de suma importancia en el mundo actual. Viviendo en un mundo de energía, mantener su energía espiritual limpia y segura es esencial para asegurar el bienestar mental y físico. Aprender a desintoxicarse y a protegerse espiritualmente a sí mismo o a su hogar es esencial para crear límites protectores con las personas y las situaciones que le deprimen. Tanto si es espiritual como si no, comprender cómo realizar una purificación espiritual puede ser excepcionalmente beneficioso. A continuación, se enumeran algunas de las muchas razones para la limpieza espiritual:

- Para reducir el estrés, la preocupación, el miedo, la ira, la duda u otras emociones desagradables.
- Para protegerse de influencias externas como maldiciones, maleficios u otras energías negativas.
- Para aumentar la claridad mental y la concentración.
- Para traer paz y equilibrio a su vida.
- Para reducir los síntomas físicos de la energía negativa.
- Para mejorar las relaciones con los demás.
- Para promover el propósito de la vida.
- Para aumentar la conexión consigo mismo.

La razón principal es que limpiar su espíritu puede eliminar las malas vibraciones y ayudarle a restablecer sus niveles de energía. Cuando la mala energía se acumula en su vida, es difícil centrarse en lo positivo y mantenerse en un buen estado mental. Realizar un ritual de purificación despejará esta energía tóxica, permitiéndole avanzar con una perspectiva fresca. La purificación le beneficiará en momentos de estrés o dificultad, ya que proporciona calma en medio del caos para aportar tranquilidad y paz. Además, el acto aumentará su intuición, permitiéndole tomar mejores decisiones y mantenerle en sintonía con su voz interior. Por último, al aprender a realizar una limpieza espiritual se conecta más profundamente con el mundo espiritual. Aprenderá a abrirse a nuevas ideas y percepciones y a conectar con un poder superior que puede proporcionarle guía y sabiduría.

¿Qué ocurre durante y después de la limpieza espiritual?

La limpieza espiritual es un proceso poderoso que ayuda a limpiar las vibraciones negativas y a reconectar con su yo superior. Puede abrir la puerta a la manifestación de deseos y a la curación de traumas emocionales, estableciendo una intención y utilizando diversas técnicas para limpiar los bloqueos energéticos. La acción comienza con la intención de limpiar la energía no deseada que bloquea su progreso espiritual. La mejor manera es visualizando una luz blanca que fluye a través de su cuerpo, lavando todas las vibraciones no deseadas. Otros métodos incluyen:

- Quemar salvia u otras hierbas apropiadas
- Sanación con cristales
- Recitar mantras o afirmaciones
- Meditación
- Visualización
- Purificación con sahumerios

Una vez completada la purificación, se sentirá más ligero, más equilibrado y más conectado con su yo superior.

Cómo es la limpieza espiritual

Algunos elementos clave son esenciales para la limpieza espiritual y la protección.

1. En primer lugar, necesita una mente abierta. Para aprovechar al máximo la limpieza espiritual, debe aceptar que existen fuerzas más allá de lo que puede ver u oír. Requiere la voluntad de dar un salto de fe y estar abierto a las posibilidades que existen más allá del mundo físico.
2. En segundo lugar, necesita una conexión personal con el mundo superior a través de la meditación, la oración u otra práctica espiritual. La conexión con el reino espiritual le permite acceder a la energía y al poder curativo del mundo espiritual, para purificar y salvaguardar su vida.
3. En tercer lugar, necesita conocer las técnicas de purificación y protección espiritual. Hay muchas formas para purificarse y protegerse, y es importante entender las diferentes técnicas y cómo funcionan. Esto le permite aplicar los métodos para obtener el máximo provecho de ellos.
4. Por último, debe tener paciencia y concentración. Todo este esfuerzo requiere tiempo y esfuerzo, por lo que es fundamental tener paciencia y concentración para seguir adelante, porque al final merece la pena. A medida que desarrolle y refine su técnica, utilizará la purificación espiritual y la salvaguarda de forma más eficaz y eficiente.

Esencialmente, el proceso de sanación es la única forma de mejorar su bienestar.

Cómo se siente un espíritu purificado

La sensación de estar limpio y protegido es difícil de describir, pero cuando la experimente, lo sabrá. Después de una buena limpieza, sentirá una sensación general de paz y bienestar. Sentirá una mayor claridad que antes no tenía y una protección que le protegerá de las energías negativas del mundo. Es una sensación que a menudo se describe como estar envuelto en una burbuja de paz y amor. Experimentará una mayor conciencia de sí mismo y de lo que le rodea. A medida que experimente esto, estará más en sintonía con su intuición y más conectado con el mundo espiritual. Además, le afectarán menos el estrés y la negatividad del mundo que le rodea y estará más en contacto con su poder interior.

La vida moderna puede ser a veces estresante, por lo que es fácil perder el rumbo. Inevitablemente, habrá días en los que su limpieza se sienta más débil de lo habitual, por mucho que se esfuerce en mejorar. Sin embargo, no debe preocuparse por ello, ya que es fácil volver a ponerse en marcha porque todo lo que ha hecho hasta ahora implica sintonizar con su energía interior, su aura y su espíritu. Todo lo que tiene que hacer es volver a conectar consigo mismo, normalmente a través de la meditación. La meditación despejará su mente y le ayudará a conectar consigo mismo más profundamente. Mientras medita, concéntrese en sentirse limpio y protegido. Visualice una burbuja protectora de luz a su alrededor e imagine que la energía amorosa del universo lava la energía negativa que se aferra a usted. En última instancia, sentirse rejuvenecido y seguro es una experiencia única que se deja a la interpretación individual. Este sentimiento no se puede forzar, así que tómese su tiempo para relajarse y conectar consigo mismo, permitiendo que el sentimiento surja de forma natural. Solo así estará más cerca de convertirse en la mejor versión de sí mismo.

La limpieza espiritual es cada vez más popular entre personas de todas las edades y procedencias. Es un método antiguo para restablecer el equilibrio y la armonía de la mente, el cuerpo y el alma. Este proceso se utiliza como protección y para elevar su vibración. Le ayudará a eliminar el chi estancado, los bloqueos emocionales y los patrones negativos de su vida, y es una parte esencial del crecimiento espiritual y el autocuidado. Utilícela para abrir sus canales de energía espiritual, crear una asociación abierta y clara con su yo superior y conectar con el poder divino que lleva dentro. La purificación del espíritu puede realizarse mediante diversos rituales, como el uso de salvia o palo santo para limpiar el chi negativo, el uso de cristales o baños para limpiar la energía no deseada, o la meditación o el canto de mantras para elevar la vibración. En última instancia, la limpieza espiritual es una forma poderosa de conectar consigo mismo y con lo divino, a la vez que proporciona protección y una vibración más elevada.

Capítulo 2: Su aura y los chakras 101

Si está interesado en la limpieza espiritual, debe conocer su aura y sus chakras. Los que practican utilizan su conocimiento de estos sistemas para enviar y recibir energías curativas, aumentar la autoconciencia y manifestar resultados positivos en la vida. Este capítulo explora los fundamentos de estos conceptos y cómo manifestar su máximo potencial. Aprenderá qué son, cómo puede percibirlos y trabajar con ellos, y las diferentes formas de utilizarlos para el crecimiento personal. Una mejor comprensión de las auras y los chakras desbloqueará la energía potencial de su cuerpo para alcanzar sus metas y cumplir sus sueños. Por lo tanto, vamos a empezar en su viaje para desbloquear su energía.

Usted necesita obtener una comprensión más profunda de su aura y los chakras para alcanzar la iluminación final[18]

Su fuerza vital

La energía ha sido una fuerza que fluye a través de todos los seres vivos durante siglos. Es esencial para la existencia humana, reconocida como un componente vital del bienestar físico y mental. Muchas culturas tienen sus nombres para esta energía:

- *Qi* en la medicina china
- *Chi* en japonés
- *Prana* en ayurveda

Su energía, o qi, chi o prana, es la fuerza que fluye por todo su cuerpo y sustenta su existencia energética. Los chakras, los siete centros energéticos situados por todo el cuerpo, son los responsables de regular el flujo de energía. Cada chakra está asociado a un color, un elemento y una parte del cuerpo específicos. Cada uno tiene propiedades únicas asociadas a órganos, sentimientos y cualidades espirituales específicas.

La energía que fluye a través de los chakras suele describirse como un río. Comienza en el chakra raíz, en la base de la columna vertebral, y asciende por los otros seis chakras. Cada chakra es como una presa que regula la circulación de la energía y garantiza su distribución uniforme por todo el cuerpo. Cuando un chakra está bloqueado o no funciona correctamente, interrumpe el flujo de energía y causa problemas en otras zonas del cuerpo.

Su aura

¿Alguna vez ha sentido que percibía ciertas vibraciones o energías de otras personas? Eso es su aura. Su aura es el campo de energía que rodea el cuerpo y emana de su interior. Es como un halo de colores que da una idea de su estado emocional, físico y espiritual. Su aura está influenciada por sus chakras y viceversa. Cuando los chakras están equilibrados y abiertos, su aura será brillante, vibrante y llena de energía positiva. Sin embargo, si los chakras están bloqueados o desequilibrados, el aura aparece apagada, turbia u oscura. El aura puede verse afectada por factores externos, como las personas y el entorno.

Visión general del sistema de chakras

Su aura y sus chakras son fuerzas poderosas e influyentes con el potencial de moldearle. Forman parte del mismo sistema energético y trabajan juntos, creando su salud energética general.

- El aura es el campo de energía que rodea e interpenetra el cuerpo físico y comprende múltiples capas energéticas.
- Los chakras son los siete centros energéticos principales del aura que corresponden a diferentes estados físicos, emocionales, mentales y espirituales.

Cómo se conectan el aura y los chakras

El aura y los chakras están estrechamente conectados y entrelazados. Juntos, actúan como un filtro para la energía que recibe del mundo exterior y la energía que expulsa al mundo. El aura es el campo energético que rodea el cuerpo y tiene distintas capas, cada una de las cuales representa un aspecto del ser físico, mental y espiritual. Estas capas están conectadas a los siete chakras (centros de energía) y sirven de puerta entre los reinos físico y espiritual. Los chakras y el aura trabajan juntos para mantener el equilibrio energético y manifestar el propósito de su vida. La energía de los chakras fluye a través del aura hacia el exterior y la energía del entorno vuelve a entrar. Cuando los chakras y el aura están equilibrados, la energía fluye libremente, permitiendo la energía positiva, la creatividad y el crecimiento espiritual. Sin embargo, cuando los chakras y el aura están desequilibrados, pueden producirse bloqueos físicos, mentales y emocionales, así como energía negativa. Entender y trabajar con su aura y sus chakras puede aumentar su flujo de energía, equilibrar sus emociones y crear un cambio positivo en su vida.

¿Qué son los chakras?

El origen de los chakras es un tema que ha fascinado a muchas personas durante siglos. Se desarrollaron para ayudar a la gente a comprender la compleja relación entre la mente, el cuerpo y el espíritu. Con el paso de los años, el concepto de los chakras se ha extendido más allá de las fronteras de la India. Se ha convertido en un tema popular de estudio y práctica en muchas partes del mundo. Hoy existen innumerables libros, talleres y clases dedicados a explorar la naturaleza de los chakras y su papel en la salud y el bienestar generales.

Los chakras son puntos energéticos del cuerpo, concretamente a lo largo de la columna vertebral, que influyen enormemente en la salud y el bienestar. Hay siete chakras principales:

- El chakra raíz (Muladhara)
- El chakra sacro (Svadhishthana)
- El chakra del plexo solar (Manipura)
- El chakra del corazón (Anahata)
- El chakra de la garganta (Vishuddha)
- El chakra del tercer ojo (Ajna)
- El chakra de la coronilla (Sahasrara)

Puesto que cada chakra está conectado con los aspectos físicos, mentales, emocionales y espirituales de la vida, su vibración se asocia con atributos físicos y espirituales específicos. Son el centro energético de su cuerpo y la fuente de su poder espiritual. Usted y sus chakras están intrínsecamente unidos. Cada uno de los siete chakras está conectado a una parte específica del cuerpo, a una emoción específica y a las energías que fluyen a través de ellos. Por ejemplo:

- El chakra raíz está relacionado con el cuerpo físico.
- El chakra del corazón está relacionado con el cuerpo emocional.
- El chakra de la coronilla está relacionado con el cuerpo espiritual.

Todos sus chakras están conectados, formando un campo de energía único y unificado, que es su aura. Su aura es algo más que un campo de energía etéreo y colorido que le rodea. Es la suma de la energía emitida por todos sus chakras combinados. Los chakras son los centros energéticos del cuerpo que absorben y transmiten la energía, desde la física a la emocional y de ahí a la espiritual. Cada chakra tiene un propósito específico, y cuando está desequilibrado, se refleja en el aura. Si uno de los chakras está bloqueado, desequilibrado o hiperactivo, el aura se estanca o se vuelve turbia, lo que provoca problemas físicos, mentales, emocionales y espirituales.

Por otro lado, cuando todos sus chakras están equilibrados, su aura irradia una energía brillante y vibrante. Esto demuestra que los chakras están directamente relacionados con el aura. Si quiere mantener un aura sana, debe cuidar sus chakras para que puedan captar y transmitir la energía adecuadamente.

Por qué necesita conocer sus chakras

Los chakras son esenciales para la conciencia y el desarrollo espirituales. Quienes los practican creen que comprendiendo y trabajando con los chakras se puede restablecer el equilibrio, sanar y alcanzar estados superiores de conciencia.

Toda la fuerza vital fluye desde el chakra sacro hasta el chakra de la coronilla, que exige simultáneamente que los siete estén abiertos. Cuando esto sucede, se alinean con el universo, proporcionando una mayor percepción y claridad. Al comprender los chakras y su interacción, entenderá mejor cómo funcionan juntos su cuerpo y su mente. Con este conocimiento, será más consciente de su interior y de sus sentimientos, estará más atento a su salud física y mental, tomará mejores decisiones y vivirá como su verdadero yo. Además de la salud física y psicológica, los chakras le ayudan a ser más consciente espiritualmente. A medida que trabaje con ellos, estará más en sintonía con su yo espiritual.

Si siente que algo no va bien o quiere dar el siguiente paso en su viaje espiritual, ya sabe dónde buscar. Conectar con sus chakras puede abrirle todo un nuevo mundo de posibilidades y ayudarle a aprovechar el poder de su interior.

Los siete chakras

La siguiente guía exhaustiva ofrece una exploración en profundidad de los chakras, desvelando sus secretos ocultos y proporcionando una hoja de ruta clara para alcanzar y mantener el equilibrio. Conozca la base científica de los chakras, sus elementos asociados y el significado espiritual de su ubicación en el cuerpo.

El chakra raíz (Muladhara)

El chakra raíz[19]

El chakra raíz, o *Muladhara*, es el primer centro energético del sistema de chakras. Es una palabra sánscrita que significa "soporte de la raíz" o "fundamento". Este chakra está situado en la base de la columna vertebral, asociado con el rojo, y es la base de su sistema energético. El chakra raíz es el centro de energía que esencialmente le asienta en su cuerpo físico y en el mundo físico. Asociado con el elemento tierra, es la fuente de sus necesidades básicas de supervivencia, responsable de su seguridad física, protección e instintos de supervivencia. Está relacionado con su sentido de la estabilidad y los cimientos. Desde este centro energético accede a su fuerza interior, coraje y determinación. El chakra raíz es el centro energético de su cuerpo físico, por eso es tan importante. Cuando está equilibrado y sano, se siente seguro y arraigado en su forma física. Como base de su sistema energético y fuente de su fuerza interior y coraje, le ayuda a acceder a su poder interior, fuerza, creatividad y pasión. Puede sentirse ansioso, temeroso y abrumado cuando está desequilibrado.

Cuando su chakra raíz está abierto, tiene acceso a la fuente del mundo físico y a sus necesidades básicas de supervivencia.

Para abrir el chakra raíz, se recurre a la meditación, el yoga y la autoconciencia. También son útiles el pensamiento positivo y la práctica de la gratitud. Una dieta rica en vitaminas, minerales y proteínas ayuda a restablecer el equilibrio. Otros métodos como la terapia de sonido y la aromaterapia pueden abrir el chakra raíz.

El chakra sacro (Svadhishthana)

Chakra sacro [20]

El chakra sacro, o *Svadhishthana*, está situado a 5 o 6 centímetros por debajo del ombligo, en el extremo inferior de la columna vertebral. Este chakra se asocia con el color naranja y es la fuente de su energía creativa y sexual. "Svadhishthana" deriva de las palabras sánscritas "svadhi" (que significa "yo") y "sthana" (que significa "lugar"). Es el centro de su ser emocional, que rige sus sentimientos, deseos y relaciones. Cuando este chakra está abierto, se experimenta toda la gama de sentimientos sin miedo. El chakra sacro está asociado al elemento agua, más estrechamente vinculado a los fluidos corporales, y es responsable del flujo de energía entre el cuerpo físico y el ser espiritual.

Conectado con el placer y la creatividad, es responsable de su deseo y capacidad para experimentar conexiones sanas e intimidad. Cuando el chakra sacro está abierto y equilibrado, puede expresar plenamente sus sentimientos y deseos y es libre de explorar y disfrutar de su sexualidad. Cuando el chakra sacro está bloqueado o desequilibrado, se experimentan diversos síntomas físicos y psicológicos, como dolor lumbar, letargo, falta de motivación y dificultad para expresar emociones y deseos. Las personas que lo practican afirman sentirse desconectadas de su lado espiritual y sentir culpa, vergüenza o miedo de su sexualidad.

El chakra sacro es uno de los centros energéticos más integrales del cuerpo humano y forma parte de su bienestar general. Participar en actividades que le permitan expresar sus emociones y deseos y disfrutar plenamente de su sexualidad garantiza que este chakra esté abierto y equilibrado. Entre estas actividades se incluyen el yoga, la meditación y actividades creativas como el arte y la música. Practicar el autocuidado es igualmente importante, ya que nutrirá y conectará con su lado espiritual.

El chakra del plexo solar (Manipura)

Chakra del plexo solar [21]

El chakra del plexo solar, o *Manipura*, es un centro de energía situado en la región abdominal. Este chakra es responsable de su poder personal y se asocia con el color amarillo. El nombre Manipura deriva del sánscrito y significa "gema lustrosa". El chakra del plexo solar se encuentra debajo de las costillas, cerca del ombligo, donde confluyen los tres canales principales de energía: ida, pingala y sushumna. Está relacionado con el sistema digestivo y las glándulas endocrinas, concretamente el páncreas, las glándulas suprarrenales y el hígado. Este chakra se asocia con el elemento fuego y es el centro de la energía y el dinamismo. Cuando el chakra del plexo solar está equilibrado, se siente fuerte y seguro de sí mismo. Puede tomar la iniciativa y tomar decisiones, ser creativo y valiente, y tener un fuerte sentido de la autoestima. Su propósito en la vida queda claro, o se siente menos estresado gracias a su buen sentido de la orientación.

Cuando el chakra del plexo solar está desequilibrado, se experimenta inseguridad, miedo y baja autoestima. Le invaden la impotencia y la falta de control, y algunos practicantes han observado manifestaciones físicas como problemas digestivos, fatiga y diabetes. Practique yoga y meditación, y concéntrese en su respiración para devolver el equilibrio al chakra del plexo solar. Puede practicar la visualización y las afirmaciones y centrarse en actividades que le aporten alegría y felicidad. Los cristales y las piedras preciosas como el citrino, El jade amarillo y el ámbar ayudan a equilibrar este chakra. Por último, rodéese de amarillo para recordar su poder personal.

El chakra del corazón (Anahata)

Chakra del corazón [22]

El chakra del corazón, o *Anahata*, se encuentra en el centro del pecho y tiene un profundo significado e importancia espiritual. El significado de la palabra Anahata es "no herido" o "no atascado", refiriéndose al hecho de que este chakra es el centro del amor, la compasión y la conexión. El color asociado al chakra del corazón es el verde, que simboliza el crecimiento, la armonía y el equilibrio. El origen del chakra del corazón proviene de las sutilezas del cuerpo, el campo de energía relacionado con todas las emociones y sentimientos. Su ubicación es en el pecho, justo detrás del esternón, al mismo nivel que el corazón. El chakra del corazón se asocia con el amor, la bondad, la compasión y la aceptación, y es el centro del yo superior. Es el puente entre los reinos físico y espiritual y la conexión entre las mentes consciente y subconsciente.

Cuando el chakra del corazón está abierto y equilibrado, se experimenta paz y armonía y se está más abierto a recibir y dar amor. El chakra del corazón está asociado con la confianza, la fe y la capacidad de perdonar. Es la puerta de entrada a la conciencia superior y facilita la conexión con su naturaleza divina. Cuando está abierto, usted cultiva una profunda conexión con lo divino y experimenta el amor incondicional en su vida.

Cuando el chakra del corazón está desequilibrado, uno se siente desconectado de su yo espiritual e incapaz de sentir alegría y amor. Los practicantes han observado los síntomas de un chakra del corazón desequilibrado, como depresión, ansiedad y desconexión con los demás. La meditación, el yoga y otras prácticas de atención plena han demostrado ser útiles para equilibrar el chakra del corazón. El uso de cristales y aceites esenciales ayuda a abrir y equilibrar el chakra del corazón.

En última instancia, el chakra del corazón es esencial para el viaje espiritual y favorece el conocimiento de sí mismo, el amor, la bondad y la compasión por sí mismo y por los demás. Al equilibrar el chakra del corazón, experimentará una profunda conexión espiritual y se abrirá a la experiencia del amor incondicional.

El chakra de la garganta (Vishuddha)

Chakra de la garganta [28]

El chakra de la garganta, o *Vishuddha*, está situado en la zona de la garganta. Este chakra está asociado con el elemento éter, y su color es el azul. Vishuddha significa "purificación", lo que refleja su propósito en el cuerpo. El chakra de la garganta es el quinto chakra y el puente entre el corazón y la mente. Es el centro de la comunicación, la expresión y la creatividad. Cuando este chakra está bloqueado, provoca inseguridad, dificultad para comunicarse y falta de creatividad. El chakra de la garganta está asociado a la glándula tiroides, los pulmones, las cuerdas vocales, el cuello y la mandíbula. Cuando este chakra está equilibrado, regula el metabolismo y mejora el funcionamiento de los pulmones. Favorece el buen funcionamiento del sistema inmunitario y aumenta la comunicación y la creatividad. El chakra de la garganta está asociado a las emociones verdaderas. Cuando está equilibrado, favorece la honestidad y la autenticidad. Para comprender mejor los sentimientos, este chakra abre la puerta a la autoexpresión.

Los practicantes señalan que este chakra fomenta el propósito y una mayor conexión con lo divino cuando se abre por completo. Ayuda a mejorar las relaciones y genera paz y armonía interior.

El chakra del tercer ojo (Ajna)

Chakra del tercer ojo ⁴⁴

El chakra del tercer ojo, o *Ajna*, es el sexto centro energético primario del cuerpo. Está situado entre las cejas, justo encima del puente de la nariz, y está representado por el color índigo. Este chakra se asocia con la capacidad psíquica y a menudo se le llama el "*ojo de la mente*". El origen del chakra del tercer ojo se remonta a la antigua India, donde se creía que era la sede de la sabiduría y la intuición. En el yoga, el chakra del tercer ojo es el primero en abrirse, permitiendo el acceso a los reinos superiores de la conciencia. Al activarse, el chakra del tercer ojo desarrolla la intuición y la capacidad de percibir el reino espiritual. El chakra del tercer ojo está asociado al elemento de la luz, que se desarrolla a través de la meditación. Trabajar con este chakra ayuda a abrir la mente, lo que permite acceder a la sabiduría interior. Está asociado a la glándula pineal, que regula las hormonas que rigen los sentimientos, el sueño y el estrés.

Cuando el chakra del tercer ojo está equilibrado, reduce el miedo y la ansiedad y aumenta la paz y la satisfacción. Se asocia con la piña, que simboliza la puerta de entrada a los reinos superiores de la conciencia. Cuando está abierto y equilibrado, se tiene más acceso a la sabiduría interior y a los misterios más profundos de la vida.

Chakra de la coronilla (Sahasrara)

Chakra de la coronilla [25]

El chakra de la coronilla, o *Sahasrara*, es el más elevado de los chakras y el más divino. Es la fuente de energía espiritual y es el centro primario para la iluminación y la sabiduría divina. El chakra de la coronilla se asocia con el violeta y el blanco y está situado en la parte superior de la cabeza. El origen de Sahasrara proviene de la antigua práctica hindú del kundalini yoga. El chakra de la coronilla se activa durante esta práctica, abriendo la puerta a la conciencia espiritual y a la conexión divina. A menudo se le llama "loto de mil pétalos" o "rueda de mil picos". El chakra de la coronilla tiene que ver con la conexión con lo divino y con trascender el reino físico. Se asocia con el despertar espiritual, la iluminación, la autorrealización y la transformación espiritual final. Cuando está abierto, los practicantes manifiestan una conciencia más elevada y son la fuente de la sabiduría divina, el conocimiento cósmico y la conciencia.

El cuerpo humano es complejo y fascinante. Puede ir más allá de la forma física y explorar la energía que irradia a su alrededor. Esa energía es su aura y se ve afectada por sus pensamientos, emociones y otras influencias. Puede fortalecer y equilibrar su aura a través de los chakras. Los chakras son centros de energía correlacionados con distintas zonas del cuerpo. Se pueden experimentar síntomas físicos, mentales y emocionales cuando están desequilibrados. Trabajando con sus chakras, puede equilibrar y armonizar su energía y crear un aura más fuerte y saludable. Esencialmente, el aura y los chakras son una parte integral de su ser, y tomarse el tiempo para cuidarlos y nutrirlos crea un campo de energía fuerte y vibrante.

Capítulo 3: Limpieza del aura y los chakras

Limpiar el aura y los chakras es una práctica esencial para mantener el nivel de energía alto y la mente despejada. Esta tradición espiritual ofrece una forma de equilibrar el cuerpo, la mente y el espíritu. Consiste en limpiar el campo energético de obstrucciones, negatividad o energía estancada y devolverlo a su estado natural y vibrante. Se consigue una mayor sensación de equilibrio, claridad y paz mediante la meditación, la visualización y otras técnicas. Este capítulo explora cómo puede aumentar su energía, mejorar su bienestar mental y emocional, y manifestar sus deseos más fácilmente a través de la limpieza regular de su aura y chakras. Tanto si quiere profundizar en su práctica espiritual como si desea mantenerse centrado en un mundo caótico, la limpieza del aura y los chakras es una buena manera de empezar.

La meditación y la visualización le ayudarán a alcanzar un estado mental más elevado [26]

Limpieza de los siete chakras

Su aura es el centro de energía de su cuerpo, y debe ser limpiado regularmente para evitar el bloqueo en el flujo de energía. La limpieza regular de sus chakras ayuda a eliminar la energía negativa y el estrés de su cuerpo, dejando su aura llena de positividad y alegría. Mejora su salud mental y física y elimina las impurezas de su campo energético, haciéndolo más vibrante y poderoso. Limpiar el aura y los chakras aumenta la confianza en sí mismo y el autoconocimiento, ya que aclara sus pensamientos y sentimientos. Además, equilibra sus sentimientos, ayudándole a mantenerse centrado y conectado con su ser interior. Los siguientes métodos para cada chakra mantendrán su energía equilibrada y en armonía con el universo.

El chakra raíz (Muladhara)

¿Alguna vez se ha sentido atrapado en la rutina? ¿No importa lo que haga, parece que no puede avanzar? Podría significar que su chakra raíz está bloqueado. Este chakra es la base de su sistema energético y rige su sensación de seguridad y estabilidad. Cuando está bloqueado, se siente como si le hubieran tirado del suelo. Se siente desconectado de su sentido de pertenencia, seguridad y, a veces, de su cuerpo. Provoca ansiedad, miedo, pánico y depresión. Físicamente, puede experimentar dolor lumbar, problemas digestivos y un desequilibrio general. Desbloquear su chakra raíz es un paso importante hacia el equilibrio y la armonía en su vida. Sentirá:

- Una nueva confianza y estabilidad
- Una mayor conexión a tierra, centrada en su cuerpo y menos influenciada por fuerzas externas
- Más conexión con su entorno físico, con una apreciación más profunda de la belleza y la abundancia del mundo natural
- Mejorar su digestión, la eliminación y la vitalidad general
- Más energía y menos propensión a la fatiga
- Que los problemas crónicos de su salud se resuelven por sí solos

Afortunadamente, existen varias técnicas para limpiar y desbloquear el chakra raíz. El primer paso es conocer el origen de los bloqueos y practicar la atención plena para comprender dónde está bloqueada su energía. La visualización es una herramienta poderosa. Imagine una luz roja que irradia desde la base de la columna vertebral. Visualice esta energía moviéndose hacia arriba y fuera de su cuerpo. Sienta cómo la energía vibra y activa todas las células del cuerpo.

Otras técnicas son:

- Utilizar afirmaciones. Repita afirmaciones positivas como: "Estoy a salvo y seguro" y "estoy conectado a mi fuente de poder".
- Practicar posturas de yoga diseñadas específicamente para abrir el chakra raíz, como la postura del niño y la postura de la montaña.
- Pasar tiempo en la naturaleza, ya que estar en presencia de los elementos ayuda a conectar con la energía de la tierra.
- También es beneficioso escuchar música relajante, meditar y pasar tiempo con los seres queridos.

El chakra sacro (Svadhishthana)

El chakra sacro es responsable de la creatividad, los sentimientos y la sexualidad. Cuando este chakra está bloqueado, puede provocar la desconexión de los reinos físico y emocional. Se manifiesta de muchas maneras, desde sentirse emocionalmente bloqueado e incapaz de expresarse hasta sentirse atrapado en un trabajo o una relación insatisfactoria. Cuando tiene el chakra sacro bloqueado, siente que le están reteniendo, que no tiene salida para su energía creativa y sus pasiones. Puede experimentar miedo al cambio, baja autoestima, vergüenza y culpabilidad. Físicamente, puede sentirse aletargado, sin energía y tener dificultades para concentrarse. Incluso puede experimentar síntomas físicos como problemas digestivos y falta de deseo sexual. ¿Qué se siente cuando se desbloquea este poderoso centro de energía? Se dará cuenta:

- La inspiración fluye sin esfuerzo a través de usted
- Ideas y soluciones a problemas que antes eran insuperables de repente se vuelven claras y accesibles
- Un mayor placer y sensualidad
- Una mayor apreciación de la belleza del mundo que le rodea
- Una nueva capacidad para disfrutar plenamente de los placeres sencillos de la vida

Pero quizá el efecto más profundo del desbloqueo del chakra sacro sea la curación emocional profunda. Viejas heridas y traumas enterrados durante años pueden por fin salir a la superficie, permitiéndote afrontarlos y procesarlos de forma saludable. Esto conduce a un mayor conocimiento de sí mismo y a una conexión más auténtica con su verdadero yo.

Puede utilizar varias técnicas para limpiar y desbloquear el chakra sacro y restablecer el equilibrio. En primer lugar, puede utilizar la meditación para acceder a la energía de su chakra sacro.

1. Siéntese cómodamente, cierre los ojos y concéntrese en su respiración. Imagine que una luz naranja brillante entra en su cuerpo justo por debajo del ombligo. Dedique unos minutos a visualizar la luz entrando y rodeando su chakra sacro. Esto abrirá y activará la energía de su chakra sacro, permitiéndole fluir libremente.
2. Utilice cristales, concretamente piedras naranjas como la cornalina, el coral y la calcita naranja. Coloque la piedra en la parte inferior del abdomen y túmbese durante unos minutos. Visualice la energía del cristal entrando en su chakra sacro, desbloqueándolo y restableciendo el equilibrio.
3. Practique asanas de yoga, como la postura del loto medio atado y los abridores de cadera.
4. Siga una dieta sana y equilibrada. Comer alimentos ricos en vitaminas y minerales, como fruta, verdura y frutos secos, nutrirá su cuerpo y le ayudará a restaurar el aura.

El chakra del plexo solar (Manipura)

Cuando el plexo solar está bloqueado, puede resultar incómodo. Este chakra está situado entre el ombligo y el diafragma y es el tercer chakra del cuerpo. Cuando está bloqueado, siente una falta de dirección o poder o se siente atascado. Se siente ansioso, abrumado e impotente, como si no pudiera tomar las riendas de su vida. Experimenta síntomas físicos como indigestión, dolores de cabeza o fatiga. Tiene baja autoestima e inseguridad. Cuando el chakra del plexo solar está bloqueado, puede resultar difícil avanzar en la vida. Puede que sea incapaz de liberarse porque lucha constantemente con la duda en sí mismo y la falta de confianza, lo que le dificulta decidir o pasar a la acción. Pero cuando desbloquea su chakra del plexo solar, es como una ráfaga de sol en su vida.

- Se sentirá capacitado, seguro de sí mismo y listo para enfrentarse al mundo.
- Ya no se cuestiona a sí mismo ni duda de sus capacidades.
- Confía en su intuición y tiene un propósito claro.
- Físicamente, notará un aumento de energía y una mejor digestión.
- Emocionalmente, controla mejor sus pensamientos y sentimientos.
- Ya no deja que factores externos dicten su estado de ánimo o su visión de la vida.
- Disfruta de paz interior y satisfacción.

Las afirmaciones son una de las formas más eficaces de desbloquear el chakra del plexo solar. Las afirmaciones positivas aumentan la confianza en sí mismo y le animan a actuar para alcanzar sus objetivos.

Otras técnicas son:

- Practicar la meditación consciente. Centre su atención en el momento presente y en su estado emocional para obtener claridad y reducir el estrés y la ansiedad.
- Trabajar la respiración. Tómese su tiempo para sentarse en una posición cómoda y respirar lenta y profundamente. Esta técnica aumenta la conciencia de la zona del chakra del plexo solar en el diafragma. Así estará más relajado y será más consciente de su estado físico y emocional.
- Practicar yoga. Muchas posturas de yoga, como la postura del barco, el saludo al sol y el guerrero I, pueden abrir este chakra.

El chakra del corazón (Anahata)

Cuando el chakra del corazón está bloqueado, puede provocar una amplia gama de problemas físicos, emocionales y espirituales. Físicamente, un chakra del corazón bloqueado puede manifestarse como dolor en el pecho, dificultad para respirar, mala circulación y palpitaciones. Emocionalmente, puede provocar soledad, aislamiento, falta de empatía y alegría, y depresión. Espiritualmente, puede provocar un sentimiento de desconexión del mundo, de no sentirse parte de algo más grande que uno mismo y de falta de propósito.

¿Qué se siente cuando el chakra del corazón está bloqueado? Por lo general, se siente como si se estuviera estrujando el corazón, como si se estuviera desconectado de las emociones, no se tuviera energía para llegar a los demás y se estuviera atrapado en la desesperación. Es difícil experimentar alegría, satisfacción y conexión con el mundo que le rodea. Afortunadamente, puede utilizar varias técnicas para limpiar el chakra del corazón y equilibrar su vida.

- **Practique el amor propio.** Debe reconocer y apreciar su autoestima para desbloquear el chakra del corazón. Dedíquese tiempo a sí mismo, practique el autocuidado y recuérdese sus cualidades positivas. Le ayudará a abrirse al amor y a la conexión con los demás.
- **Practique yoga y meditación.** Estas actividades tienen el poder de abrir y equilibrar sus centros de energía, incluido el chakra del corazón. Centrarse en la respiración, repetir mantras y practicar posturas de yoga, aclara y equilibra la vida.
- **Rodéese de energía positiva.** Pase tiempo con amigos y familiares que le hagan sentirse animado y conectado. Aléjese de las personas y situaciones negativas, y dedique tiempo a relajarse y alimentar su espíritu.
- **Permítase sentir.** Reconozca y acepte sus sentimientos, por incómodos que le resulten. Permítase expresar cómo se siente y no tema decir la verdad, incluso a sí mismo.

El chakra de la garganta (Vishuddha)

Cuando el chakra de la garganta está bloqueado, puede ser una experiencia difícil e incómoda. El chakra de la garganta está asociado con la comunicación y la autoexpresión, por lo que es difícil encontrar las palabras para expresarse cuando está bloqueado. Un chakra de la garganta bloqueado se describe como un nudo en la garganta o una opresión en el pecho, como si algo le impidiera hablar. Puede sentir que no puede expresarse de verdad o que le están silenciando. Puede experimentar síntomas físicos como dolor de garganta, ronquera, dificultad para tragar y tensión en el cuello y los hombros. Emocionalmente, puede sentirse frustrado, temeroso y ansioso, y tener dificultades para hablar por sí mismo o expresar sus necesidades. Todos estos sentimientos y síntomas físicos son señales de que el chakra de la garganta está bloqueado y necesita atención. Pero, ¿qué ocurre cuando por fin lo libera? Se siente como un soplo de aire fresco.

- Siente una liberación, como si se hubiera quitado un peso de encima.
- Es más fácil expresarse con autenticidad, sin miedo a ser juzgado o rechazado.
- Las palabras fluyen sin esfuerzo, por lo que adquiere más confianza para comunicarse con eficacia.
- Físicamente, siente ligereza en la zona de la garganta, como si se hubiera liberado la tensión.
- Se nota una mejora de la salud general, ya que el chakra de la garganta está conectado con la glándula tiroidea y el sistema inmunitario.
- Existen varias técnicas para limpiar el chakra de la garganta.
- Uno de los métodos más populares es practicar el canto "Om", una vibración para limpiar y abrir el chakra de la garganta. Cantos como los mantras "Om shanti Om" u "Om namah shivaya" también hacen maravillas para abrir los canales de energía de la garganta.
- Otra técnica consiste en practicar asanas de yoga dirigidas específicamente al chakra de la garganta, incluyendo posturas como la postura de los hombros, el arado, el pez y la cobra. Estas posturas ayudan a abrir la energía de la garganta y permiten una mejor comunicación.
- Puede practicar la visualización para liberar el chakra de la garganta. Visualice una luz azul que irradia de su garganta y le conecta con lo divino. A medida que la luz brille con más intensidad, sienta cómo se disuelve la tensión de la zona.
- Por último, practique la respiración profunda. Este ejercicio relaja los músculos de la garganta y permite que la energía fluya libremente. Respire profunda y tranquilamente y concéntrese en la energía de la garganta.

El chakra del tercer ojo (Ajna)

Cuando el chakra del tercer ojo está bloqueado, parece como si viviera la vida con el piloto automático y careciera de propósito. Cada vez que las cosas se ponen difíciles, se da cuenta de que está atrapado en los mismos patrones, incapaz de liberarse. Cuando no puede ver el panorama general, se culpa a sí mismo porque no puede confiar en su intuición, que le ayuda a verlo con claridad. Puede que le cueste centrarse y concentrarse y que tenga dificultades para tomar decisiones o encontrar la claridad. Le cuesta interpretar y comprender sus sentimientos y los de los demás. Se siente desconectado de su intuición y guía espiritual. Puede tener problemas de inquietud y ansiedad, depresión, confusión y falta de inspiración. Estos son signos de que su chakra del tercer ojo está bloqueado. Pero cuando libera su chakra del tercer ojo, la verdadera magia ocurre en su percepción. De repente, ve las cosas de otra manera.

- Los colores parecen más brillantes
- Las formas son más definidas
- Experimenta una mayor intuición, como si pudiera sentir cosas más allá del reino físico

No es raro sentir una sensación de asombro y maravilla ante esta nueva percepción al conectar con algo más grande que usted mismo. Es una experiencia realmente profunda que puede cambiar su forma de ver el mundo.

¿La buena noticia? Existen varias técnicas para limpiarlo y desbloquearlo para conectar más con su yo superior.

- Una de las formas más comunes de liberar el chakra del tercer ojo es a través de la meditación. Centrar la atención en el tercer ojo y repetir afirmaciones como "confío en mi intuición" puede romper los bloqueos y abrir el chakra del tercer ojo.
- La visualización es otra gran manera de limpiar y desbloquear este chakra. Visualice una luz blanca que entra y abre su tercer ojo, permitiendo que su intuición fluya libremente.
- Los cristales, en concreto la amatista, la sodalita y el lapislázuli, crean alineación y equilibrio al interactuar con el aura del cuerpo. Coloque el cristal sobre el tercer ojo o sosténgalo mientras medita para liberarlo.
- El yoga es un método excelente. Posturas como el puente y el arado mejoran el flujo de energía del cuerpo. Mientras realiza estas posturas, concéntrese en el tercer ojo y visualice cómo se abre.
- Por último, el uso de aceites esenciales como la aromaterapia de lavanda y jazmín abrirá y equilibrará el chakra del tercer ojo. Puede difundir los aceites en su casa o utilizarlos en un masaje de aromaterapia.

El chakra de la coronilla (Sahasrara)

Cuando el chakra de la coronilla, el más elevado de los siete chakras, está bloqueado, puede crear una desconexión con uno mismo y con el mundo que nos rodea. Puede sentirse atrapado en un estado de ansiedad, depresión o confusión. Se manifiesta con síntomas físicos, como dolores de cabeza, fatiga y falta de concentración. Esto da lugar a problemas espirituales, como falta de motivación o incapacidad para centrarse en asuntos espirituales; tal vez se cuestione constantemente el propósito de su vida y se sienta desconectado de su verdadero yo. Puede ser una experiencia difícil y desorientadora, como vivir en la niebla y ser incapaz de conectar con su verdadero yo. Se sentirá atrapado en su mente e incapaz de avanzar en su vida. Si su chakra de la coronilla está bloqueado, debe tomar medidas para liberarlo y experimentar alegría, paz y conexión. Desbloquear el chakra de la coronilla es una experiencia que cambia la vida. Es como quitar un velo que cubre sus ojos, impidiéndole ver la belleza y la magia de la vida.

- Está más conectado con su yo superior
- Es más fácil acceder a su intuición
- Es más consciente de las sincronicidades y señales que le envía el universo
- Se siente más centrado y con los pies en la tierra
- Puede navegar mejor por la vida

Por suerte, existen varias técnicas para limpiar su chakra de la coronilla y restaurar el equilibrio en su vida.

- Una de las mejores maneras es a través de la meditación. Si se sienta en silencio y se concentra en su respiración, puede aprovechar la energía de este chakra, volver a centrarse y restablecer el equilibrio. Durante la meditación, imagine una luz blanca o dorada que irradia desde la parte superior de la cabeza.
- Algunas posturas de yoga pueden abrir el chakra de la coronilla y equilibrar el cuerpo y la mente. Utilice posturas como el loto, padmasana, postura del cadáver o savasana para lograr paz y armonía.
- La aromaterapia con aceites esenciales como el jazmín, el incienso y la rosa puede crear calma y serenidad. Añada unas gotas del aceite que elija a un difusor y respire su aroma durante todo el día.

- El cuarzo transparente, la amatista y la selenita son cristales excelentes para este chakra. Coloque uno o varios de estos cristales en su coronilla mientras medita o descansa.

Como consejo extra, coma alimentos asociados con cada color y elemento del chakra que desea liberar para ayudarle a limpiar y equilibrar sus chakras. Por ejemplo, las verduras de raíz como las zanahorias y la remolacha pueden ayudar con el chakra de la raíz, mientras que las frutas como las naranjas y las piñas pueden ayudar con el chakra sacro.

Cómo meditar y visualizar

La meditación y la visualización son las dos técnicas más populares para desbloquear los chakras. Aquí tiene algunos consejos sobre estos métodos.

Meditación básica

Para empezar su práctica de meditación, busque un lugar cómodo donde pueda sentarse o tumbarse, preferiblemente sin distracciones. Cierre los ojos y concéntrese en su respiración. Respire profundamente, inhalando por las fosas nasales y exhalando lentamente. Deje que sus pensamientos vayan y vengan sin juzgarlos. Mantenga la mente en el momento presente y sea consciente de sus pensamientos sin reaccionar. Visualícese en un estado de paz y tranquilidad y deje ir los pensamientos negativos o ansiosos.

Concéntrese en cada chakra, de uno en uno. Visualice el color, el elemento, el propósito y la ubicación de cada chakra mientras se concentra en las sensaciones que experimenta. Puede meditar durante cinco minutos al día o el tiempo que desee. A medida que la practique con más frecuencia, le resultará más fácil alcanzar un estado de meditación completa y cosechar los beneficios.

Visualización básica

La visualización es una técnica poderosa para liberar los chakras y permitir que la energía fluya libremente. Para empezar a visualizar, busque un lugar cómodo y acomódese. Respire hondo varias veces, inhalando y exhalando lentamente. Mientras respira, concéntrese en la zona que necesita curación y visualice una luz brillante y dorada que entra en esa zona y la llena de calor y energía curativa. Visualice que los chakras se abren, permitiendo que fluya el prana. Por ejemplo, imagine la energía fluyendo por el cuerpo como un río, o visualice diferentes colores irradiando desde los chakras. La visualización es una herramienta poderosa para liberar los chakras y, con práctica y paciencia, puede cambiar profundamente su campo energético.

El aura y los chakras son los centros energéticos de su cuerpo y deben limpiarse con regularidad para evitar obstrucciones en el flujo de energía. Si ha sentido un cambio en la habitación sin explicación o ha tenido un pensamiento negativo que se arrastra y permanece en su mente durante días, su aura y sus chakras podrían necesitar una limpieza. La limpieza es una práctica milenaria utilizada desde hace miles de años para sentirse más conectado a tierra, equilibrado y conectado con el universo. Es una técnica sencilla pero poderosa para restaurar su energía natural y amplificar su bienestar espiritual.

La limpieza regular se centra en la zona de cada chakra con una técnica específica. La limpieza abre la puerta a la claridad, la creatividad y la conciencia superior cuando se hace correctamente. La limpieza de los chakras es una parte esencial de la práctica espiritual y una poderosa herramienta para mejorar la salud y el bienestar general.

Capítulo 4: Meditación para elevar su vibración

La meditación es una herramienta poderosa para ayudarle a elevar su vibración, crear energía positiva y encontrar la paz interior. Cuando su vibración se eleva a una frecuencia más alta, atrae de forma natural más experiencias positivas. Las vibraciones de sus pensamientos influyen de muchas maneras en como experimenta la vida. Con la meditación, puede aprender a controlar y elevar las vibraciones de sus pensamientos e intenciones para manifestar resultados positivos en todas las áreas de la vida con la meditación.

La frecuencia vibratoria juega un papel fundamental en su viaje hacia la iluminación [27]

Este capítulo explora el concepto de frecuencia vibratoria y su relación con la meditación. Analiza los fundamentos de esta práctica sencilla pero profunda. Proporciona una guía paso a paso para meditar con el fin de elevar la vibración y explica cómo sacar el máximo provecho de esta experiencia, incluyendo consejos sobre cómo modificar la meditación para lectores ocupados que no siempre tienen el tiempo o la paciencia para una larga sesión.

Qué es la frecuencia vibratoria: Cómo puede ayudar

La frecuencia vibratoria es el concepto de energía que fluye a través y alrededor del cuerpo en todo momento. Todos los seres vivos emiten una vibración particular, ya sea positiva o negativa.

Las frecuencias vibratorias bajas se asocian con emociones negativas como la tristeza, la ira y el miedo. Cuantos más pensamientos y emociones negativas se experimenten, más baja será la vibración. Por otro lado, las frecuencias vibratorias altas se asocian a emociones positivas como la alegría, el amor y la gratitud. Las vibraciones se elevan cuando abre su corazón y su mente al amor y a la positividad.

Al elevar su vibración aumenta su energía y frecuencia para atraer más experiencias positivas. Se consigue cambiando sus pensamientos y sentimientos sobre usted mismo y el mundo que le rodea. La transformación ocurre cuando sus pensamientos cambian de negativos a positivos, creando un estado vibratorio más elevado.

Los beneficios de elevar su vibración

Una de las prácticas más poderosas es elevar su vibración al mejorar su bienestar general y encontrar la verdadera plenitud. Puede transformar muchos aspectos de su vida aumentando su frecuencia energética. Estos son algunos de los beneficios más profundos que puede experimentar al elevar su vibración:

Mejorar el bienestar mental y emocional

Puede experimentar un mayor bienestar mental y emocional al elevar su frecuencia vibratoria. A medida que su vibración se eleva, la energía negativa que ha estado cargando se disipa y es reemplazada por paz y satisfacción. Permanecer anclado en pensamientos y emociones positivas es mucho más fácil, y será menos propenso a la depresión o la ansiedad.

Claridad y concentración

Cuando la vibración se eleva, puede acceder a una mayor conciencia y comprensión. Estará más en sintonía consigo mismo, con el mundo que le rodea y con la forma en que encaja en él. Muchas personas luchan con pensamientos dispersos o se sienten abrumadas, pero cuando eleva su frecuencia energética, desarrolla un enfoque mental más agudo y comprende mejor el camino que tiene por delante. Esta conciencia elevada puede conducir a una mayor autoconciencia y claridad.

Conexiones más saludables

Cuanto más alta sea la frecuencia vibratoria, más saludables y significativas serán sus conexiones con los demás. Cuando aumenta su vibración energética, es mucho más fácil atraer a personas afines al mismo nivel emocional y espiritual que usted. Sus amigos y familiares pueden ayudarle a mantenerse en el camino de manifestar la vida de sus sueños.

Puede dar y recibir amor más libremente, creando una base sólida para expresarse con honestidad. Con cada conexión que establezca, su confianza crecerá a medida que encuentre la alegría de formar parte de algo más grande que usted mismo.

Aumento de la abundancia

Cuanto más eleve su vibración, más abundancia podrá experimentar. Es como un efecto dominó, cuanto más alta es su vibración, más espacio crea para que entre una mayor cantidad. La abundancia se presenta de muchas formas: Recursos financieros, oportunidades, relaciones y salud.

Cambiar su mentalidad y centrarse en lo que quiere en lugar de lo que no tiene abre más posibilidades y atrae la abundancia.

Los efectos de la baja vibración

Las energías de baja vibración pueden tener el efecto contrario. Esta energía se asocia con la negatividad, el estancamiento y la infelicidad. Dificulta la capacidad de crear experiencias positivas para usted y los que le rodean. Cuanto más baja es la frecuencia vibratoria, menos probable es que atraiga lo que desea.

Los sentimientos de baja vibración pueden conducir a patrones de vida poco saludables. Puede quedarse atascado en ciclos de pensamientos negativos y le resultará más difícil liberarse de ellos. Sin elevar su vibración a una frecuencia más alta, es más probable que experimente miedo, ira o impotencia y que se vea consumido por estas emociones.

Aunque la energía de baja vibración parece abrumadora, hay formas de elevar su vibración y experimentar sus efectos positivos. Puede aprender a cambiar su frecuencia y convertirse en un poderoso manifiesto de todas las cosas buenas con la práctica.

Cómo meditar y elevar su vibración puede cambiar su vida

La mejor manera de elevar su vibración es a través de la meditación. Mediante la práctica regular de la meditación, aumenta la frecuencia energética y se vuelve más consciente de los pensamientos y sentimientos. Esta mayor conciencia ayuda a desarrollar conexiones auténticas, y la meditación le permite ser más abierto y aceptar los cambios de la vida. He aquí un ejercicio de meditación sencillo pero eficaz para elevar su vibración:

1. Empiece por conectarse a tierra

Anclarse a tierra es un primer paso esencial en la práctica de la meditación. La conexión a tierra ayuda a reducir el estrés y la ansiedad y también a sentirse más conectado con el cuerpo y el mundo físico que le rodea. Al conectarse a tierra, puede aprovechar mejor la energía de sus vibraciones superiores y centrarse en lo que más le importa.

Siéntese o túmbese en el suelo y conecte conscientemente con su respiración. Respire hondo y concéntrese en sentirse bien enraizado y conectado con la tierra, como si estuviera arraigado a un árbol o pisara firmemente tierra firme. Esto le ayudará a sentirse más presente y relacionado con la energía que le rodea. Tómese unos momentos para sentirse enraizado antes de pasar al siguiente paso.

2. Practique ejercicios de respiración para elevar su vibración

Inhale profundamente por la nariz y exhale lentamente por la boca. Mientras inhala, imagine que la energía del universo entra y llena de luz todas sus células. Al exhalar, visualice que la energía negativa abandona su cuerpo y regresa a su fuente. Repita esta respiración durante varios minutos, concentrándose en su respiración y sintiéndose lleno de energía luminosa.

3. Técnicas de postura para aumentar su frecuencia

A continuación, tómese unos minutos para adoptar varias posturas que le ayuden a elevar aún más su vibración. Colóquese cómodamente de pie, con los pies firmemente plantados en el suelo. Respire hondo varias veces, concéntrese en abrir el corazón y suelte la energía negativa o bloqueada. A continuación, levante lentamente los brazos por encima de la cabeza en forma de V y respire hondo de nuevo, imaginando que todas las frecuencias del universo entran por la punta de los dedos al llegar al cielo. Continúe explorando varias posturas para abrir su cuerpo, liberar la negatividad y permitir que la energía que le rodea le llene.

4. Incorpore técnicas de visualización para mantenerse centrado

Mientras esté en estas posturas, imagínese rodeado por un orbe de luz blanca durante unos instantes. Esta luz está llena de energía curativa y protección contra las frecuencias negativas. Imagine que recibe energía de esta luz y que se siente más conectado con su yo más elevado. Visualice que irradia luz y energía y que se siente más abierto, expansivo y conectado; deje que la luz le llene y limpie su energía.

Meditar sobre la marcha: Consejos para gente ocupada

La meditación puede ser una actividad difícil de mantener, especialmente cuando se lleva un estilo de vida ajetreado. Afortunadamente, con algunas estrategias creativas, es posible cultivar y encarnar la atención plena, incluso en los momentos más ajetreados.

Dedique 10 minutos al día

Dedique entre 10 y 15 minutos de su día a meditar. Aunque solo sean 10 minutos, puede ayudarle a mantenerse centrado y conectado consigo mismo y con las energías que le rodean. No necesita mucho tiempo para meditar; incluso unos pocos minutos pueden marcar la diferencia en su día.

Cuando empiece, no se presione demasiado. Comience poco a poco y aumente el tiempo cuando se sienta cómodo para hacerlo. Programe la alarma de su teléfono para que le recuerde que debe dedicar 10 minutos a una mini sesión de meditación.

Utilice meditaciones guiadas

Si no tiene tiempo o energía para sentarse y practicar la meditación tradicional, pruebe con la meditación guiada. Hay muchas grabaciones de audio gratuitas y de pago que pueden ayudarle a relajarse y volver a centrarse. Empiece con un sencillo ejercicio de respiración y, poco a poco, pase a diferentes meditaciones guiadas a medida que se sienta más cómodo.

Busque una aplicación que le ayude a hacer más accesible la meditación, como las diseñadas específicamente para personas con vidas ajetreadas. Puede utilizar estas aplicaciones para que le guíen y le recuerden cuándo y dónde practicar la atención plena durante un breve periodo de tiempo, ya sea 5 minutos o una hora.

Aproveche los pequeños espacios de tiempo

Hacer pequeñas pausas a lo largo del día le da tiempo para reajustar su mente y revitalizar su cuerpo. Estos momentos son esenciales para cultivar la atención plena, pero no es necesario dedicar un tiempo exclusivamente a la práctica de la meditación.

Mientras espera en una cola, en el transporte público o durante la pausa para comer, tome conciencia de su respiración y observe las sensaciones que surgen en su cuerpo sin juzgarlas ni apegarse a ellas.

Practique la respiración consciente

Si no puede alejarse del trabajo durante el día, practique la respiración consciente dondequiera que esté, en su escritorio o caminando por la calle si es necesario. Solo necesita cinco minutos para concentrarse en el movimiento de su respiración y relajarse en la quietud antes de volver a su tarea.

Permítase este pequeño gesto de compasión. Tómese un respiro y practique la autorreflexión siempre que lo necesite. Puede ser tan sencillo como respirar hondo una vez antes de empezar una tarea o un proyecto difícil en horas de trabajo.

Sea creativo con su práctica

Hay muchas formas de incorporar la meditación sin permanecer sentado durante largos periodos. Caminar o correr es una forma de meditación en movimiento. Concéntrese en el momento presente y preste atención a sus tareas cotidianas. Por ejemplo, doblar la ropa puede convertirse en una tarea consciente si presta atención a la sensación de la tela en sus manos y se centra en cada artículo mientras lo dobla.

Aproveche sus desplazamientos matutinos y vespertinos

Puede que el trayecto matutino al trabajo no parezca el sitio ideal para meditar, pero con la actitud adecuada, se puede hacer. Si viaja en transporte público, utilice este tiempo en lugar de consultar el correo electrónico o desplazarse por las redes sociales. Aproveche este periodo para concentrar su atención en algo más productivo, como respirar conscientemente mientras mira por la ventana.

Escuche música relajante para despejar la mente y sintonizar con su interior en vez de distraerse con lo que ocurre a su alrededor. Prepárese mentalmente para lo que le espera en el trabajo o en casa al volver del trayecto.

Incorpore la práctica de la meditación a sus actividades cotidianas

La meditación puede ser algo más que una práctica dedicada. Puede incorporar la atención plena a sus actividades cotidianas, como fregar los platos, trabajar en el jardín o ducharse, centrándose en el momento presente y siendo consciente de lo que ocurre a su alrededor. Ayuda a relajarse y a crear paz interior.

Puede practicar la alimentación consciente, un hábito excepcionalmente bueno cuando se trata de mantener hábitos saludables. Antes de comer, tómese un momento para fijarse en la comida que tiene delante: su color, aroma, textura, etc. Así apreciará la comida y saboreará cada bocado en lugar de picar sin pensar.

Incorpore meditaciones caminando a su rutina diaria

Las meditaciones caminando son una forma estupenda de ser más consciente y estar más presente en su cuerpo. Pueden realizarse en interiores o al aire libre y centrarse en cada paso y en las sensaciones que surgen en el cuerpo durante el proceso.

Empiece dando pasos lentos y pausados, prestando atención a cada pisada. Mientras camina, observe el paisaje y los sonidos que le rodean y permita que sus sentidos se involucren plenamente. Puede añadir ejercicios de respiración a la rutina, concentrándose en el ritmo de la respiración mientras camina.

Sea constante

La constancia es la clave para convertir una práctica en parte habitual de su vida. Póngase un recordatorio todos los días para dedicarse tiempo a sí mismo y meditar. Cuanto más constante sea su práctica, más fácil le resultará.

Recuerde que la meditación no consiste en alcanzar la perfección, sino en conectar con uno mismo en el momento. Cuanto más practique, más momentos de atención plena podrá incorporar a su vida cotidiana.

Más formas de elevar su vibración

La práctica de la meditación es una herramienta esencial para elevar su vibración y estar más presente y conectado. Hay muchas formas de elevar su vibración.

Disfrute de la naturaleza: La naturaleza tiene formas únicas de levantarle el ánimo y elevar su vibración. Tómese su tiempo para salir a la naturaleza, ya sea un simple paseo por el parque o una larga caminata por las montañas, puede ser increíblemente terapéutico para el cuerpo y la mente. Cuando está al aire libre, rodeado de árboles, animales, plantas y aire fresco, vuelve a conectar consigo mismo y recarga su energía.

Planee pequeñas vacaciones: Nada puede elevar su vibración como unas vacaciones cuando se siente empantanado por la rutina diaria. Alejarse del ajetreo y el bullicio de la vida cotidiana permite disponer de más tiempo para descansar, relajarse y estar presente en el momento.

Las vacaciones cortas son una forma estupenda de romper con la rutina diaria y elevar su vibración. Ya sea un viaje de fin de semana al campo o una estancia de una semana en otro país, estas escapadas le dan espacio y tiempo para divertirse, relajarse y disfrutar de las pequeñas cosas que ofrece la vida.

Escuche música relajante: Cuando escucha música, puede acceder a una profunda relajación y energía. La música relajante, como las piezas clásicas o los sonidos de la naturaleza, pueden ayudar a cambiar el estado de ánimo y elevar su vibración al instante. Pasar tiempo con la música es una oportunidad para la autorreflexión y una mayor autocomprensión.

Coma alimentos sanos y nutritivos: Lo que ingiere su cuerpo afecta directamente a su vibración y a sus niveles de energía. Comer alimentos sanos y nutritivos reduce el estrés y la fatiga, y le hace sentirse más enérgico y positivo. Una dieta sana llena de fruta fresca, verduras, superalimentos, frutos secos y semillas puede ayudarle a restablecer el equilibrio del cuerpo y la mente.

Otros hábitos alimenticios saludables que debe incluir en su dieta son evitar los alimentos procesados y azucarados, preparar las comidas, comer con atención y beber mucha agua a lo largo del día.

Practique el perdón y la atención plena: El perdón es fundamental para elevar la vibración positiva y dejar ir la energía negativa. Practicar el perdón puede ser difícil, pero es esencial para liberar el resentimiento o el dolor que esté guardando. Puede ayudar a sanar las relaciones y a superar las divisiones que se han creado. La atención plena consiste en estar presente y consciente en cada momento sin juzgar. Practicar la atención plena le ayuda a mantenerse conectado consigo mismo y con el mundo que le rodea, en lugar de refugiarse en sus pensamientos o preocupaciones. Aumenta la capacidad de experimentar alegría y paz y de estar presente para los demás.

Conecte con la bondad, la gratitud y la abundancia: Concentrarse en ser amable consigo mismo y con los demás ayuda a elevar la vibración y los niveles de energía. Lo mismo ocurre con el cultivo de la gratitud y la abundancia. Al expresar gratitud por las pequeñas bendiciones cotidianas, puede cambiar la percepción hacia el aprecio y la satisfacción. Centrarse en la abundancia que ya existe en la vida ayuda a reconocer la riqueza de los recursos disponibles. Esto abre nuevas posibilidades y oportunidades y le ayudará a llevar una vida con más sentido.

Participe en actividades que le aporten alegría: La alegría eleva la vibración y es esencial para una vida equilibrada. Las actividades que aportan alegría, como bailar o practicar un deporte, pueden mantenerle conectado con la vida. Recuerde que el placer no tiene por qué ser grande o grandioso; puede venir de algo tan sencillo como dedicarse tiempo a sí mismo cada día.

Rodéese de gente positiva: Rodearse de gente positiva ayuda a elevar su vibración y aumenta la confianza en sí mismo. Cuando está rodeado de personas que le apoyan, animan y sacan lo mejor de usted, se siente más conectado y realizado. A través de experiencias y conversaciones compartidas, puede aprender unos de otros, desafiarse a sí mismo y convertirse en la mejor versión de sí mismo. Cuando elija a su círculo íntimo, elija a quienes le eleven en lugar de hundirle.

La meditación es una herramienta increíblemente poderosa para acceder a su vibración más elevada. Meditar le conecta más profundamente con usted mismo y accede a su sabiduría interior. Puede utilizar la meditación para eliminar la energía negativa o las creencias autolimitadoras que le impiden avanzar en la vida con mayor claridad y determinación. La meditación ayuda a restablecer el equilibrio y la paz en el cuerpo, liberando la tensión o el estrés. Recuerde que elevar su vibración es una práctica continua; requiere dedicación, compromiso y constancia para ver resultados duraderos. Con paciencia y perseverancia, puede cosechar las recompensas de una vibración más elevada, mental y físicamente. Así que, tómese su tiempo hoy y aproveche su vibración más elevada.

Capítulo 5: El poder curativo del reiki

¿Se siente estresado, inseguro, y no muy seguro de cómo darle sentido al mundo en que vivimos hoy en día? El poder curativo del reiki puede ser justo lo que necesita. Muchas personas han oído hablar de él, pero no entienden cómo funciona o por qué es tan poderoso.

Reiki es una antigua práctica de sanación que se originó en Japón hace más de 2000 años. Se basa en el concepto de "ki" o "chi", que es una energía vital que existe en todos los seres vivos y que conecta con el universo. El reiki canaliza esta energía por todo el cuerpo para ayudarle a sanar de forma natural. "Reiki" proviene de dos palabras japonesas, "rei", que significa universal, y "ki", que significa energía, traducidas como "energía vital universal". Se basa en la creencia de que todos los seres vivos tienen un campo de energía o fuerza vital que debe equilibrarse y armonizarse para el bienestar físico y emocional. Los practicantes de reiki utilizan sus manos para canalizar energía positiva en el cuerpo de una persona con el fin de promover la relajación y la curación.

El reiki es una antigua práctica curativa que le permitirá limpiar su espíritu [28]

El reiki puede utilizarse como medida preventiva de bienestar y medicina curativa, ayudando a las personas con dolor físico o angustia emocional a encontrar alivio sin depender únicamente de medicamentos o tratamientos invasivos con efectos secundarios no deseados. Ha beneficiado a personas con enfermedades crónicas como la fibromialgia, la artritis y problemas de salud mental, como la depresión y la ansiedad, ayudándoles a encontrar un mayor equilibrio dentro de sí mismos al tiempo que alivian sus síntomas. El reiki puede ayudar a aumentar la claridad de pensamiento y ayudar a tomar mejores decisiones debido a su capacidad para abrir las vías energéticas bloqueadas que inhiben la capacidad de pensar con claridad y tomar decisiones racionales en la vida.

Orígenes

El reiki fue desarrollado por primera vez por un monje budista japonés, Mikao Usui, en 1922, tras experimentar un despertar espiritual mientras meditaba en el monte Kurama. Durante su estancia en la montaña, Usui sintió una profunda conexión con el poder curativo del ki y descubrió cómo utilizarlo con fines curativos. Pasó varios años estudiando y experimentando con esta poderosa forma de curación antes de fundar finalmente el sistema Usui de sanación por reiki.

Usui desarrolló un sistema de cinco principios que forman la base del reiki actual. Son los siguientes: No se enfade, no se preocupe, sea agradecido y hágalo lo mejor que pueda. Además de estos principios, hay tres niveles de práctica de reiki que requieren la sintonización con un maestro: Shoden (nivel principiante), Okuden (nivel intermedio) y Shinpiden (nivel maestro). Antes de pasar al siguiente nivel, el practicante debe demostrar su competencia en cada uno de los niveles precedentes.

Desde entonces, el reiki ha seguido evolucionando y llegó al mundo occidental a finales del siglo XIX de la mano del Dr. Chujiro Hayashi, que estudió bajo las enseñanzas de Usui. En 1937, abrió su clínica, ofreciendo tratamientos a muchas personas en todo el mundo. En 1938, introdujo las clases de reiki en las universidades para que otros pudieran aprender estas técnicas.

Hoy en día, millones de personas practican reiki en todo el mundo y creen que esta técnica les ayuda a alcanzar un mayor equilibrio mental, físico y emocional. Los practicantes utilizan varias posiciones de las manos sobre o encima del cuerpo de sus clientes, centrándose en su respiración y permitiendo que la energía natural fluya libremente a través de ellos mientras conectan profundamente con sus clientes. Durante este proceso, crean una atmósfera llena de amor y aceptación, permitiendo una sanación profunda dentro de usted y entre los seres humanos que comparten esta experiencia.

¿Cómo funciona el reiki?

El reiki equilibra las energías naturales del cuerpo en su núcleo a través de varias colocaciones de las manos llamadas mudras. Cuando estos mudras se usan correctamente durante una sesión de reiki, ayudan a restaurar el equilibrio entre la mente y el cuerpo y mejoran su bienestar general. Durante una sesión típica, los profesionales utilizan un toque suave para dirigir la energía positiva a las zonas del cuerpo que más la necesitan, como puntos de tensión o zonas afectadas por enfermedades o lesiones, mientras que las afirmaciones tranquilizadoras ayudan a liberar la energía negativa. Dependiendo de las necesidades individuales, una sesión suele durar entre 30 minutos y una hora.

Los practicantes de reiki creen que las enfermedades pueden deberse al bloqueo de las vías energéticas del cuerpo. Utilizando sus manos para transferir energía vital al cuerpo de sus clientes (energía canalizada), restablecen la armonía de sus sistemas y les ayudan a recuperar el equilibrio y el bienestar. El practicante no cura, sino que canaliza la energía vital para que actúe en beneficio del receptor.

La práctica consta de dos componentes principales:

1. **Colocación de las manos** (o posiciones de las manos) en zonas específicas del cuerpo que se corresponden con diferentes partes de las vías energéticas del cuerpo.
2. **Establecimiento de la intención:** Consiste en visualizar la luz blanca entrando a través de las manos en el cuerpo del cliente mientras se tienen pensamientos positivos para su bienestar. A través de estos dos aspectos, los practicantes pueden crear un ambiente para la curación y la restauración dentro de los cuerpos de sus clientes.

Un ejemplo de curación con reiki es el alivio del dolor. Cuando los músculos de una persona están tensos debido al estrés físico o emocional, el reiki le ayuda a relajarse equilibrando las energías en las vías de su cuerpo. El reiki ayuda a reducir la inflamación, aliviando el dolor y las molestias asociadas con la tensión muscular y la rigidez causadas por lesiones o enfermedades, como el síndrome de fatiga crónica o la fibromialgia. Muchas personas dicen sentirse llenas de energía después de las sesiones porque el reiki favorece la circulación por todo el cuerpo, aportando nutrientes beneficiosos y eliminando toxinas a mayor profundidad de la que alcanzan la mayoría de los tratamientos convencionales.

Otro ejemplo es la ayuda a personas con trastornos de ansiedad. Dado que el reiki actúa a nivel físico y emocional, puede ser de gran ayuda para las personas con ansiedad o depresión. Ayuda a restablecer el equilibrio en su mente, cuerpo y espíritu, promoviendo la paz y la relajación en lugar del miedo y la preocupación. El cliente puede atravesar los momentos difíciles con más facilidad que si estuviera lidiando con esas emociones solo, sin ayuda de fuentes externas como las sesiones de terapia de reiki. El cliente puede atravesar los momentos difíciles con más facilidad que si estuviera lidiando con esas emociones solo, sin ayuda de fuentes externas como las sesiones de terapia de reiki. Además, a muchas personas les resulta útil para tratar los trastornos del sueño. Un efecto secundario común es sentirse lo suficientemente relajado como para que el cliente caiga en un sueño profundo más rápido de lo normal después de recibir un tratamiento de reiki. Practicarlo con regularidad junto con otras opciones de estilo de vida saludable, como una nutrición adecuada y ejercicio, les permite descansar mejor, lo que repercute positivamente en todos los demás aspectos de su vida, incluido el bienestar mental, emocional, físico y espiritual.

El reiki ha sido especialmente eficaz para ayudar a las víctimas de derrames cerebrales a recuperarse más rápidamente. Los estudios de investigación han demostrado que los clientes que recibieron tratamientos regulares de reiki mostraron una mejora de las habilidades motoras en cuestión de semanas en comparación con los que no recibieron esta terapia combinada con intervenciones médicas tradicionales como terapias ocupacionales y físicas. Se sugiere que debido a su capacidad para reducir la inflamación y aumentar la circulación en todos los sistemas del cuerpo, el reiki puede acelerar los tiempos de recuperación en ciertos casos.

El reiki tiene muchos beneficios, entre ellos:

- Reducir el estrés y la ansiedad
- Promover la relajación
- Mejorar la calidad del sueño
- Aumentar la inmunidad
- Aumentar la circulación
- Ayudar a la recuperación muscular
- Aliviar el dolor y los dolores de cabeza
- Acelerar los tiempos de recuperación
- Aportar claridad y comprensión en las trayectorias vitales

Está claro por qué tanta gente en todo el mundo recurre hoy en día a esta modalidad curativa tradicional en lugar de confiar únicamente en la medicina occidental.

Los 5 principios del reiki

1. "Solo por hoy, no me enfadaré"

El primer principio del reiki es "solo por hoy; no me enfadaré". Esta noción enfatiza la importancia de dejar ir las emociones negativas y permitirse vivir el momento presente. Cuando da un paso atrás y observa su situación actual, puede comprender mejor cómo la ira no le ayuda. Al contrario, crea más tensión al bloquear el flujo de energía y privarle de pensar con claridad.

Al practicar este principio, toma conciencia de sus pensamientos y emociones antes de que le causen daño. Se vuelve consciente de los sentimientos y considera cómo cada decisión podría afectar potencialmente a los demás. Al dar un paso atrás y ver el panorama general, puede controlar mejor las emociones y los comportamientos y mantener la calma, incluso en situaciones difíciles o con personas que desencadenan la ira.

Puede trabajar gradualmente para alcanzar la paz interior siendo consciente de los pensamientos, emociones y acciones mientras practica regularmente el amor propio. De acuerdo con el primer principio del reiki, "solo por hoy, no me enfadaré", esta creencia conduce finalmente a vivir una vida más plena.

2. "Solo por hoy, no me preocuparé"

El segundo principio del reiki anima a las personas a liberarse de sus preocupaciones y a centrarse en el momento presente. Este principio es "solo por hoy; no me preocuparé". Esta frase ayuda a las personas a centrarse en el presente y a liberarse de las ansiedades asociadas con preocuparse demasiado por el futuro o quedarse en el pasado.

Cuando una persona se preocupa demasiado, puede caer en un estado mental negativo y quedar atrapada en sus pensamientos y luchas. Esto le impide abrazar plenamente su vida y apreciar cada momento tal y como ocurre. Preocuparse también puede causar estrés físico, provocando dolores de cabeza, de estómago, fatiga y otras dolencias que complican la vida. El reiki le ayuda a liberarse de estos patrones de preocupación, mostrándole cómo ser consciente del momento presente y cuidar mejor de sí mismo.

La frase "solo por hoy, no me preocuparé" es una afirmación que le recuerda que debe permanecer en el presente en lugar de rumiar pensamientos negativos sobre el futuro o acontecimientos pasados fuera de su control. Practicar este principio ánima a las personas a vivir la vida intencionadamente en lugar de dejar que el miedo dicte sus decisiones o acciones. Les permite tomarse tiempo para sí mismos sin sentirse culpables o ansiosos, siendo más amables y gentiles consigo mismos, de modo que tengan más energía para los demás.

3. "Solo por hoy, haré mi trabajo con honestidad"

El tercer principio del reiki es "solo por hoy; haré mi trabajo honestamente". Este principio anima a ser consciente de sus intenciones y motivaciones en su trabajo diario. Asumir la responsabilidad de sus acciones y ser honesto y ético en todo lo que hace es importante. Le permite generar confianza con los demás y asegurarse de que sus acciones repercuten positivamente en quienes le rodean.

Cuando realice un trabajo honesto, recuerde actuar siempre con integridad. Significa ser sincero en todas las interacciones, asumir la responsabilidad de sus errores y no tomar atajos ni participar en prácticas poco éticas como el soborno o la corrupción. Su trabajo será de la máxima calidad. Servirá para el propósito previsto, manteniendo una buena reputación entre quienes le rodean y construyendo relaciones significativas basadas en la confianza y el respeto mutuos.

Mantener la motivación pura al realizar un trabajo honesto es esencial. Debe esforzarse por encontrar la alegría en lo que hace, en lugar de verlo como un medio para alcanzar un fin o perseguirlo únicamente por codicia o ambición. Al trabajar honestamente, contribuye a fomentar un entorno de productividad, creatividad, colaboración y crecimiento en usted mismo y en los que le rodean. Inspirará a otros a seguir su ejemplo dando buen ejemplo y demostrando el valor del trabajo duro con integridad. De esta manera, hacer un trabajo honesto crea un efecto dominó al ayudar a otros a alcanzar su máximo potencial.

4. "Solo por hoy, sea compasivo consigo mismo y con los demás"

El cuarto principio del reiki es "solo por hoy, sea compasivo consigo mismo y con los demás". Este principio fomenta la autocompasión y la bondad hacia los demás, incluso cuando se enfrentan a dificultades. Le llama a dejar a un lado los juicios y la ira y a centrarse en comprender a los demás y sus perspectivas.

Cuando practica la autocompasión, acepta sus errores y defectos sin criticarlos ni juzgarlos en exceso. Además, la autocompasión le ayuda a superar sanamente las emociones difíciles. Al mostrar compasión hacia los demás, deja de sentirse superior o inferior a ellos, reconociendo que todas las personas tienen defectos y que nadie es perfecto. La compasión va más allá de esas imperfecciones y le ayuda a conectar más profundamente con los demás.

Practicar la autocompasión y la compasión por los demás ayuda a desarrollar la resiliencia en tiempos de adversidad. Cuando nos enfrentamos a situaciones difíciles, aprendemos a responder con paciencia y comprensión en lugar de juzgar o enfadarnos, y a afrontar mejor los acontecimientos estresantes de la vida. Además, ofrecer amabilidad y apoyo a quienes lo necesitan les beneficia y hace que su vida tenga más sentido.

5. "Solo por hoy, estaré agradecido por todas mis bendiciones"

El quinto principio del reiki es "solo por hoy; estaré agradecido por todas mis bendiciones". Este mantra anima a hacer un esfuerzo consciente para reconocer y agradecer sus muchas bendiciones. Al tomarse el tiempo de apreciar lo que se tiene, uno se abre al inmenso poder de la gratitud y la abundancia. Expresar gratitud por los placeres sencillos de la vida, como una taza de té caliente o un día soleado, invita a disfrutar más de estos momentos.

La gratitud ayuda a cultivar emociones y relaciones positivas con los demás. Dar las gracias y reconocer lo bueno de los que le rodean crea vínculos significativos que pueden durar toda la vida. Además, expresar gratitud permite reconocer mejor los éxitos y logros diarios, lo que aumenta la satisfacción y la motivación. Crea una actitud de abundancia (no solo material, sino también espiritual) que le ayuda a centrarse en lo que más importa.

Agradecer todas las bendiciones es un recordatorio de que todo es efímero y temporal. La vida está llena de altibajos; es importante reconocer cuándo son buenos tiempos y saborearlos mientras duren. La gratitud ayuda a mantener los pequeños problemas de la vida en perspectiva, recordándole lo mucho que tiene que agradecer cada día.

¿Se puede aprender reiki de forma autodidacta?

El reiki puede ser autodidacta. Sin embargo, muchos expertos recomiendan trabajar con un practicante experimentado si está comenzando con esta práctica curativa. Trabajar con un practicante experimentado le guiará en el uso de reiki para obtener los mejores resultados y una visión de lo que significa convertirse en un practicante de reiki. Sin embargo, algunas personas han aprendido con éxito cómo hacer reiki por sí mismos a través de libros, CDs y otros materiales de instrucción disponibles en línea o en tiendas especializadas.

Cuando practique reiki, recuerde que la experiencia de cada persona es única, y que no existe un enfoque único para la curación y el equilibrio. Cada individuo debe encontrar su manera de conectar con la fuente de energía universal al utilizar esta práctica, ya sea a través de métodos autodidactas o con un maestro de reiki experimentado que le ayude a guiar su camino hacia la autosanación. Además, la práctica regular le ayuda a estar más en sintonía con su campo de energía personal, lo que le permite canalizar eficazmente esta energía para su máximo beneficio mientras se trata a sí mismo o a otros.

Al aprender reiki, es importante saber que se trata del flujo de energía. Por lo tanto, desarrollar una comprensión del flujo de energía es clave para dominar esta técnica. Puede tomar tiempo para que su cuerpo se sintonice con los patrones de energía del reiki, pero con la formación adecuada y el compromiso, con el tiempo será capaz de manipular esta poderosa fuerza dentro de sí mismo con fines curativos. Además, las prácticas de meditación benefician al reiki, ya que ayudan a conseguir un estado de relajación, permitiendo que su cuerpo se abra más fácilmente bajo su influencia.

Cualquiera puede aprender a practicar reiki, tanto si elige la vía tradicional estudiando directamente con un maestro como si se enseña a sí mismo a través de libros y otros recursos didácticos disponibles en línea y en tiendas especializadas. En cualquier caso, se necesita dedicación y compromiso para que alguien que busque el equilibrio y el bienestar a través de esta poderosa modalidad obtenga todos sus beneficios, tanto personales como profesionales.

Los tres niveles de reiki

1. Shoden

Shoden es el primer nivel de reiki y la base de una práctica de reiki. Introduce a los practicantes al camino del reiki y les da una comprensión básica de cómo funciona y cómo usarlo sobre sí mismos, otras personas, animales, plantas y objetos.

Durante el entrenamiento de reiki de nivel Shoden, las personas aprenden más sobre la sanación energética, la historia del reiki, sus principios y normas de etiqueta (rei-ki-ho), y las posiciones de las manos para el autotratamiento y el tratamiento de otras personas. Los practicantes aprenden los símbolos de poder utilizados en los tratamientos (cho ku rei y sei he ki) y técnicas para escanear el cuerpo en busca de zonas que necesiten curación.

En este nivel introductorio de aprendizaje, los alumnos conocen las cinco enseñanzas principales del Dr. Mikao Usui;

Solo por hoy:

- No se enfade
- No se preocupe
- Sea agradecido
- Trabaje duro
- Sea amable con los demás

Esta enseñanza es parte integral de su formación para comprender cómo usar el reiki e incorporarlo a su vida diaria.

Las prácticas que se reciben en este nivel incluyen meditaciones en las que los practicantes conectan con su energía curativa natural y métodos de reiki sobre sí mismos colocando sus manos en varias posiciones sobre su cuerpo, enviando energía reiki a través de sus manos. Reciben instrucción sobre cómo tratar a los demás mediante el tacto o sin tocar, colocando las manos a unos centímetros del cuerpo de alguien mientras le envían energía curativa.

Además, a los practicantes se les enseñan los límites personales a la hora de administrar tratamientos y cómo crear un espacio seguro para sí mismos y para aquellos a los que tratan. Al aprender estos conceptos básicos durante Shoden, los practicantes desarrollan una base sólida que les servirá a lo largo de los futuros niveles de formación del reiki.

2. Okuden

Okuden (nivel intermedio) es un nivel de reiki que se basa en las enseñanzas de Shoden (primer nivel). Introduce conceptos y prácticas más intrincados, haciendo que los practicantes sintonicen más profundamente con su energía. Esta comprensión más profunda les ayuda a curarse mejor a sí mismos y a los demás.

En el nivel Okuden, los practicantes aprenden a utilizar su energía vital (ki) en los procesos de curación. Además, aprenden técnicas utilizadas para canalizar la energía del universo hacia sí mismos y hacia sus clientes, como centrarse en una imagen mental o un símbolo al enviar energía curativa y centrarse en una zona del cuerpo al realizar tratamientos. Aprenden sobre los chakras y el campo áurico que rodea el cuerpo para identificar las zonas curativas o energizantes.

Los practicantes del nivel Okuden adquieren una mayor sensibilidad a las diferentes energías y vibraciones que les rodean, lo que les permite captar pistas sutiles durante los tratamientos que indican las zonas que necesitan sanación. En esta etapa, los estudiantes aprenden técnicas como la sanación a distancia para enviar energía reiki a grandes distancias sin estar físicamente presentes con su cliente.

El nivel Okuden es generalmente considerado uno de los niveles más poderosos de entrenamiento de reiki disponibles. Muchos practicantes sienten que les ayuda a alcanzar un nuevo plano espiritual en sus habilidades. En este punto, se conectan con la realidad física y las energías invisibles que componen todos los aspectos de la existencia: Emociones, pensamientos y espíritu. Los practicantes de la maestría Okuden asumen la responsabilidad de conectar con estas energías espirituales superiores y avanzar eficazmente en el camino elegido hacia el autodominio y el crecimiento personal.

3. Shinpiden

Shinpiden, conocido como el nivel de maestría del reiki, es el nivel más alto de iniciación al reiki. Implica una exploración profunda de la autosanación y la conciencia energética. En Shinpiden, los practicantes reciben tres símbolos sagrados que mejoran sus capacidades curativas y aumentan su poder de tratamiento de reiki. Este nivel permite a los practicantes trabajar con los clientes más profundamente, abordando cuestiones más profundas y bloqueos que les impiden vivir a su máximo potencial.

En el nivel Shinpiden, los practicantes adquieren una comprensión aún mayor del uso de su energía reiki combinada con meditaciones, mantras y afirmaciones para obtener resultados duraderos. Aprenden a identificar las energías que obstaculizan el desarrollo de un individuo o su recuperación de una enfermedad. Los practicantes se convierten en maestros de las técnicas de sanación a distancia, aprendiendo a conectar espiritualmente con los demás, independientemente de la proximidad física.

Además de aprender nuevos símbolos y técnicas, los practicantes de Shinpiden reciben herramientas específicas que les ayudan a progresar espiritualmente a lo largo de la vida. Entre ellas se incluye la comunicación con la guía superior y la creación de poderosos rituales curativos o mantras para abrir las vías dentro de sí mismos y aprovechar los poderes espirituales previamente dormidos. Se enseña a los practicantes a acceder a los registros akáshicos, que contienen toda la información sobre vidas pasadas y patrones kármicos relacionados con los acontecimientos de la vida actual.

Los estudiantes de Shinpiden exploran otros aspectos del reiki, como el asesoramiento espiritual, la activación de la kundalini y la recuperación del alma, así como consejos para mantener los límites espirituales cuando trabajan con clientes o imparten clases o talleres. A través de esta práctica, aprenden la mejor manera de trabajar como conductos entre el mundo espiritual, los elementos naturales y la humanidad.

El viaje realizado en Shinpiden se ha comparado con completar un "aprendizaje espiritual" en el que se revela el verdadero propósito del practicante. Les ayuda a convertirse en creadores conscientes en lugar de víctimas de las circunstancias o de emociones y sistemas de creencias limitantes que les impiden alcanzar la verdadera felicidad en esta vida.

Capítulo 6: Limpieza de energía con reiki

La limpieza energética con reiki es una herramienta increíblemente poderosa y respaldada por la investigación para ayudar a mejorar el bienestar físico, emocional, mental y espiritual. Su practicante canaliza esta energía vital especial hacia usted para limpiar su aura y devolver el equilibrio al cuerpo, permitiendo a sus células acceder a una fuerza vital más revitalizante. Se sabe que esta práctica ancestral produce cambios físicos positivos, como el aumento de los niveles de energía, la mejora de los patrones de sueño y el fortalecimiento del funcionamiento del sistema inmunitario. Desde el punto de vista emocional, puede aportar claridad mental y reducir la ansiedad asociada al estrés. Mentalmente, mejora la concentración y la claridad. Espiritualmente nutre la paz, conduciéndole hacia su verdadera misión en la vida con una gracia sin precedentes.

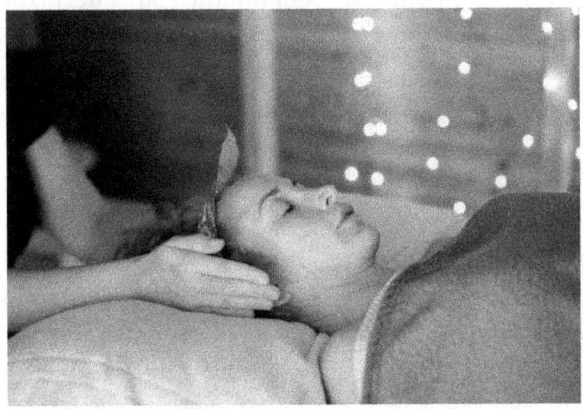

El reiki tiene la capacidad de limpiar cualquier energía negativa de su aura [29]

Cómo sentir la energía a través del reiki

Sentir la energía es crítico para la práctica del reiki, ya que los practicantes pueden evaluar el flujo de energía dentro y alrededor de sus clientes. Entender que todas las personas que componen nuestro mundo pueden sentir o percibir energías sutiles es importante a la hora de comenzar su viaje hacia la detección de la energía. Con la práctica, cualquiera puede aprender a detectar e interpretar esta energía más profundamente.

Los siguientes ejercicios le ayudarán a ser más competente en la detección de la energía:

1. **Comience con una meditación de concienciación:** Siéntese cómodamente en un lugar tranquilo, cierre los ojos y concéntrese en la respiración. A medida que surjan los pensamientos, acéptelos sin juzgarlos antes de volver suavemente la atención a su respiración. Este ejercicio le ayudará a ser más consciente de su cuerpo y de sus sensaciones, permitiéndole un mayor sentido de la conciencia.

2. **Enraizamiento intencionado:** El *enraizamiento* consiste en conectar con la energía de la tierra, lo que le ayuda a estar más centrado y conectado consigo mismo y con su entorno. Sentado o de pie, apoye ambos pies firmemente en el suelo y centre su atención en esta conexión entre usted y la tierra. Visualice las raíces que salen de cada pie y se adentran en el suelo. Una vez que se sienta conectado, respire profundamente y relájese en esta sensación de estabilidad.

3. **Búsqueda de energía:** Siéntese cómodamente o túmbese en la cama antes de explorar lentamente su cuerpo en busca de sensaciones. Puede que sienta sensaciones como calor, hormigueo o vibraciones a medida que se concentra. Si algo le llama la atención, preste más atención a esa zona. A medida que realice este ejercicio más a menudo, reconocerá reacciones más sutiles y obtendrá una mayor comprensión del campo de energía que rodea su cuerpo.

4. **Conectar con los demás:** Póngase de pie o siéntese en una posición relajada con la persona que tiene delante para practicar la percepción del campo energético de otra persona. Una vez conectado con su presencia a través del contacto visual, libere todas las expectativas y tome conciencia de los sentimientos o

impresiones que surjan en su interior durante esta conexión. A medida que pase el tiempo durante este intercambio, manténgase abierto a la información que recibe y preste atención a los cambios sutiles en la energía que está percibiendo.

Estos sencillos pasos le ayudarán a comprender mejor la energía que hay en usted y en los demás, y a ser más competente en el uso del reiki con fines curativos. Recuerde, la práctica hace al maestro, así que sea paciente consigo mismo mientras explora este nuevo reino de energía. Con esfuerzo y dedicación constantes, podrá desvelar los misterios de la energía de reiki.

Técnicas de reiki de nivel 1-2 para limpiar la energía no deseada del cuerpo

Rituales previos al reiki

- **Sintonización del reiki**

Las iniciaciones de reiki son esenciales en el entrenamiento del reiki. Durante una ceremonia de sintonización, el practicante de reiki entra en un estado de mayor receptividad para estar abierto y receptivo a la energía del reiki. Esencialmente, se "sintoniza" con la energía vital que fluye a través de todos los seres vivos. Este proceso de sintonización les permite acceder y transmitir esta poderosa energía curativa con mayor facilidad y precisión.

- **Uso de los símbolos del reiki**

Los símbolos del reiki son parte integral de la práctica curativa del reiki y pueden ayudar a profundizar aún más su eficacia. Abren y equilibran los canales de energía en el cuerpo, permitiendo un flujo más eficiente de la energía curativa. Los símbolos específicos utilizados dependen de la tradición del practicante, pero normalmente incluyen cho ku rei, sei he ki, hon sha ze sho nen, dai ko myo y raku.

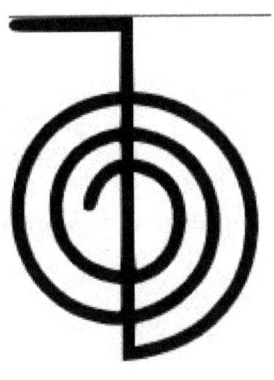

Cho ku rei[30]

Cho ku rei es un símbolo de poder, protección y conexión a tierra durante las sesiones de reiki. Se cree que limpia la energía negativa de un aura o entorno y fortalece la conexión con su ser superior.

Sei he Ki ayuda a promover la claridad mental al tiempo que ayuda en la curación emocional. Es un símbolo particularmente poderoso para ayudar a procesar las emociones que una persona tiene dificultades para trabajar sin ayuda.

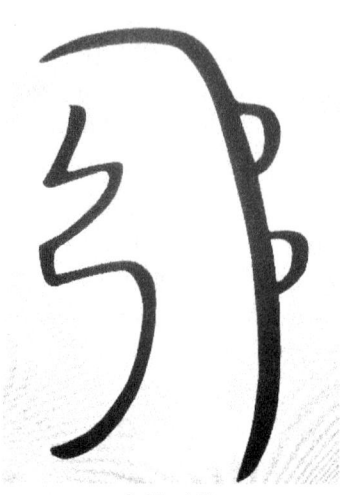

Sei he ki[31]

Hon sha ze sho nen ayuda en la sanación a distancia, creando un puente energético entre dos personas para que se beneficien de una sesión, aunque no estén físicamente la una con la otra.

Hon sha ze sho nen[32]

Dai ko myo representa la iluminación espiritual y le ayuda a abrir una comprensión más profunda de sí mismo.

Dai ko myo[33]

El raku fomenta el crecimiento y la transformación de la vida, viéndose a sí mismo desde un lugar de aceptación sin prejuicios.

El uso de estos símbolos durante la práctica puede ayudar a amplificar el poder del reiki y ayudar a limpiar los bloqueos de energía en el cuerpo o la mente. Se utilizan antes de comenzar una sesión o según sea necesario, para romper las energías estancadas que se interponen en el camino de una curación exitosa. Cuando estos símbolos se usan con intención, su efectividad aumenta exponencialmente, así que concéntrese en ellos cuando invoque estas herramientas especiales en su práctica.

Pasos para limpiar energías no deseadas

Técnica de respiración y visualización del reiki

La técnica de la respiración del reiki es una forma suave y eficaz de limpiar la energía no deseada de su cuerpo o el de otra persona. Es una herramienta simple pero poderosa para limpiar obstrucciones en el cuerpo en solo unos minutos. Aquí están los pasos para guiarle a través de esta técnica:

1. Siéntese o túmbese cómodamente con los pies apoyados en el suelo. Puede cerrar o abrir los ojos, lo que le resulte más cómodo.

2. Respire profundamente varias veces para relajarse, tome conciencia de su intuición y visualice una luz blanca entrando en su cuerpo. Sumérjase en esta visualización y concéntrese en sentir que el amor y la paz irradian por todo su ser.

3. Una vez que haya respirado profundamente varias veces, imagine que la energía negativa de su cuerpo se libera a través de su respiración: Pensamientos, emociones, dolor físico, etc. Vea cómo esta energía se evapora de usted hasta que se haya disipado por completo de su ser.

4. Después de liberar su energía negativa, puede extender la curación reiki a los demás. Visualice una luz blanca que emana del centro de su chakra del corazón y se extiende hacia afuera como dedos alrededor del cuerpo de alguien a quien quiere ayudar a sanar (aunque no esté físicamente con usted) hasta envolverlo en un abrazo amoroso de luz y calor. Utilice otros colores de luz en función de la curación.

5. Permítase imaginar que la energía negativa o las obstrucciones dentro de sus cuerpos se liberan a través de su respiración. Al mismo tiempo, ellos también respiran profundamente, obsérvelos en su estado relajado, sin dolor ni molestias, antes de abrir lentamente los ojos, sintiéndose renovados y revitalizados.

Técnica de la posición de las manos en el reiki

El siguiente paso es usar la técnica de posición de manos en el reiki, una forma poderosa de limpiar la energía no deseada del cuerpo.

1. Después de completar la visualización, respire profundamente unas cuantas veces para estar plenamente presente y relajado.
2. Cuando se sienta preparado, coloque las manos en distintas posiciones del cuerpo, como el abdomen, el pecho, la espalda o la cabeza. En cada posición, tómese su tiempo para percibir las sensaciones que surjan. No intente controlar estas sensaciones, sino deje que se muevan a través de usted. Muévase lentamente y sienta la energía que entra en sus manos.
3. Una vez que haya colocado las manos en cada posición, muévalas suavemente en pequeños círculos u ondas sobre la zona durante unos 3-5 minutos. Esto ayuda a limpiar la energía no deseada del cuerpo de la persona, dejando espacio para que entren las energías curativas.
4. Además, es importante no aplicar demasiada presión al mover las manos; en su lugar, déjese guiar por lo que sienta bien en cada momento. Confíe en que el reiki sabe cómo equilibrar mejor las energías del cuerpo de la persona.

- **Posiciones de las manos para la autolimpieza**

La posición de oración: Simplemente, junte ambas manos frente al centro de su corazón. Presione las palmas firmemente una contra la otra y las puntas de los dedos apuntando hacia el cielo. Cree una poderosa conexión energética entre ambas manos, actuando como puente entre el mundo físico y el espiritual, permitiéndole extraer la energía atascada que pueda estar obstruyendo su flujo energético. Esta posición es ideal para cualquiera que busque crear equilibrio en su sistema o abrir chakras bloqueados.

Posición de palma abierta: Siéntese con la columna recta y extienda ambos brazos directamente frente a usted a la altura de los hombros, con las palmas hacia afuera. Respire lenta y profundamente mientras se visualiza a sí mismo, enviando luz sanadora desde las puntas de los dedos hacia el entorno. Al exhalar, imagine que la energía negativa o atascada es extraída a través de las palmas de las manos y devuelta al entorno, donde será transmutada lejos de su sistema para siempre. Esta posición ayuda a expandir sus campos energéticos a la vez que proporciona protección contra las influencias externas que de otro modo podrían interferir con sus vibraciones.

Posición con las palmas hacia abajo: Siéntese cómodamente con los brazos extendidos hacia delante a la altura de los hombros, las palmas de las manos hacia abajo, hacia el suelo debajo de usted. Imagine que las raíces crecen desde la punta de cada dedo hacia la tierra, donde pueden atraer energías nutritivas y, al mismo tiempo, extraer la energía pesada o estancada acumulada con el tiempo en su sistema. Este ejercicio ayuda a conectar profundamente con el abrazo nutritivo de la Madre Tierra, a la vez que favorece el enraizamiento y la estabilidad a todos los niveles mental, emocional y físico.

- **Posición de las manos para limpiar la energía de otra persona**

Se pueden utilizar numerosas posiciones de las manos para limpiar la energía no deseada del cuerpo de otra persona. Cada posición facilita diferentes aspectos del proceso de limpieza energética, desde centrarse en zonas específicas hasta crear un efecto de limpieza más completo.

Una de las posiciones más básicas de las manos para la limpieza energética consiste en colocar una o ambas manos a unos centímetros de los chakras o centros energéticos de la persona. Esto ayuda a limpiar la energía estancada o atascada en esas zonas. Visualizar un color en particular rosa, azul o verde asociado con la curación y la limpieza mientras se utiliza esta técnica puede ser beneficioso.

Otra posición popular de las manos consiste en ponerlas alrededor de la cabeza y los hombros de la persona mientras se respira profundamente. Combine esta técnica con la visualización de una luz curativa que entra por las palmas de las manos y penetra en el cuerpo. Esta técnica ayuda a crear equilibrio y bienestar general.

Utilice las manos para masajear los puntos de tensión del cuerpo de la persona, como la espalda, el cuello y los hombros. Masajear suavemente estas zonas ayuda a liberar el estrés y la tensión acumulados, permitiendo que fluya más energía positiva a través de ellas sin obstáculos. Puede añadir aceites relajantes de aromaterapia para aumentar los beneficios de la relajación.

Conexión a tierra

La técnica reiki de conexión a tierra para limpiar la energía no deseada es crear un cordón de conexión a tierra.

Tómese unos momentos para concentrarse y volver a centrarse.

1. Cierre los ojos y respire profundamente varias veces. Sienta los pies en el suelo e imagine que está conectado a la energía de la tierra a través de su núcleo.
2. Visualice un cordón de conexión a tierra que se extiende desde el chakra base, en la base de la columna vertebral, hasta la tierra que hay debajo de usted. Este cordón debe ser visible en cualquier forma o color que le parezca natural; algunas personas lo imaginan como una cuerda gruesa, otras como un cable eléctrico.
3. Concéntrese en sentirse conectado con esta energía para que todas las energías sobrantes o no deseadas puedan ser extraídas a través de este cordón y devueltas a la tierra, transmutadas en luz y amor.
4. Una vez que haya establecido su cordón de conexión a tierra, coloque las manos sobre la zona en cuestión (usted u otra persona) durante unos tres minutos. Permítase sentir su respiración durante todo el proceso. Es importante permanecer consciente de lo que ocurre en su interior y en el entorno que le rodea.
5. Si es necesario, pida en silencio que le guíen fuentes superiores o seres espirituales que le ofrezcan ayuda durante esta sesión.

Después de completar el paso cinco, libere lentamente la tensión mantenida a lo largo de este proceso, exhalando lentamente hasta sentirse más relajado antes de comenzar los pasos futuros de este proceso de limpieza. Es beneficioso dar las gracias a las entidades espirituales que le han ayudado durante la sesión antes de terminar con algún cuidado personal, como una taza de té o un paseo por la naturaleza.

Liberación final

La liberación final es el último paso en la limpieza de las energías no deseadas, de su cuerpo o del de otra persona. Respire profundamente unas cuantas veces y conéctese a tierra, visualizando las energías sobrantes o no deseadas abandonando el cuerpo a través de una luz blanca. Es esencial dar las gracias por la curación reiki y agradecer a la energía reiki por ayudar en la limpieza de las energías no deseadas, ya que esto podría ser una parte crucial de la curación espiritual.

A continuación, es importante entrar en un estado de relajación y dejarse llevar por la quietud. Si lo desea, tómese este tiempo para reflexionar sobre su experiencia y anotar lo que experimentó durante los diarios del proceso de curación. Sus diarios le permitirán reflexionar sobre su viaje hacia el crecimiento y el desarrollo espiritual, así que tómese un tiempo para reconocer lo que ha aprendido durante el proceso de liberación de energía.

Por último, termine la sesión con una meditación o contemplación. Concéntrese en sus patrones de respiración y déjese rodear por la quietud mientras mantiene pensamientos positivos. No olvide agradecer todo lo que ha aprendido durante este viaje, la autorreflexión puede llevarle a comprender mejor sus pensamientos, deseos, creencias y valores más íntimos. Al terminar, se sentirá lleno de energía o renovado. Cualquier emoción que sienta en ese momento es válida y debe ser abrazada plenamente antes de volver a la realidad con una conciencia renovada.

¿Puede el reiki limpiar los chakras desbloqueados?

Una limpieza de reiki es una gran manera de desbloquear los chakras. El reiki combina el tacto y la meditación para ayudar a equilibrar y armonizar los sistemas energéticos del cuerpo. Durante una limpieza de Reiki, el practicante utiliza sus manos en posiciones específicas sobre los chakras correspondientes a los centros de energía de cada chakra. El practicante hace fluir la energía desde estos puntos de los chakras, eliminando bloqueos o interrupciones, utilizando el poder curativo de la energía vital universal del reiki en todo el cuerpo, incluidos los chakras.

Los chakras son esenciales para la salud física y emocional, ya que controlan la capacidad de conectarse energéticamente. Cuando uno o más chakras se bloquean, puede causar una serie de problemas que van desde el dolor físico y la enfermedad a problemas de salud mental como la ansiedad y la depresión. Una limpieza de reiki puede ayudar a eliminar las obstrucciones acumuladas a lo largo del tiempo, al tiempo que restablece el equilibrio adecuado en los siete chakras. También le ayuda a eliminar emociones negativas y sentimientos atrapados en su interior debido a experiencias de la vida o traumas, para que pueda avanzar más positivamente con energía y alegría renovadas.

El reiki es una poderosa modalidad de sanación que facilita el bienestar físico, emocional, mental y espiritual. Ayuda a las personas a reconectar con su esencia más profunda, su verdadero yo, aumentando la paz y la alegría general para vivir una vida empoderada y llena de intenciones. El desbloqueo de los bloqueos energéticos dentro de los chakras a través del reiki regular limpia a las personas y crea una base para la salud duradera en todos los niveles: mente, cuerpo, alma y espíritu.

Capítulo 7: Purificarse o no con sahumerios

No sabe qué hacer ¿purificarse o no purificarse? Es una decisión importante, ya que la purificación es una práctica espiritual poderosa. Consiste en quemar hierbas y resinas sagradas, como salvia, cedro, hierba dulce y lavanda, para purificar y limpiar la energía de un espacio. Muchas culturas tienen tradiciones específicas para la purificación, que a menudo implican la oración u otros rituales. Por ejemplo, en algunas culturas nativas americanas, encienden sahumerios de hierba dulce y los utilizan para hacer la limpieza con el fin de liberar en el aire la energía positiva de la planta sagrada. Cualquiera que sea el motivo por el que desea limpiar espiritualmente una zona, la limpieza puede ser la solución.

La purificación es un proceso utilizado por muchas culturas con diferentes fines espirituales [84]

¿Es la purificación con sahumerios una práctica cerrada o una apropiación cultural?

La purificación, la práctica sagrada de quemar hierbas o resinas para purificar un espacio, se ha popularizado en los últimos años. Esta práctica se asocia a menudo con las culturas nativas americanas. Muchos practicantes espirituales y de la nueva era la consideran una práctica cerrada, lo que significa que solo debería ser utilizada por aquellos dentro de la cultura con el conocimiento y la comprensión adecuados de su importancia.

Además de considerarse una práctica cerrada, algunos afirman que la práctica de la purificación se ha convertido en un ejemplo de apropiación cultural (cuando una cultura toma elementos de otra sin permiso ni comprensión del contexto original). Esto incluye la adopción de símbolos de otras culturas o el intento de hacer pasar prácticas tradicionales por propias. Por ejemplo, muchas personas aprenden sobre la técnica de la purificación a través de libros, programas de televisión y películas, y no mediante enseñanzas tradicionales, sin tener pleno conocimiento de su significado e implicaciones espirituales.

La controversia en torno a la purificación ha aumentado en los últimos años a medida que más no nativos intentan utilizarla para sus prácticas espirituales sin comprender plenamente su historia y significado. Por ejemplo, celebridades como Gwyneth Paltrow han publicado fotos en las redes sociales haciendo limpieza con sahumerios en sus casas. Puede parecer inofensivo a primera vista, pero si se hace sin respetar la tradición, puede considerarse un comportamiento de apropiación.

Sin embargo, no todos los no nativos que se dedican a ello lo hacen por falta de respeto, muchos individuos encuentran un beneficio espiritual real en su uso, pero incluso aquellos con buenas intenciones pueden causar daño si no respetan adecuadamente las tradiciones. A la hora de practicar la purificación, es fundamental que cualquier persona ajena a esta cultura dedique tiempo a investigar su historia, a comprender su significado en el contexto de los nativos americanos, a pedir permiso cuando proceda y a dar crédito cuando comparta información. Esto ayuda a evitar que quienes no pertenecen a esta tradición se apropien de la práctica o la trivialicen, y garantiza que se escuchen las voces de los nativos cuando se debaten cuestiones relacionadas con estas prácticas espirituales.

La diferencia entre el sahumar y la limpieza con humo

El sahumar y la limpieza con humo son antiguos rituales espirituales utilizados durante siglos para limpiar y proteger a personas, lugares y objetos. Aunque ambos utilizan el humo para purificar, las dos prácticas tienen algunas diferencias.

El sahumar es una práctica ritual que se remonta a miles de años y se asocia sobre todo con la cultura nativa americana. Se utiliza un manojo de salvia, hierba dulce, cedro, tabaco u otras hierbas secas para crear una sustancia parecida al incienso. Este sahumerio se enciende hasta que crea humo, que limpia la zona o la persona de energía negativa. El sahumerio se utiliza a menudo para rezar, meditar y conectar con el mundo espiritual.

Por otro lado, la limpieza con humo o fumigación tiene sus raíces en muchas culturas antiguas, como las tradiciones griega, romana y africana. Consiste en quemar hierbas específicas, como incienso o sándalo, sobre pastillas de carbón para producir una gran cantidad de humo fragante. Este humo purifica un entorno u objeto eliminando la energía estancada o las influencias negativas y, al mismo tiempo, cura las heridas emocionales y restablece el equilibrio en el campo energético del cuerpo.

Tanto el sahumar como la limpieza con humo utilizan humo perfumado para purificar una zona o un objeto, pero difieren principalmente en sus historias de origen y en los ingredientes que se utilizan al realizar los rituales. En el sahumerio se suelen utilizar manojos de hierbas secas, mientras que en la limpieza con humo se emplean hierbas específicas, como incienso o sándalo, que se queman sobre pastillas de carbón. El sahumar suele tener fines espirituales relacionados con la oración o la conexión con el mundo de los espíritus. La limpieza con humo se centra principalmente en curar heridas emocionales y restablecer el equilibrio de los campos energéticos, más que en invocar una guía espiritual.

Beneficios de la limpieza con humo

La limpieza con humo es una práctica antigua utilizada por muchas culturas indígenas y chamanes durante siglos. Creen que es una forma poderosa de limpiar la energía negativa y crear equilibrio y armonía en un espacio. La limpieza con humo consiste en quemar hierbas naturales como salvia, cedro, hierba dulce, copal, lavanda o palo santo, que liberan un humo fragante en el aire. A medida que el humo viaja por el aire, tiene el poder de limpiar un espacio de energías negativas, creando sentimientos positivos y elevando la vibración.

Uno de los mayores beneficios de la limpieza con humo es su capacidad para ayudar a reducir el estrés y la ansiedad, normalmente a través de los efectos calmantes de su olor. El agradable aroma que desprende la quema de hierbas como la salvia o el cedro ayuda a promover la relajación y la calma en el cuerpo y la mente. Además, este olor puede inspirar la creatividad debido a su capacidad potencial para agudizar los sentidos.

También se ha demostrado que la limpieza con humo tiene propiedades antisépticas. Puede purificar eficazmente el aire de una habitación con virus o bacterias causantes de problemas respiratorios o enfermedades como resfriados y gripe. Por lo tanto, es una forma ideal de desinfectar espacios interiores sin utilizar productos químicos nocivos ni aerosoles. Además, la limpieza con humo puede mejorar la concentración gracias a su aroma calmante que ayuda a fomentar un ambiente relajante, perfecto para estudiar o trabajar en tareas que requieren mayor concentración y capacidad de atención.

Otro beneficio clave de la limpieza con humo es su aspecto espiritual. Se cree que cuando se practica en ceremonias sagradas, además de limpiar las energías negativas acumuladas, atrae intenciones positivas del universo, permitiéndole manifestar sus deseos más fácilmente. Por otra parte, al concentrarse en cada hierba durante el ritual, se puede conectar con sus propiedades medicinales, que son agentes curativos para problemas de salud física, emocional y mental como la inflamación y la depresión.

La limpieza con humo es beneficiosa porque fomenta la presencia consciente durante los rituales, involucrando activamente los cinco sentidos: vista (ver), sonido (oír), olfato (oler), gusto (degustar) y tacto (sentir). Esta práctica consciente le ayuda a tomar conciencia de su vida diaria, a mantenerse conectado con su entorno y a desarrollar una mayor conciencia de sí mismo a lo largo del camino.

Son muchos los increíbles beneficios asociados a la limpieza con humo:

- Reducir los niveles de estrés y ansiedad
- Mejorar la concentración

- Purificar el aire
- Atraer intenciones positivas del universo
- Ayudar a sanar la salud física, emocional y mental
- Fomentar la atención plena

Es un ritual inestimable para cualquiera que busque el crecimiento espiritual y el desarrollo personal.

Tipos de limpieza con humo

Una combinación de hierbas para la limpieza con sahumerio es la práctica tradicional de los nativos americanos, que utiliza cuatro hierbas principales: salvia blanca, hierba dulce, cedro y lavanda. La salvia blanca limpia espiritualmente una zona expulsando la energía negativa. La hierba dulce ayuda a atraer la energía positiva. El cedro purifica el espacio, protege contra la mala suerte y favorece la longevidad. La lavanda ayuda a promover la relajación y la paz mental. Al quemar estas hierbas juntas, el humo creado puede limpiar a una persona o una habitación de energías negativas y protegerla de cualquier daño.

Otra combinación de hierbas utilizada a menudo para la limpieza con humo es la madera de palo santo, procedente de Sudamérica, donde se utiliza tradicionalmente en ceremonias chamánicas de curación. Cuando se quema, esta madera produce un humo fragante que ayuda a purificar el ambiente reduciendo, la energía negativa, el estrés y la ansiedad, y fomentando la calma, la paz y la iluminación. La madera de palo santo ayuda a las personas a conectar con su yo superior durante la meditación o los rituales de oración, ya que contribuye a alcanzar niveles de conciencia más profundos.

Por último, muchas culturas de todo el mundo utilizan mezclas de hierbas para limpiar el humo, como el incienso y la mirra de Etiopía y el copal de Guatemala, entre otros. El incienso se quemaba tradicionalmente como incienso para limpiar los espacios y alejar los malos espíritus o la mala suerte. El aroma de la quema de esta resina ayuda a despejar la energía negativa, permitiendo que los presentes se sientan relajados, reconfortados y seguros en su entorno. La mirra se asocia desde hace mucho tiempo a las ceremonias religiosas por su fuerte aroma y ayuda a conectar con un poder superior. Quemar esta resina fomenta la reverencia, creando una atmósfera propicia para la meditación o la oración. El copal es otra resina arbórea cuyo humo se ha utilizado en ceremonias de purificación espiritual desde la antigüedad. Se sabe que su fragante aroma ahuyenta la negatividad y, al mismo tiempo, protege contra las influencias malignas.

Cómo crear un sahumerio

Crear un sahumerio es bastante sencillo, pero requiere paciencia y una buena dosis de investigación. Antes de empezar, compruebe si las hierbas que utiliza son seguras para quemar. Algunas plantas contienen aceites o toxinas que pueden ser peligrosas si se queman en un espacio cerrado. Además, tenga cuidado con las reacciones alérgicas, algunas personas son sensibles a ciertas plantas.

A la hora de elegir las hierbas para el sahumerio, opte por las más accesibles, como la salvia blanca (*salvia apiana*), el cedro (*juniperus virginiana*), la artemisa (*artemesia vulgaris*), la lavanda (*lavandula angustifolia*) y el romero (*rosmarinus officinalis*). Estas hierbas tienen múltiples beneficios, desde la protección y la limpieza hasta la curación.

Estos son los pasos para hacer su sahumerio una vez que haya elegido sus hierbas:

1. Reúna ramas o tallos largos de hierbas y únalos con un cordel. Deje suficiente espacio entre cada hierba para que el aire pueda circular por todo el manojo.

2. Haga un nudo con la cuerda en un extremo y, a continuación, envuélvala alrededor del centro del manojo varias veces antes de volver a atarla en el otro extremo.

3. Para secar el ramo, cuélguelo en un lugar cálido y bien ventilado, como un garaje o un porche, durante dos semanas. Dele la vuelta cada dos días para que las hierbas se sequen uniformemente.

4. Cuando el sahumerio esté completamente seco, podrá quemarlo. Puede encenderlo directamente con una cerilla o, si desea controlar mejor el humo, coloque un cuenco con arena y carbón debajo de la varilla.

Cuando queme el sahumerio, debe vigilar las brasas y apagar las que sean demasiado grandes. No deje nunca las hierbas encendidas desatendidas durante mucho tiempo por el riesgo de incendio. Recuerde deshacerse de las cenizas correctamente en un recipiente metálico lleno de arena o agua cuando termine el ritual.

Crear un sahumerio puede ser una experiencia gratificante y espiritual, ya que se trata de un antiguo ritual utilizado para alejar la energía negativa, limpiar el hogar y atraer vibraciones positivas. Sin embargo, es importante investigar antes y asegurarse de que las hierbas que se queman son seguras. Si quiere saber más sobre las distintas hierbas y plantas para este fin, eche un vistazo al glosario de hierbas del final de este libro para obtener más información.

Tipos de sahumerios

Hay muchos tipos diferentes de sahumerios, cada uno con propiedades y usos únicos.

1. **Sahumerio de salvia blanca:** La salvia blanca es un sahumerio común para la limpieza y purificación. Normalmente, se quema como incienso o se añade a otras hierbas para una limpieza más profunda. Esta salvia tiene un olor fuerte y acre y se utiliza para limpiar el aire de energía negativa.
2. **Sahumerio de cedro:** El cedro es otra opción popular para el sahumerio y tiene propósitos similares a la salvia blanca. El aroma del cedro es terroso y dulce, y ayuda a promover la conexión a tierra y la seguridad en el hogar o la oficina. En algunas tribus nativas americanas, el cedro se utilizaba para atraer la prosperidad y el éxito al hogar.
3. **Sahumerio de artemisa:** La artemisa es menos conocida que la salvia blanca o el cedro, pero se ha utilizado en varias culturas desde la antigüedad. El humo de la artemisa tiene propiedades curativas que ayudan a tener sueños lúcidos y a curar traumas emocionales. Protege de las energías dañinas cuando se quema en interiores o al aire libre.
4. **Palo santo:** El *palo santo* proviene de América del Sur y está hecho de fragantes trozos de madera de árboles que se encuentran en Perú, Ecuador, México y Guatemala. El humo de la quema de palo santo tiene poderes de limpieza espiritual para ayudar a limpiar la energía negativa del espacio cuando se quema con regularidad. Tiene un aroma más agradable que otros palos de sahumerio, por lo que es perfecto para la aromaterapia y los rituales de limpieza espiritual.

5. **Sahumerio de hierba dulce:** La hierba dulce es una hierba nativa de Norteamérica que se utiliza a menudo en ceremonias sagradas porque invoca gratitud y positividad en quienes experimentan su fragancia. La hierba dulce ayuda a eliminar la energía negativa y trae bendiciones al entorno donde se quema.

Cómo limpiarse

Empiece por crear un ambiente de paz y tranquilidad. Puede conseguirlo con aceites esenciales, como los de lavanda o manzanilla, atenuando las luces, poniendo música suave, quemando incienso u otras medidas que ayuden a crear una atmósfera tranquilizadora.

A continuación, respire profundamente para relajar el cuerpo y la mente. Al inspirar, imagine que toda la energía positiva entra en su cuerpo, dejándole relajado y fresco. Al espirar, imagine que se libera de toda la negatividad. Continúe hasta que se encuentre en un estado completamente tranquilo.

Ahora es el momento de abrir su aura y liberar toda la energía estancada. Recite la afirmación: *"Abro mi aura y libero todo el estancamiento que hay en ella"*. Visualice una poderosa luz que irradia desde el centro de su pecho, expandiéndose lentamente y limpiando su campo energético. Hágalo hasta que sienta que su aura está completamente limpia de energía negativa.

El siguiente paso es recitar afirmaciones positivas u oraciones. Puede hacerlo en silencio o en voz alta, dependiendo de lo que mejor resuene con usted. Algunos ejemplos de afirmaciones positivas son: *"Soy digno de amor y felicidad"* o *"mi vida está llena de abundancia y gratitud"*. Algunas oraciones tradicionales son el padre nuestro, el ave María o el salmo 23.

Además de las afirmaciones y oraciones, el uso del sonido puede limpiar y equilibrar los campos energéticos. Algunos ejemplos de sonidos que ayudan a la limpieza son los cuencos tibetanos, los diapasones, las campanas o las palmas. Estas herramientas hacen vibrar su campo energético, permitiendo que la energía estancada se disipe.

Las hierbas medicinales son populares para la limpieza espiritual. Muchas hierbas tienen propiedades que ayudan a abrir el chakra del corazón, permitiendo que el amor, la aceptación y la curación entren en su vida. Entre las hierbas más utilizadas para la limpieza se encuentran la lavanda, la salvia, el romero, el jazmín y la menta. Puede utilizar estas hierbas quemándolas durante la meditación o las prácticas rituales, bebiéndolas como tés o infusiones, o llevándolas consigo cuando necesite un recordatorio de que está en un viaje espiritual.

Por último, es importante cerrar su aura una vez que haya terminado con el ritual de limpieza. Respire hondo y visualice una poderosa luz que irradia desde el centro de su pecho, encogiéndose lentamente hasta que toda su energía esté totalmente contenida en ella. Afirme: "*mi aura está cerrada y estoy protegido*" mientras realiza esta visualización. Esto ayuda a mantener alejadas las energías negativas, de modo que permanezcas en un estado abierto a las energías positivas.

Siguiendo estos sencillos pasos, podrá limpiarse con éxito y permanecer en un estado de paz y positividad. Recuerde incluir afirmaciones positivas y oraciones, y utilice el sonido para maximizar los efectos. Por último, tómese tiempo para valorarse por haber participado en este ritual de limpieza y exprese gratitud por todo lo que ha conseguido.

Hágase limpiezas con regularidad para beneficiarse de la paz interior y la claridad de liberarse de la negatividad y atraer más positividad a su vida.

Cómo limpiar el hogar

La limpieza del hogar es vital en la práctica espiritual. La limpieza puede ayudar a limpiar la energía estancada y traer vibraciones frescas y positivas. Ayuda a crear seguridad, paz y comodidad en su hogar. Siga estos pasos para limpiar su hogar:

1. **Despeje el aire:** Abra las ventanas y las puertas para que entre aire fresco. Encienda incienso o palitos de salvia para llenar el espacio de humo purificador. Si tiene aceites esenciales a mano, también puede utilizarlos. Mezcle dos gotas de aceite esencial de jazmín, lavanda y limón en un difusor para obtener un aroma relajante con beneficios purificadores.

2. **Cree un mantra:** Concéntrese en la intención de limpiar la energía negativa e invitar a las vibraciones positivas a su hogar. Cree un mantra sencillo que pueda repetirse a sí mismo, como "*mi hogar está lleno de amor y luz*" o "*que desaparezca toda negatividad de mi espacio*".

3. **Visualice:** Tómese unos momentos para cerrar los ojos y visualizar todas las energías de su hogar liberadas a través de las ventanas y puertas abiertas. Imagine luz blanca o dorada entrando en su casa con aire fresco y llenando de paz cada rincón de su espacio.

4. **Utilice el sonido:** Los cuencos sonoros, las campanillas, los diapasones, los tambores u otros instrumentos son herramientas estupendas para limpiar los espacios energéticamente. Puede utilizar cantos tradicionales como Om y el mantra Gayatri para bendecir su hogar con positividad.
5. **Rece:** Ofrezca una oración o afirmación de gratitud y pida protección contra las energías negativas. Encienda una vela y concéntrese en enviar amor a su hogar, luego apague la llama para señalar la finalización de esta etapa de limpieza.
6. **Limpie los cristales:** Los cristales tienen propiedades especiales que limpian energéticamente los hogares, así que si los tiene en su espacio, es importante limpiarlos periódicamente. Coloque cada cristal en sal marina durante la noche y enjuáguelo al día siguiente. Esto ayudará a eliminar la acumulación de energía absorbida con el tiempo.
7. **Concéntrese en el autocuidado:** Tómese tiempo para tratarse con cariño. Dedique tiempo a meditar o relájese y conecte con su respiración. Le ayudará a permanecer con los pies en la tierra y centrado después de limpiar su hogar.
8. **Séllelo:** Para terminar el ritual, purifique las cuatro esquinas de cada habitación con incienso o humo de salvia y selle las puertas con sal para mantener alejada la energía negativa y proteger su espacio sagrado. Puede utilizar un cristal de cuarzo en cada esquina para mayor protección.
9. **Dé las gracias:** Dedique unos momentos a agradecer al universo todo lo que tiene y la energía purificadora de su hogar. Siéntase libre de añadir oraciones, afirmaciones, sonidos, aceites esenciales u otros elementos que considere adecuados para su espacio. Cuando haya terminado, respire profundamente por última vez y relájese en la energía positiva de su espacio limpio.

Cómo limpiar un objeto negativo

Limpiar un objeto puede ser una forma poderosa de recuperar la energía y el espacio de su hogar. Es importante realizar este ritual para protegerse de las energías negativas que puedan haber quedado atrás. Para limpiar un objeto se utilizan varios métodos, como oraciones, afirmaciones, sonidos, aceites esenciales, sahumerios con hierbas o incienso, visualización con o sin velas, o cánticos. He aquí las instrucciones paso a paso para limpiar un objeto:

1. Empiece por limpiar físicamente el objeto. Asegúrese de que está libre de suciedad y polvo antes de pasar a otras técnicas de limpieza.
2. Seleccione una oración o afirmación que resuene con usted y dígala en voz alta mientras se concentra en el objeto. Ejemplos de oraciones o afirmaciones; *"Limpio este objeto de toda la energía que no me pertenece"*, *"lleno este espacio de energía positiva y amorosa"*.
3. Utilice un instrumento sonoro como un tambor o un cuenco de cristal y cree una vibración alrededor del objeto. Esto le ayudará a liberar la energía negativa adherida a él.
4. Purifique el objeto con hierbas o incienso, como salvia, cedro, hierba dulce o palo santo. A medida que limpie alrededor del objeto, concéntrese en liberar las energías negativas dejadas atrás e invite a la paz y al amor.
5. Visualice el objeto rodeado de una luz blanca o un campo de energía que lo protege de energías no deseadas. Puede utilizar velas alrededor del objeto para crear un espacio acogedor.
6. Cante mantras o palabras de poder que sean significativas para usted mientras se concentra en el objeto. Esto le ayudará a elevar su vibración y a atraer energía positiva a su hogar.
7. Coloque gotas de aceites esenciales, como lavanda, incienso o sándalo, sobre el objeto para aumentar su protección y limpieza.
8. Por último, agradezca a su fuente espiritual que le haya ayudado a limpiar este objeto y establezca una intención clara sobre cómo desea utilizarlo en el futuro.

Por último, agradezca a su fuente espiritual que le haya ayudado a limpiar este objeto y establezca una intención clara sobre cómo desea utilizarlo en el futuro.

Siguiendo estas técnicas de limpieza, puede estar seguro de que el objeto ha sido limpiado de energía negativa y está listo para ser utilizado en su hogar. Recuerde, sea consciente de cómo utiliza el objeto para evitar que las energías no deseadas vuelvan a su espacio. Que la paz, el amor y la luz le acompañen.

Capítulo 8: Baños espirituales de limpieza y protección

Los baños han formado parte de las prácticas espirituales desde la antigüedad. Eran conocidos por sus propiedades curativas, limpiadoras y protectoras y por su capacidad para aliviar los síntomas del estrés y la ansiedad y mejorar el bienestar general. La gente de la antigüedad se sentía atraída por el agua de forma subconsciente. Comprendían que el agua era esencial para la supervivencia y reconocían sus propiedades curativas espirituales. Bañarse era una costumbre habitual en la antigua Grecia, India, Israel y Egipto. En la mayoría de estas culturas, el baño se conocía como purificación mediante el agua, especialmente si se bañaba en agua salada. Las formas más primitivas de esta práctica incluían visitar manantiales conocidos por su práctica curativa y sumergirse en el agua como expresión de devoción a su fe. El baño con piedras y sal se desarrolló más tarde como parte de las búsquedas espirituales. La sal añadida o el agua de roca potenciaban las propiedades purificadoras del agua, y la gente lo aprovechaba con gusto.

Si es la primera vez que oye hablar de un baño espiritual, no está solo. Sin embargo, muchas personas toman baños espirituales antes incluso de darse cuenta de su existencia. Por ejemplo, si se ha dado un baño más largo de lo necesario para asearse, ya se ha adentrado en esta práctica espiritual. Si prefiere los baños a las duchas, ya sabe que no hay nada como sumergirse en un baño caliente y relajante después de un día ajetreado. Muchas personas disfrutan leyendo, escuchando música o bebiendo una copa de vino mientras se sumergen. Incluso pueden encender una vela o dos. Dejan que el agua y la quietud del momento les relajen. Sin embargo, los baños espirituales son ligeramente diferentes. Requieren una intención y un enfoque activo para relajarse. De lo contrario, no podrá centrarse en su intención, y sus rituales de baño no serán tan eficaces como cuando canaliza su intención. La clave para realizar este ejercicio espiritual es saber qué espera usted de su tiempo en el agua. Al sumergir todo su cuerpo, su intención canaliza las energías que desea trabajar. Por lo tanto, recuéstese y sumérjase bien mientras repite sus intenciones.

La mejor característica de los baños espirituales es que siempre puede darles su propio giro. Este capítulo proporciona instrucciones para baños de limpieza y protección espiritual, pero usted es libre de modificarlas a su gusto. Puede utilizar otras herramientas espirituales preferidas para aumentar la eficacia de su intención y alimentarla hasta que se haga realidad.

El propósito de los baños espirituales

Un baño espiritual es una forma magnífica de refrescar el cuerpo, la mente y el alma. Puede suministrar energía curativa a su cuerpo, mente y alma, permitiéndoles que le protejan de influencias nocivas. Probablemente, haya notado que después de tomar un baño habitual se siente diferente a como se sentía antes: su sensación de rejuvenecimiento y calma va más allá de su cuerpo. Debido a sus ingredientes, los baños espirituales pueden amplificar esta sensación. Estos ingredientes suelen contener energías o compuestos únicos que afectan a su energía. Tienen diferentes propósitos, que usted puede utilizar en un baño espiritual con una intención específica.

El objetivo principal de los baños espirituales es darse a usted mismo tiempo para reflexionar sobre las sensaciones que envuelven su cuerpo y las que van más allá. Durante un baño espiritual, inspeccione sus emociones en el momento presente. Tomarse el tiempo y el espacio necesarios para conectarse a tierra le permitirá identificar las áreas de su cuerpo, mente y espíritu que podrían beneficiarse de una curación energética.

Mientras examina las áreas problemáticas, busque inspiración para trabajar en ellas por otros medios. Por lo tanto, los baños espirituales no solo limpian y protegen, sino que también centran y motivan. Pueden acercarle a la naturaleza y agradecer sus dones, incluido el agua y todos los ingredientes naturales del baño.

Otra finalidad de los baños espirituales es equilibrar los chakras, que sanan la mente, el cuerpo y el alma. Eliminar los bloqueos de los chakras contribuye a su funcionamiento saludable y a su capacidad para prevenir enfermedades y lesiones.

Los beneficios de los baños espirituales

Un baño espiritual puede tener diferentes beneficios dependiendo de sus ingredientes y su intención. Normalmente, los baños espirituales purifican un campo energético y limpian el cuerpo, la mente y el espíritu. Otros beneficios son:

- **Disminuir los efectos de los estímulos externos:** En este mundo acelerado, le bombardean constantemente con información. Los entornos en los que se mueve, las personas con las que trata y los entretenimientos que consume están repletos de estímulos que afectan a sus energías. Los baños espirituales pueden ayudar a disminuir la huella energética de esas influencias que perturban su equilibrio.

- **Relajar el sistema nervioso:** Muchos ingredientes de los baños espirituales pueden calmar los nervios irritados, restablecer el equilibrio hormonal que afecta al sistema nervioso y reducir los efectos de las emociones negativas. Tiene una influencia saludable en su salud general. Después de un día estresante, puede darse un baño para desconectar de todas sus preocupaciones y disfrutar de un ambiente relajante.

- **Eliminar las toxinas:** Sumergirse en la bañera con agua salada u otros ingredientes con efectos antioxidantes es tan eficaz como tomar bebidas desintoxicantes. Además, un baño no requiere tanto tiempo de preparación y puede tener menos efectos no deseados en el organismo. Con solo pasar 20 minutos en la bañera, eliminará todas las toxinas de su cuerpo y favorecerá su bienestar.

- **Crear la atmósfera perfecta para la contemplación:** Ya que se está relajando y limpiando en la bañera, puede aprovechar el tiempo para hacer una pequeña investigación reflexiva sobre sí mismo. Puede reflexionar sobre su intención o pensar en sus objetivos y deseos; esta última práctica es excelente para establecer una conexión entre su intuición y su yo espiritual. Puede utilizar cualquier ejercicio para adquirir más conciencia de sí mismo y revelar sus necesidades más íntimas.

- **Purificar el cuerpo energético:** Los baños espirituales tienen un efecto terapéutico en el equilibrio de las energías sutiles. Sustituyen la energía estancada o nociva por vibraciones positivas y elevan sus vibraciones. Las sales, los cristales y los aceites esenciales son fundamentales para limpiar su cuerpo energético. Los aceites esenciales le ayudarán a sustituir la energía estancada por energía renovada, especialmente si pasa al menos 25 o 30 minutos en remojo y relajándose en la bañera.

Cómo darse un baño espiritual

No hay instrucciones sobre cómo tomar un baño espiritual. Sin embargo, siempre debe utilizar una intención e ingredientes que se ajusten a sus necesidades actuales. Independientemente de su objetivo, puede tomar algunas medidas para que sus baños sean más eficaces. Infundir a su baño la intención más adecuada es crucial, ya que le garantizará una mayor experiencia.

Instrucciones:

1. **Asegúrese de que la bañera esté limpia antes de bañarse.** De lo contrario, la energía negativa residual puede interferir con los rituales de baño, reduciendo su eficacia. Tanto si desea limpieza, protección o curación, la regla número uno es empezar de cero. Limpiar la bañera y la zona circundante ayuda a eliminar las influencias nocivas de su cuarto de baño y permite que sus baños surtan pleno efecto.

2. **Puede reproducir música.** Puede ser música de meditación o música que le ayude a relajarse y contribuya a los beneficios de limpieza y protección espiritual del baño. También puede escuchar una meditación guiada mientras se baña. O, si tiene la suficiente confianza, puede cantar antes y después del baño. Esto último ayuda a limpiar el espacio de las energías negativas que han salido de su cuerpo, mente y espíritu mientras se remojaba.

3. **Manténgase desconectado.** La posibilidad de escuchar música o sonidos no significa que deba hablar por teléfono o utilizar otros dispositivos electrónicos mientras se sumerge. Coloque cualquier dispositivo que reproduzca el audio lo más lejos posible de su alcance para permanecer "desconectado."
4. **Establezca una intención clara.** Tanto si desea limpiar sus vías energéticas, resolver situaciones negativas, limpiar su cuerpo, mente y espíritu, o atraer influencias positivas a su vida, defínalo claramente antes de prepararse para el baño.
5. **Tómese su tiempo** para reflexionar sobre cómo se siente antes y después de tomar un baño. No todos los baños depurativos funcionan para todo el mundo. Para ver si un baño en particular funciona para usted, reconozca en qué necesita ayuda y compare sus resultados con cómo se sentía antes de tomarlo.
6. **Cuando utilice aceites esenciales y hierbas, debe estar familiarizado con sus efectos.** No todas las hierbas y aceites son seguros para todo el mundo, sobre todo en la piel, y solo hay que utilizar los recomendados para el baño. Si nota una reacción adversa, deje de usarlos en sus baños.

Baño para reforzar sus defensas psíquicas

Este es el baño adecuado para usted si se siente vulnerable a las influencias negativas y necesita fortalecerse para atraer energía positiva. Reforzará sus defensas psíquicas, ayudándole a protegerse de las energías negativas y a mantener sus chakras equilibrados y sanos. Utilice sal del Himalaya, conocida por su capacidad para disuadir la energía negativa, alejándola del cuerpo y de las toxinas causantes de la acumulación de energía negativa. Si dispone de esta opción, báñese junto a una ventana abierta en luna llena para que la luz de la luna le bendiga mientras se remoja.

Ingredientes:

- Agua bendita (o agua cargada de energía espiritual procedente de cristales, la luna, etc.)
- Aceites esenciales u otros aromas vegetales
- Velas
- Hierbas frescas o secas

- Incienso
- Cristales
- Sal del Himalaya
- Bolsitas de té
- Luz de luna (opcional)
- Música relajante (opcional)

Instrucciones:

1. Cree el ambiente adecuado en su cuarto de baño. Encienda varias velas alrededor de la bañera y apague las luces artificiales. Puede encender incienso y poner música relajante.
2. Piense en su intención. Piense en lo que quiere conseguir de este baño y en cómo puede ayudar a su mente y a su espíritu a mejorar sus defensas psíquicas. Concéntrese en su intención.
3. Llene la bañera con agua a la temperatura adecuada y añada los ingredientes limpiadores. Puede utilizar tantos o tan pocos como desee.
4. Cuando la bañera esté llena, sumérjase en el agua. Mientras disfruta del baño, céntrese en respirar profundamente. Sienta cómo el aire recorre su cuerpo.
5. Considere cómo se siente al respirar. Observe si alguna parte de su cuerpo está afectada por energías negativas. Visualice los efectos curativos del baño, limpiando esas zonas problemáticas. Si le ayuda, medite antes de profundizar en la visualización.
6. Sumerja la cabeza bajo el agua varias veces durante el baño. Cuando esté listo, salga de la bañera y séquese. Utilice un producto hidratante después del baño de limpieza.
7. Si solo ha utilizado ingredientes naturales en su baño, tome un poco de agua de la bañera y devuélvasela a la naturaleza. Agradézcale su ayuda para limpiarle de energías negativas. Puede verterla en su jardín o en macetas para sus plantas de interior.

Baño de agua salada para ahuyentar el mal de ojo

Los baños de agua salada tienen muchos beneficios. Pueden aliviar el estrés, el dolor y la fatiga, mejorar la circulación y limpiar el sistema de chakras. Se sabe que eliminan toxinas, exfolian el cuerpo, reducen la irritación de la piel y curan heridas leves. Un efecto menos conocido de los baños de sal es su capacidad para alejar el mal de ojo. Aunque la sal marina es la más eficaz para este fin, puede utilizar sal marina gruesa si no dispone de ella. Es un método increíblemente sencillo y eficaz para asegurarse de que nunca le afectará esta maldición y esta mala intención.

Ingredientes:

- Sal marina gruesa o de roca
- Aceite esencial de lavanda o árbol del té
- Un balde
- Agua tibia

Instrucciones:

1. Vierta agua en un balde hasta la mitad. Añada la sal y unas gotas de aceites esenciales al agua. Remuévalo hasta que la sal se haya disuelto por completo.
2. Póngase de pie en la bañera y vierta lentamente el agua salada sobre su cuerpo, de la cabeza a los pies. Evite que el agua le entre en los ojos. Sienta cómo le limpia de energías negativas.
3. Cuando haya terminado con el baño de sal, lávese el pelo y el cuerpo con jabón natural y champú. La sal puede resecar su piel y cabello, por lo que debe reponer los nutrientes y la humedad inmediatamente después del baño.
4. Puede repetir el baño de 2 a 3 veces a la semana, dependiendo de la fuerza que necesite su defensa contra el mal de ojo.

Baño ritual equilibrante de los chakras

Equilibrar las energías de sus chakras es crucial para alcanzar una salud espiritual óptima. Puede equilibrar su baño de chakras y mejorar sus capacidades de flujo de energía con un baño de chakras personalizado. Utilice cristales, aceites y hierbas asociados con el chakra que desea equilibrar. Se recomienda centrarse en equilibrar un chakra cada vez.

Ingredientes:

- Piedras asociadas a un chakra específico
- Hierbas asociadas a diferentes chakras
- De 8 a 10 gotas de aceites esenciales asociados a un chakra específico
- 1 taza de sal de Epsom o del Himalaya
- Velas
- Bombillas de colores (opcional)
- Música para relajarse (opcional)

Instrucciones:

1. Limpie sus cristales antes de colocarlos en el borde de la bañera. Límpielos sahumandolos, poniéndolos en un cuenco con sal o dejándolos fuera de su ventana en luna llena.
2. Si utiliza hierbas secas, prepare primero un té fuerte con ellas.
3. Cuando estén listas, prepare el baño. Si las piedras son pequeñas, métalas en una bolsita al colocarlas en el borde de la bañera para no perderlas.
4. Coloque velas alrededor de la bañera y enciéndalas. Ponga música relajante si le ayuda a calmarse para poder concentrarse en su intención de limpieza.
5. Añada los aceites, la sal y las infusiones al agua y revuelva para mezclarlos. Cuando todo esté homogéneo, sumérjase y disfrute del baño.

Baño contra el dolor

El dolor y la fatiga constantes afectan negativamente a los chakras y al equilibrio espiritual. Puede restablecer su equilibrio energético y mejorar su salud en general con un baño diseñado para hacer desaparecer sus dolencias.

Ingredientes:

- Aceites esenciales de manzanilla, lavanda y romero funcionan mejor
- Hierbas secas en bolsitas de infusión o hierbas frescas
- Miel
- Leche de avena
- Arroz
- Sal del mar muerto
- Exfoliante para el cuerpo y la cara

Instrucciones:

1. Llene la bañera. Ajuste la temperatura del agua a su gusto. Mientras la bañera se llena, prepare el resto de los ingredientes.
2. Mezcle de 10 a 20 gotas de aceite esencial y el resto de los ingredientes en un bol mediano. Distribuya los ingredientes según sus preferencias, pero debe crear una mezcla homogénea.
3. Añada la mezcla a su bañera y remueva el agua para que se reparta uniformemente. Sumérjase y disfrute del baño durante al menos 20 minutos.
4. Antes de salir, aplíquese un exfoliante en el cuerpo y la cara para limpiar la piel en profundidad y activar un flujo saludable de energía positiva en el cuerpo, la mente y el alma.

Baño rejuvenecedor

No hay nada mejor que sentirse renovado después de un baño espiritual. Este baño le hará sentirse espiritualmente limpio, rejuvenecido y listo para afrontar cualquier reto. Utilice un ingrediente especial, el vino. Esta bebida está repleta de polifenoles, que son potentes antioxidantes. Para relajarse de verdad mientras toma este baño, puede beber un vaso de vino mientras se sumerge.

Ingredientes:

- Aceites esenciales: Naranja, limón, sándalo y mirra son los mejores
- 1 vaso de vino, más otro para beber
- Corteza de limón y naranja
- Canela en rama
- Romero fresco
- Rosas secas
- Zumo de pomelo
- Orégano

Instrucciones:

1. Llene la bañera de agua y ajuste la temperatura a su gusto. Prepare los demás ingredientes mientras espera a que se llene la bañera.
2. Añada todo al agua (excepto el vino que va a beber) y remueva para mezclar. Si utiliza hierbas secas sueltas, póngalas en una bolsita de té reutilizable o en una estopilla para evitar que se obstruya el desagüe.
3. Después de remojarse durante 20 o 25 minutos, realice una buena exfoliación para potenciar aún más la limpieza desde dentro hacia fuera. El masaje potenciará las propiedades depurativas de las flores y los antioxidantes.
4. Una vez haya terminado, séquese al aire o dese suaves golpecitos con una toalla. No olvide hidratarse después del baño para nutrir la piel y sellar todas las energías positivas que ha absorbido del agua.

Un baño espiritual para mejorar el flujo de energía

Este baño espiritual está diseñado para impulsar el flujo de energía a través de todo el sistema de chakras. Le limpiará de energías negativas y restaurará su salud física, mental y espiritual. Se trata de un enfoque combinado de relajación y estimulación de la circulación, que permite un mejor flujo de energía.

Ingredientes:

- Aceites esenciales de manzanilla, enebro, lavanda, ciprés y limón son los mejores
- Sal del mar muerto
- Un gel neutro
- Miel
- Exfoliante

Instrucciones:

1. Llene la bañera y ajuste la temperatura del agua a su gusto. Lo ideal es que la temperatura esté entre los 84,2 y 100,4 grados Fahrenheit.
2. Añada los aceites esenciales a la bañera, seguidos del gel, la miel y la sal marina. Ajuste las cantidades a su gusto.
3. Dedique al menos 20 minutos a remojarse y relajarse. Antes de salir, haga una exfoliación completa, masajeando su cuerpo. Esto es clave para mejorar la circulación sanguínea, linfática y energética.
4. Tras salir del baño, seque su cuerpo al aire. Una vez seco, aplíquese un aceite nutritivo para sellar los efectos limpiadores de las hierbas.

Baño para desbloquear los chakras

Un baño agradable y relajante puede hacer maravillas para eliminar las obstrucciones de los chakras. Se restablece un flujo de energía saludable y el equilibrio en su cuerpo, mente y espíritu. Para obtener los mejores efectos, se recomienda tomar este baño estrictamente con fines de relajación. Tome una ducha rápida de antemano si necesita limpiarse, para que pueda concentrarse en su intención de deshacerse de los bloqueos de los chakras.

Ingredientes:
- Sal marina del Himalaya
- Flores de colores, se pueden utilizar secas o frescas
- Velas
- Aceites esenciales
- Incienso (opcional)
- Material de meditación (sonidos, música, guías, etc. Opcional)

Instrucciones:
1. Despeje la bañera. Necesita una bañera limpia y sin distracciones.
2. Llene la bañera de agua. Ajuste la temperatura del agua a su gusto.
3. Mientras la bañera se llena, establezca una intención. Por ejemplo, puede desear limpiar todos los chakras, o uno, o dos chakras bloqueados que le causen problemas.
4. Encienda las velas. Si lo prefiere, también puede quemar incienso. Prepare el material de meditación, si lo hay.
5. Añada los aceites, la sal y las flores al agua y remueva. Al elegir las flores, utilice el color correspondiente al chakra o chakras.
6. Métase en la bañera y pase de 20 a 30 minutos en remojo. Pase este tiempo en silencio, escuche una meditación guiada o música, o haga cualquier cosa que le ayude a relajarse en la bañera.

Disfrute rejuveneciendo y estimulando su cuerpo, mente y alma eliminando la energía negativa de sus chakras con estos baños espirituales.

Capítulo 9: Purificación y protección con cristales

¿Alguna vez ha sentido como si la energía negativa le agobiara y no pudiera quitársela de encima? O tal vez se haya encontrado en situaciones que le han hecho sentirse vulnerable y desprotegido. Hay varios métodos a considerar para la limpieza y la protección, pero ¿ha considerado alguna vez el poder de los cristales y las piedras? ¿Alguna vez ha sostenido un cristal o una piedra y ha sentido que le invadía una sensación de calma o energía? Tal vez los haya visto en una tienda o en internet y se haya preguntado para qué sirven, más allá de ser un bonito accesorio. Los cristales y las piedras se han utilizado durante siglos por sus propiedades espirituales y curativas, y pueden ser una gran herramienta adicional para sus métodos de limpieza y protección. Cada cristal es portador de una energía única y puede ayudar a alejar la energía negativa, absorberla o transformarla en algo positivo.

Los cristales son herramientas poderosas para limpiar su espíritu[85]

En los últimos años, los cristales y las piedras han ganado popularidad por su capacidad para ayudar en la limpieza y la protección. A medida que la vida se vuelve más acelerada y el entorno más caótico, la gente busca formas de mantener el equilibrio y la armonía. Los cristales pueden ayudar a conseguir este equilibrio. Este capítulo explora el mundo de los cristales y las piedras para la purificación y la protección, desde la amatista hasta la turmalina negra. Cada cristal es portador de una energía única y puede ayudarle en su viaje hacia la paz interior y a protegerse de la energía negativa. Por eso, profundiza en los significados espirituales de cada cristal y en cómo pueden beneficiarle en su vida diaria. Con los cristales adecuados, puede crear un escudo protector a su alrededor o purificar su energía para atraer la positividad y la abundancia.

Cristales para purificación

Los cristales pueden ser increíblemente útiles para la purificación, que implica limpiar la energía negativa y restaurar el equilibrio en su vida. Estos son algunos de los cristales más populares para la purificación y sus significados espirituales:

1. Amatista

La amatista es un hermoso cristal de vibrante color púrpura, conocido por su poderosa energía y su capacidad para promover la paz y la calma. Se ha utilizado durante siglos como herramienta para el crecimiento espiritual, la curación y la purificación. A menudo se utiliza para transformar la energía negativa en positiva, lo que la convierte en una poderosa herramienta de purificación. La amatista se utiliza a menudo para calmar la mente, promover la claridad y ayudar al crecimiento espiritual. Este hermoso cristal se asocia con el chakra de la coronilla, el centro de energía situado en la parte superior de la cabeza. Este chakra se asocia con la conexión espiritual, la iluminación y la integración de la mente y el cuerpo. Una de las formas más comunes de utilizar la amatista es llevarla en forma de joya o de pequeña piedra en el bolsillo. Llevarla consigo le permite beneficiarse de la energía del cristal durante todo el día. Puede colocar la amatista en su casa o en su lugar de trabajo para promover una energía de paz y tranquilidad.

2. Cuarzo transparente

El cuarzo transparente es uno de los cristales más versátiles y populares que existen. Su aspecto claro y translúcido lo hace conocido por amplificar y magnificar la energía, lo que lo convierte en una poderosa herramienta para el crecimiento y la transformación espirituales. El cuarzo transparente se utiliza desde hace mucho tiempo para purificar y limpiar la energía. A menudo se le llama el "maestro sanador" debido a su capacidad para amplificar la energía de otros cristales, eliminar la energía negativa y promover la positividad. El cuarzo transparente se asocia con el chakra de la coronilla, que potencia la conexión espiritual, la iluminación y la conciencia superior. Puede ayudar a equilibrar y armonizar los chakras, favoreciendo el equilibrio y el bienestar general. El cuarzo transparente puede utilizarse de muchas maneras para promover el crecimiento espiritual y la purificación. Una forma común es colocar el cuarzo en una habitación para promover la claridad y la positividad. Puede utilizarse en meditación para mejorar la intuición y promover la paz interior. El cuarzo transparente se utiliza en prácticas de sanación energética, como el reiki, para ayudar a equilibrar y armonizar los chakras y promover el bienestar general.

3. Cuarzo rosa

El cuarzo rosa es un cristal hermoso y suave conocido por su capacidad para promover el amor, la compasión y la curación emocional. Su suave color rosado se asocia con el chakra del corazón, el centro de energía situado en el pecho. Este chakra se asocia con el equilibrio emocional, el amor y la conexión. El propósito del cuarzo rosa es promover la curación emocional, fomentar el amor propio y la compasión. Puede ayudar a liberar emociones negativas y sustituirlas por amor y positividad. Se cree que el cuarzo rosa tiene un efecto calmante sobre la mente y el cuerpo, reduciendo el estrés y fomentando la paz interior. Una de las formas más comunes de utilizar el cuarzo rosa es colocarlo cerca de la cama o bajo la almohada para favorecer un sueño tranquilo y reparador. A menudo se utiliza en meditación para promover la curación emocional y el amor propio. Sostener un trozo de cuarzo rosa en la mano durante la meditación puede ayudar a conectar con su energía y fomentar el amor y la compasión.

4. Selenita

La selenita es un cristal verdaderamente único que se distingue de otros cristales purificadores por sus propiedades distintivas. Una de las propiedades más notables de la selenita es su capacidad para limpiar y purificar no solo otros cristales, sino también espacios y entornos. Se cree que la selenita tiene el poder de eliminar la energía negativa, los bloqueos y la energía estancada del aura y del entorno, dejando ligereza y claridad. A diferencia de otros cristales, la selenita no necesita limpiarse ni cargarse.

Es conocida por sus propiedades de autolimpieza y se cree que purifica y recarga otros cristales cercanos. Puede ayudar a despejar la niebla mental y promover la claridad mental, por lo que es una excelente opción para aquellos que buscan una mayor concentración y perspicacia. La selenita es un cristal de alta vibración que puede ayudar a conectar con reinos superiores de conciencia y crecimiento espiritual. Se asocia con el chakra de la coronilla y favorece el despertar espiritual y la meditación profunda. La selenita ayuda a potenciar las capacidades psíquicas y la intuición, por lo que es una elección popular entre los interesados en el desarrollo espiritual y la adivinación.

5. Cornalina

La cornalina es un hermoso cristal apreciado desde hace siglos por sus propiedades únicas. Se cree que tiene poderosas propiedades de limpieza, en particular con el chakra sacro. Este centro de energía está situado justo debajo del ombligo y se asocia con la creatividad, la pasión y el placer. Además de su capacidad para purificar y limpiar el chakra sacro, la cornalina se asocia con otras propiedades. Fomenta la vitalidad, el valor y la motivación, lo que la convierte en una excelente elección para quienes buscan pasar a la acción y hacer cambios positivos en la vida. Una de las particularidades de la cornalina es su capacidad para eliminar los bloqueos creativos y fomentar la inspiración y la pasión. Ayuda a abrir el flujo de energía creativa, permitiendo una mayor expresión y una conexión más profunda con el yo creativo. La cornalina puede utilizarse de muchas maneras para promover la purificación y la limpieza. Algunas personas llevan la cornalina como joya, en forma de collar o pulsera, para mantenerla cerca y potenciar sus propiedades únicas a lo largo del día. Otros colocan la cornalina en un cuenco de agua para crear un elixir que se ingiere por sus propiedades únicas.

6. Celestita

La celestita es un impresionante cristal venerado desde hace mucho tiempo por sus propiedades únicas. Se cree que tiene poderosas habilidades de limpieza, en particular para el chakra de la garganta. Este centro de energía se asocia con la comunicación y la autoexpresión, y la celestita puede ayudar a eliminar obstrucciones y promover una comunicación clara. Además de sus propiedades limpiadoras, la celestita favorece la calma y la tranquilidad. Se asocia con los chakras superiores, en particular con el tercer ojo y el chakra de la coronilla, relacionados con la intuición y la conexión espiritual. Mucha gente utiliza la celestita en meditación o prácticas espirituales para promover la armonía interior y la conexión con lo divino. Ayuda a eliminar la energía negativa y a promover el bienestar, por lo que es una excelente elección para quienes buscan promover la purificación y limpieza general. Puede utilizarla en una rejilla de cristales o colocarla en su chakra durante la meditación para potenciar sus propiedades únicas en todo el cuerpo.

Combinaciones de cristales

Hay varias combinaciones que funcionan especialmente bien cuando se utilizan cristales con fines de purificación y limpieza. Estas combinaciones suelen elegirse en función de las propiedades específicas del cristal y de cómo se complementan y potencian entre sí. Algunos ejemplos son:

- **Amatista y cuarzo transparente:** La amatista favorece el crecimiento espiritual y elimina la energía negativa. El cuarzo claro amplifica la energía de los otros cristales y favorece la claridad y la concentración. Juntos, estos dos cristales pueden ayudar a eliminar la energía negativa y promover la paz interior y la claridad.

- **Cornalina y citrino:** La cornalina se asocia con la creatividad y la vitalidad, mientras que el citrino transforma la energía negativa en positividad y abundancia. Juntos, estos dos cristales pueden ayudar a eliminar la energía negativa y fomentar la creatividad y la abundancia.

- **Selenita y cuarzo rosa:** La selenita se asocia con la limpieza y la claridad, mientras que el cuarzo rosa promueve el amor y la compasión. Juntos, estos dos cristales pueden ayudar a eliminar la energía negativa y fomentar el equilibrio emocional y el bienestar.

- **Citrino y pirita:** El citrino es conocido por atraer la abundancia y fomentar la positividad, mientras que la pirita potencia la manifestación y promueve el éxito. Juntos, estos dos cristales pueden ayudarle a amplificar su energía de manifestación y a hacer realidad sus objetivos y deseos.

- **Cuarzo y selenita:** El cuarzo claro amplifica la energía y promueve la claridad, mientras que la selenita limpia y purifica la energía. Cuando se combinan, estos cristales ayudan a limpiar y purificar su campo de energía, dejándole una sensación de frescura y revitalización.

Cristales para la protección

Utilizar cristales para protegerse presenta una amplia gama de opciones. Cada cristal posee una energía distintiva y propiedades únicas, que ayudan a crear un escudo protector alrededor del portador. Algunos cristales son excelentes para proteger contra la energía negativa, mientras que otros ofrecen protección física contra el daño.

1. Turmalina negra

La turmalina negra es un poderoso cristal con propiedades que la convierten en una excelente elección para la protección. Repele la energía negativa y proporciona conexión a tierra y estabilidad a quien la lleva. Este cristal es conocido por su protección contra ataques psíquicos, entidades negativas y otras energías dañinas del entorno. Incorporar la turmalina negra a su vida para protegerse puede hacerse de varias maneras. Una de ellas es llevarla como joya, en forma de colgante, pulsera o pendientes, lo que le permitirá llevar sus propiedades protectoras dondequiera que vaya. Puede colocar turmalina negra alrededor de su casa o lugar de trabajo para crear una barrera protectora contra la energía negativa.

Cuando se utiliza la turmalina negra como protección, es importante mantenerla limpia y cargada. Colocarla a la luz del sol, o de la luna, o limpiarla con salvia, u otras hierbas limpiadoras ayuda a eliminar la energía negativa absorbida y a restaurar sus propiedades protectoras. La turmalina negra es especialmente eficaz cuando se utiliza en combinación con otros cristales protectores. Por ejemplo, combinándola con cuarzo ahumado puede crear un poderoso escudo contra la energía negativa. Se puede utilizar con cuarzo transparente para amplificar sus propiedades protectoras y crear una barrera protectora aún más fuerte.

2. Citrino

El citrino es un cristal cálido y vibrante que se asocia a menudo con la prosperidad y la abundancia. Sin embargo, tiene potentes propiedades protectoras, por lo que es una excelente adición a su caja de herramientas de protección. Este cristal es conocido por transmutar la energía negativa en positiva, ayudando a crear un escudo de positividad alrededor de quien lo lleva. Una de las propiedades únicas del citrino es que favorece la claridad mental y la concentración. Resulta especialmente útil en situaciones estresantes o difíciles, ya que calma la mente y reduce la ansiedad o el agobio.

Incorporar el citrino a su vida como protección puede hacerse de varias maneras. Una de las formas más eficaces es llevarlo con usted como talismán o amuleto. Le permitirá acceder siempre a su energía protectora, esté donde esté. El citrino puede colocarse alrededor de la casa o el lugar de trabajo para crear una barrera protectora contra la energía negativa. Cuando se utiliza el citrino como protección, es esencial mantenerlo limpio y cargado. Colóquelo a la luz del sol o de la luna, o úntelo con salvia u otras hierbas limpiadoras. El citrino puede utilizarse con otros cristales protectores para aumentar su eficacia.

3. Jade negro

El jade negro es un poderoso cristal conocido por protegerle de las personas negativas y de las energías que manifiestan. Este cristal le permite acceder a su intuición y protegerse de las energías y situaciones negativas. A la gente a menudo le resulta difícil localizar la fuente de la negatividad, el jade negro es eficaz para este propósito. Puede ayudarle a encontrar la raíz de la negatividad y protegerle a usted y a sus seres queridos. El cristal de jade negro refuerza la conexión con la intuición y aumenta la conciencia. Este cristal puede ayudarle a tomar decisiones para su mayor bienestar y a navegar por la vida con confianza y claridad. Llévelo consigo para aprovechar al máximo la energía del jade negro y proteger su energía de la negatividad. Resulta especialmente útil cuando viaja o se embarca en nuevas aventuras, ya que las distintas energías con las que se encuentra pueden ser desconocidas y potencialmente desafiantes. Para utilizar este cristal en un ritual de protección, colóquelo en la mano y establezca su intención. Guárdelo en el bolsillo o llévelo como collar cuando haya fijado la intención. Ya sea que lo lleve como joya o en el bolsillo, el jade negro le recordará su fuerza interior y su resistencia, y le ayudará a afrontar los retos de la vida con gracia y valentía.

4. Hematita

La hematita es un cristal protector con una energía de conexión a tierra única que ayuda a proteger a su portador de las influencias negativas. Este mineral es conocido por su brillo metálico y su profundo color negro, que le confieren una presencia fuerte y poderosa. El propósito de la hematita como cristal protector es crear una barrera entre el portador y las energías negativas externas e internas. Ayuda a mantener los pies en la tierra y el centro, algo esencial para mantener un aura fuerte y protectora. La hematita se ha utilizado durante siglos por sus propiedades protectoras y de conexión a tierra, lo que la convierte en una elección popular para las prácticas espirituales y curativas. Incorporarla a la vida diaria puede ser tan sencillo como llevarla en el bolsillo o como joya. Meditar con hematita es una forma poderosa de conectar con su energía y fortalecer el aura.

5. Labradorita

La labradorita es un cristal místico y protector con un fascinante juego de colores iridiscentes que atrapan la luz y brillan como por arte de magia. Su energía única es conocida por alejar la energía negativa y proteger a su portador de cualquier daño. El propósito de la labradorita como cristal protector es ayudar a proteger a su portador de las energías no deseadas que intentan penetrar en su aura. Sus cautivadores colores calman la mente, facilitando el mantenimiento de una mentalidad positiva y protectora. La labradorita potencia la intuición y las capacidades psíquicas, lo que la convierte en una elección popular para las prácticas espirituales.

Incorporar la labradorita a su vida diaria puede ser tan sencillo como llevarla consigo como talismán protector o lucirla como joya. Su energía se potencia sosteniéndola durante la meditación o colocándola sobre el chakra del tercer ojo durante una sesión de sanación. Una de las propiedades únicas de la labradorita es su capacidad para proteger y equilibrar el aura, lo que resulta especialmente beneficioso para los empáticos o las personas sensibles que se dejan influir fácilmente por las energías de los demás. Puede utilizarse con otros cristales protectores para crear un poderoso escudo energético.

6. Ojo de gato

El ojo de gato es un fascinante cristal protector muy apreciado por su capacidad única para alejar el mal y los peligros invisibles. Su nombre se debe a la banda de luz que atraviesa el centro de la piedra y que se asemeja al ojo de un gato. El propósito del ojo de gato como cristal protector es proporcionar seguridad a su portador, especialmente en momentos de incertidumbre o cambio. Su energía ayuda a liberar el miedo y la ansiedad, lo que permite tener más valor y fuerza en situaciones difíciles. Es una poderosa herramienta para disipar la energía negativa y proteger contra los ataques psíquicos.

Incorporar el ojo de gato a su vida para protegerse puede ser tan sencillo como llevarlo en el bolsillo o lucirlo como joya. Como todos los cristales, es importante limpiar y cargar el ojo de gato con regularidad para mantener sus propiedades protectoras, difuminándolo con salvia, colocándolo a la luz de la luna llena o utilizando otros métodos de limpieza preferidos.

7. Shungita

La shungita es un cristal poderoso y único al que se atribuyen propiedades protectoras excepcionales. Esta piedra oscura, casi negra, está compuesta por moléculas de carbono llamadas fullerenos, conocidas por su capacidad para neutralizar sustancias nocivas y radiaciones electromagnéticas. Como resultado, la piedra de shungita crea un escudo protector contra la energía negativa emitida por la tecnología y los dispositivos modernos. Además de sus cualidades protectoras, la shungita tiene un efecto estabilizador y de conexión a tierra. Ayuda al equilibrio emocional y favorece la calma y la relajación, lo que la convierte en una elección popular para la protección contra el estrés y la ansiedad y las prácticas espirituales que requieren una mente clara y centrada.

La piedra de shungita se puede utilizar de varias formas como protección. A menudo se lleva en forma de joyas, como colgantes o pulseras, o se coloca en el entorno en forma de pirámides o esferas. Se utiliza para crear agua de shungita, a la que se atribuyen poderosas propiedades curativas y protectoras.

Combinaciones de cristales

Elegir piedras que complementen sus propiedades y energías es esencial a la hora de combinar cristales. He aquí algunas combinaciones de cristales que funcionan bien juntas para la protección:

- **Turmalina negra y cuarzo transparente**: La turmalina negra es una piedra excelente para la protección contra la energía negativa, mientras que el cuarzo claro ayuda a amplificar su energía y potencia sus cualidades protectoras.

- **Hematita y jaspe rojo:** La hematita proporciona conexión a tierra y protección, mientras que el jaspe rojo potencia el valor y la fuerza, lo que la convierte en una poderosa combinación para la protección contra el daño físico.

- **Shungita y pirita**: La piedra de shungita es conocida por neutralizar la energía negativa, mientras que la pirita es una piedra protectora que aleja la negatividad y el peligro.

- **Citrino y ojo de tigre:** El citrino absorbe la energía negativa y la transforma en positiva, mientras que el ojo de tigre fomenta el valor, la fuerza y la protección.

Mientras explora el mundo de los cristales para la purificación y la protección, recuerde que son herramientas para apoyar sus intenciones y su trabajo interior. Los cristales pueden ayudar a crear un entorno armonioso y protegerle de las energías negativas, pero no son un sustituto de la responsabilidad personal y el autoconocimiento. Tómese su tiempo para conectar con cada cristal, conocer sus propiedades únicas y encontrar los que más resuenen con usted. Experimente con distintas combinaciones de cristales, medite con ellos e incorpórelos a su rutina diaria. Recuerde, los cristales son poderosos aliados y, con un poco de intención, pueden ayudarle a crear una vida más equilibrada, pacífica y protegida.

En este capítulo solo se han mencionado algunos cristales para la purificación y la protección. Investigue en internet o infórmese en sus tiendas locales y descubra la gran disponibilidad de cristales.

Capítulo 10: Limpieza y protección de sus seres queridos

En su viaje por la vida, encontrará muchos obstáculos y desafíos que le harán sentirse espiritualmente agotado y vulnerable. Afortunadamente, tiene a su disposición varias herramientas y técnicas que le ayudarán a limpiarse y protegerse de la energía negativa. Pero, ¿qué ocurre con las personas que le importan? Sus seres queridos son tan susceptibles como usted a la energía negativa y a los ataques espirituales. En un mundo a menudo caótico e impredecible, es natural querer proteger a sus seres queridos del daño y de la energía negativa. Este capítulo explora formas de extender la protección que ha aprendido hasta su familia y amigos para que puedan sentirse espiritualmente seguros y protegidos.

Puede aplicar los métodos de los capítulos anteriores para proteger a los demás de las energías negativas, solo tiene que modificar las técnicas para adaptarlas, ya sea un baño para sus mascotas o niños o una sesión de meditación para ayudarles a encontrar paz y seguridad. Las técnicas de este capítulo tienen sus raíces en la sabiduría ancestral y han sido utilizadas por culturas de todo el mundo durante siglos. Incorporándolas a su vida diaria, cultivará la paz y la seguridad para usted y sus seres queridos, independientemente de los retos que surjan. Estos métodos proporcionan formas únicas y poderosas de mantener a sus seres queridos seguros y espiritualmente sanos, incluso cuando usted no está físicamente con ellos.

Meditación

La meditación es una forma poderosa de conectar con lo divino y liberar la energía negativa. Con unas pocas modificaciones, puede utilizar esta técnica para proporcionar protección espiritual y limpieza a sus seres queridos. Esta meditación ayuda a crear un campo de energía protector alrededor de sus seres queridos y promueve la paz y la positividad.

- Busque un lugar tranquilo y cómodo donde no le molesten. Puede sentarse o recostarse, lo que le resulte más cómodo. Siga estos pasos:
- Cierre los ojos y respire profundamente unas cuantas veces para relajar la mente y el cuerpo. Visualice a su ser querido frente a usted, rodeado de una hermosa luz blanca. Esta luz representa su pureza espiritual y su protección.
- Mientras visualiza la luz rodeando a su ser querido, imagine que la energía o las emociones negativas abandonan su cuerpo y son absorbidas por la luz. Observe cómo la luz se hace más fuerte y brillante con cada respiración, limpiando y protegiendo a su ser querido.
- A continuación, tómese un momento para concentrarse en afirmaciones positivas. Repita las siguientes frases en silencio o en voz alta, lo que le resulte más cómodo:
    - *"Mi ser querido está seguro y protegido en todo momento"*
    - *"La energía negativa no tiene poder sobre mi ser querido"*
    - *"Mi ser querido está rodeado de amor y positividad"*
    - *"Mi ser querido está lleno de luz y positividad"*
    - *"Irradio energía positiva y amor a mi ser querido, fortaleciendo su aura y protegiéndolo de la negatividad"*
- Respire profundamente unas cuantas veces y continúe visualizando la crisálida protectora de luz que rodea a su ser querido. Envíele energía positiva y amor, y sepa que está protegido y seguro.
- Cuando esté listo para terminar la meditación, respire profundamente unas cuantas veces y vuelva lentamente al momento presente. Tómese un momento para conectarse a tierra y liberar la energía negativa restante.

- Con esta técnica de meditación, proporciona protección espiritual y limpieza a sus seres queridos. Es una forma sencilla pero poderosa de promover la paz, la positividad y la seguridad.

Ritual de las velas

Los rituales con velas se han utilizado durante siglos para promover la limpieza espiritual y la protección. Lo mejor es que pueden realizarse en persona o a distancia, lo que los hace versátiles para fomentar la energía positiva y alejar la negatividad de sus seres queridos. Elija una vela blanca o negra para la limpieza y la protección. El blanco representa la pureza y la energía positiva, mientras que el negro representa la conexión a tierra y la protección. Puede utilizar velas de distintos colores en función de la intención del ritual. Siga estos pasos:

- Si realiza el ritual en persona, busque un lugar tranquilo y cómodo donde no le molesten. Siéntese o póngase de pie frente a su ser querido, sosteniendo la vela en la mano. Encienda la vela y visualice a su ser querido si está realizando el ritual a distancia.
- Encienda la vela e imagine que la llama representa el poder de la limpieza y la protección espirituales. Acerque la vela a su ser querido e imagine que la luz y la energía de la llama fluyen por su cuerpo y limpian la energía negativa.
- Si realiza el ritual desde lejos, imagine que la luz y la energía de la vela llegan a su ser querido y limpian la energía negativa.
- A continuación, puede incorporar afirmaciones positivas para reforzar la energía protectora del ritual. Repita las siguientes frases en silencio o en voz alta:
    - *"Invoco el poder de esta vela para limpiar y proteger la energía de mi ser querido".*
    - *"Mi ser querido está rodeado por un escudo de energía positiva que lo protege de las influencias negativas".*
    - *"Toda la energía negativa es liberada del cuerpo y la mente de mi ser querido y reemplazada por energía positiva".*
    - *"Envío amor y positividad a mi ser querido, promoviendo un campo de energía saludable y vibrante".*

Deje que la vela arda todo el tiempo que desee, centrándose en el intercambio de energía positiva entre usted y su ser querido. Cuando esté listo para terminar el ritual, respire profundamente unas cuantas veces y libere lentamente la energía negativa restante.

Al utilizar velas para limpiar y proteger, fomenta el bienestar espiritual y proporciona protección continua a sus seres queridos.

Protección de los cristales

Los cristales pueden proteger de muchas maneras, como creando una barrera protectora alrededor de sus seres queridos, mejorando su campo de energía personal y promoviendo la seguridad y la protección. Como ya hemos dicho, algunos de los mejores cristales para la protección son la turmalina negra, la amatista y el cuarzo transparente. Siga estos pasos para utilizar cristales para proteger a sus seres queridos:

- Elija un cristal que resuene con la energía y la intención de su ser querido. Dependiendo de lo que le apetezca, puede utilizar uno o varios cristales.
- Sostenga el cristal en la mano y establezca su intención de protección. Visualice un escudo protector alrededor de su ser querido o de su espacio.
- Coloque el cristal en un lugar donde su ser querido pase la mayor parte del tiempo, como su dormitorio, sala de estar u oficina.
- Recuérdele que conecte con la energía y la intención del cristal siempre que necesite protección.

Además de proteger y limpiar, los cristales pueden ayudar a sus seres queridos de muchas otras maneras. He aquí algunas ideas:

- **Meditación:** Anime a su ser querido a sostener un cristal mientras medita para mejorar la conexión con su yo interior.
- **Joyería:** Regalar a su ser querido un collar, una pulsera o unos pendientes de cristal puede aportarle la energía del cristal durante todo el día.
- **Rejillas:** Puede crear una rejilla de cristales colocando varios cristales en un patrón específico para manifestar una intención concreta, como la curación, la abundancia o el amor.
- **El baño:** Añada cristales al baño de su ser querido para favorecer la relajación y la limpieza.

Sahumerio

El sahumerio es una forma poderosa de proteger y limpiar la energía de sus seres queridos, pero puede hacerlo aún más personalizado, creando un sahumerio especial para ellos. Siga estos pasos:

- Reúna una variedad de hierbas y flores que resuenen con la energía y las intenciones de su ser querido. Puede incluir salvia, romero, lavanda, pétalos de rosa u otras hierbas o flores que tengan un significado especial para ellos. Necesitará cuerda o cordel natural para atar el manojo.

- A continuación, tómese un momento para establecer su intención para el paquete de sahumerios. Visualice a su ser querido e imagínelo rodeado de un escudo protector de energía positiva. Puede incluir afirmaciones positivas, como *"que este sahumerio proteja y limpie la energía de mi ser querido"*.

- Una vez que haya establecido su intención, arme el manojo para sahumar. Tome cada hierba o flor y colóquela en un montón, manteniendo en su mente la intención para su ser querido. Cuando tenga todas las hierbas y flores juntas, envuélvalas en hilo natural o cordel, atándolas firmemente para crear un manojo compacto.

- Para utilizar el sahumerio, encienda un extremo y déjelo arder. Puede utilizar un cuenco o una concha resistente al calor para recoger las cenizas. Mueva el fajo alrededor del cuerpo de su ser querido, avivando el humo con la mano o con una pluma.

- Cuando haya terminado, apague el sahumerio presionándolo contra el cuenco o la concha refractaria.

Baños espirituales

Los baños espirituales son una forma poderosa de proteger y limpiar la energía de sus seres queridos, pero es importante elegir ingredientes seguros para la piel sensible. Antes de utilizar nuevos ingredientes, siempre es mejor hacer una prueba en una pequeña zona de la piel para asegurarse de que no se producen reacciones adversas.

- Llene una bañera o un recipiente grande con agua tibia y añada hierbas como lavanda, manzanilla o caléndula para un baño calmante y relajante, o romero y menta para un baño energizante y estimulante. Puede añadir sales de Epsom o bicarbonato de sodio para una limpieza extra.

- Para las mascotas, es importante elegir ingredientes seguros para su piel y pelaje. Evite utilizar aceites esenciales o ingredientes tóxicos para las mascotas, como el aceite de árbol de té. Elija ingredientes seguros y suaves, como la avena, el aloe vera o la manzanilla.

- En el caso de los niños, es esencial elegir ingredientes seguros para su delicada piel. Evite utilizar ingredientes como aceites esenciales fuertes que puedan causar irritación o reacciones alérgicas. Utilice ingredientes suaves y nutritivos como la avena, el aceite de coco o la lavanda.

- Una vez que haya añadido los ingredientes, invite a su mascota o a su hijo a entrar en la bañera. Mientras se sumergen en el agua, haga afirmaciones positivas que les ayuden a sentirse protegidos y limpios. Por ejemplo, puede decir: *"Que este baño proteja y limpie su energía, llenándole de paz y amor".*

- Después del baño, seque suavemente a su mascota o a su hijo con una toalla suave y ofrézcale un abrazo reconfortante. Puede manchar la habitación con salvia o palo santo para ayudar a eliminar la energía negativa persistente.

Tarro de protección

Los tarros de protección son una forma sencilla y eficaz de ofrecer a sus seres queridos protección continua y energía positiva. He aquí cómo hacer uno:

Materiales:

- Tarro de cristal pequeño con tapa
- Sal o arena
- Hierbas y cristales para protección (sugerencias: turmalina negra, romero, salvia, hojas de laurel, canela, clavo o lavanda)
- Papel y bolígrafo
- Opcional: Cinta o cordel para decorar

Instrucciones:

1. Establezca su intención para el tarro de protección. Por ejemplo: *"Que este tarro de protección ofrezca protección continua y energía positiva a mis seres queridos, protegiéndolos del daño y la negatividad".*
2. Llene el fondo del tarro con una capa de sal o arena. Así creará una base sobre la que se asentarán sus hierbas y cristales.
3. A continuación, añada las hierbas y los cristales. Elija elementos que resuenen con la intención de protección, como la turmalina negra para la conexión a tierra y la protección o el romero para la claridad y la protección.
4. Escriba su intención en un pequeño trozo de papel y dóblelo, colocándolo dentro del frasco encima de las hierbas y los cristales.
5. Cierre bien el tarro y decórelo con una cinta o cordel, si lo desea.
6. Coloque el tarro en un lugar seguro y visible, como en una estantería o en un rincón de la habitación de su ser querido. Puede llevarlo consigo para mayor protección.

Siempre que sus seres queridos necesiten protección adicional o energía positiva, puede sostener el tarro y visualizar la energía protectora que los rodea. Puede añadir o quitar hierbas y cristales para ajustar la energía del tarro.

Sanación con sal

La sal se utiliza desde hace mucho tiempo para la protección espiritual, para crear un escudo energético que repela las influencias negativas y para fomentar la seguridad y el bienestar. Puede utilizar la sal marina especial de varias formas u otras sales para proteger a sus seres queridos:

Materiales:

- Sal marina o de roca
- Bolsa pequeña de tela o tejido
- Cuerda o cinta

Instrucciones:

1. Establezca su intención para la protección con sal.
2. Coloque una pequeña cantidad de sal marina o sal de roca en una bolsa de tela o tejido.

3. Ate la bolsa para cerrarla con un trozo de cuerda o cinta, creando una pequeña bolsita.
4. Sujete la bolsita de sal entre las manos, concentrándose en su intención de protección.
5. Visualice un escudo de luz blanca que rodea a sus seres queridos, repeliendo la energía o las influencias negativas.
6. Coloque el saquito de sal en un lugar seguro, como una estantería o debajo de la cama.
7. Sostenga el saquito de sal en las manos cada vez que necesite renovar la protección y repita el proceso de visualización y establecimiento de intenciones.

Protección salina

La protección con sal puede ser una forma sencilla pero poderosa de crear un escudo energético alrededor de sus seres queridos, fomentando la seguridad y el bienestar. Renovar regularmente la protección ayuda a mantener su energía limpia y protegida. Otra forma de utilizar la protección salina puede incluir:

Materiales:
- Sal marina o sal de roca
- Hierbas protectoras de su elección (por ejemplo, romero, salvia, lavanda)
- Cuenco o plato pequeño
- La foto de su ser querido

Instrucciones:
1. Elija un espacio en el que vaya a crear el círculo de protección de sal. Puede ser el dormitorio de su ser querido, la sala de estar u otro lugar donde pase mucho tiempo.
2. Espolvoree una fina capa de sal alrededor del perímetro de la habitación para crear un círculo. Mientras lo hace, visualice una luz brillante y protectora que rodea la habitación y a su ser querido.
3. Espolvoree las hierbas protectoras en el cuenco o plato y coloque la foto de su ser querido en el centro.
4. Coloque el cuenco o plato en el centro del círculo de sal.

5. Cierre los ojos y visualice una energía fuerte y protectora que emana del cuenco o plato, envolviendo a su ser querido en una burbuja protectora.
6. Cuando esté preparado, abra los ojos y diga una afirmación positiva.
7. Deje el círculo de protección de sal en su lugar durante el tiempo que sea necesario. Puede renovar la sal y las hierbas cuando sea necesario.

Talismán de protección

Un talismán de protección es un regalo estupendo para alguien que necesita sentirse seguro y protegido. Puede crear un talismán utilizando cristales u otros objetos asociados a la protección, como turmalina negra, ónice o hematita.

Materiales:
- Un cristal o piedra asociada a la protección
- Cuerda o alambre
- Pequeña bolsa de tela
- Opcional: Hierbas o símbolos protectores adicionales

Instrucciones:
1. Elija un cristal o piedra que resuene con la protección, como la turmalina negra, el ónice o la hematita.
2. Ensarte el cristal en un trozo de cuerda o alambre, dejando espacio suficiente en los extremos para atar el talismán formando un lazo.
3. Si lo desea, puede añadir otras hierbas o símbolos protectores al talismán. Por ejemplo, puede incluir salvia seca, romero o un símbolo protector como un pentagrama.
4. Ate los extremos de la cuerda o alambre para crear un lazo.
5. Coloque el talismán en una bolsita o saquito de tela y entrégueselo a su ser querido.

Tanto si realiza un baño espiritual como si crea un tarro de protección, la intención que subyace a sus acciones las hace verdaderamente poderosas. Establecer sus intenciones y trabajar con las herramientas adecuadas crea seguridad y bienestar para los que más importan. Por supuesto, tener cuidado y tomar medidas de seguridad es esencial cuando se trabaja con ingredientes potencialmente peligrosos como el fuego y las hierbas. Pero con una cuidadosa investigación y atención, puede crear una forma hermosa y eficaz de proteger y limpiar a sus seres queridos.

Glosario de hierbas útiles

Albahaca

La albahaca es una de las hierbas más versátiles para la limpieza y la protección. Durante mucho tiempo se ha utilizado por sus conexiones espirituales, ya que muchas culturas, como la hindú, creen que aleja las malas energías y atrae la buena fortuna. Más allá de estas creencias, la albahaca es apreciada por sus propiedades medicinales. Ayuda a calmar inflamaciones, refuerza el sistema inmunológico y mejora la digestión. Además de sus poderes curativos físicos, mucha gente utiliza la albahaca en rituales antes de acostarse o durante reuniones para evocar paz, amor y alegría entre los presentes. Las posibilidades de utilizar la albahaca para mejorar la salud física y mental son infinitas. Añada aceites esenciales de albahaca a un baño caliente o cree un potente espray limpiador para rociar su espacio sagrado. Además, la albahaca es segura para niños y mascotas, lo que significa que es una gran adición a muchos hogares. En cuanto al sabor, la albahaca es una de las hierbas más populares, ya que añade un delicioso toque de sabor a cualquier plato.

Aloe vera

El aloe vera es una planta y una hierba curativa increíblemente versátil, con aplicaciones que van desde el cuidado de la piel y la cosmética hasta las prácticas espirituales. Puede utilizarse externamente para aliviar las quemaduras solares y mantener la piel hidratada, añadirse al agua del baño o hervirse en infusión. Incluso es lo bastante seguro para niños y mascotas, lo que lo convierte en un gran escudo protector natural contra los factores ambientales y las toxinas. El aloe vera aporta una capa extra de limpieza energética a toda la casa cuando se quema en el sitio, como en un ritual de purificación. También puede colocar una maceta de aloe vera a uno o ambos lados de la puerta de entrada para proteger su hogar. Su sabor también añade algo único a los condimentos de las comidas, incorpórelo a sus platos para experimentar una sensación de sabor.

Salvia

La salvia se ha considerado durante mucho tiempo una hierba sagrada y curativa, dotada de propiedades protectoras y purificadoras. Prácticamente, la salvia es una planta táctil. Puede quemarse o utilizarse en té de hierbas e infusiones, añadirse a los baños para una limpieza adicional o utilizarse como condimento. Es muy popular en los hogares. Se pueden tener pequeñas plantas de salvia por toda la casa para fomentar la felicidad, mantener alejadas las energías malignas y limpiar las vibraciones negativas. Además, para proteger a sus hijos y mascotas de las influencias negativas en el hogar (como algunos creen), coloque algunas plantas de salvia en macetas por toda la casa. Estas plantas no son tóxicas, lo que las convierte en una opción ideal para la protección del hogar. Por último, pero no por ello menos importante, la salvia sigue siendo una de las mejores opciones para prácticas espirituales, como los rituales de purificación, debido a sus supuestos poderes para liberar "energía positiva."

Menta

La menta es una de las hierbas y plantas curativas más versátiles. Se puede quemar, remojar en té o como condimento para comidas y bebidas, pero lo más importante es que tiene significados espirituales, lo que la convierte en una gran adición a los rituales de limpieza y protección. Muchos creen que tener menta en casa trae buena suerte. Se dice que añadir unas hojas de menta a una olla con agua y dejar que el aroma impregne el espacio aleja las malas vibraciones. Incluir hojas de menta machacadas en el baño ayuda a aliviar la relajación y el dolor muscular. El aceite esencial de menta puede aplicarse tópica o aromáticamente. Si lo suyo es preparar un té con menta fresca (valga el juego de palabras), le aportará importantes nutrientes y un significado espiritual. Por último, si tiene mascotas o niños pequeños, vigile las interacciones con las plantas de menta fresca, ya que es más probable que provoquen reacciones que las variedades secas. No importa cómo incorpore la menta a su vida por sus beneficios energéticos o físicos, puede disfrutar de sus efectos energizantes en cualquier época del año.

Vetiver

El vetiver, o *Chrysopogon zizanioides*, es una increíble hierba curativa con numerosos beneficios si se utiliza correctamente. Esta hierba aromática es originaria de la India y el sudeste asiático, y se valora desde hace mucho tiempo por sus numerosos beneficios espirituales, físicos y mentales. Como herramienta de limpieza, puede quemarse para obtener energía positiva y claridad. Se puede preparar en infusión para ayudar a la relajación y es una excelente opción para realizar hechizos y baños rituales. Supongamos que desea mantener su hogar a salvo de perturbaciones energéticas. En ese caso, añadir vetiver en una maceta o directamente en la tierra de cada rincón de su casa puede crear una protección profunda. Es importante utilizar el vetiver con niños o mascotas, teniendo especial cuidado y diluyendo el producto, ya que su aroma es fuerte, pero, por lo demás, es perfectamente seguro para todas las edades. Además, a muchos cocineros les gusta añadir raíz de vetiver molida como condimento por su sabor herbal único.

Lavanda

Desde la antigüedad, la hierba lavanda ha sido apreciada como una planta mágica que enriquece la vida de muchas maneras. Es conocida por su maravilloso aroma y sus propiedades curativas, por lo que resulta imposible ignorar los puntos fuertes de la lavanda. En la práctica, se puede utilizar para todo, desde la creación de aceites calmantes y limpiadores para la claridad mental hasta el uso popular de moda de las flores secas de lavanda en bolsitas. Se cree que ayuda en hechizos de protección y purificación y que puede traer buena suerte cuando se añade a amuletos o se lleva en forma de cristales. Además, en pequeñas dosis o concentraciones, la lavanda se considera segura para niños y mascotas. Tanto si añade aire fresco a su hogar con aceites esenciales de lavanda como si coloca suavemente bolsitas en su oficina o casa, aproveche el poder purificador de las propiedades medicinales y espirituales de esta planta única.

Jazmín

El jazmín es una hierba mágica y curativa con orígenes en la historia antigua. Desde el momento en que se percibe su inconfundible fragancia, puede desatar toda una serie de vibraciones positivas. Al jazmín se le atribuyen varios significados espirituales. Entre ellos están la protección contra la energía negativa, la mejora de la claridad mental y la amplificación del amor y la devoción. El jazmín tiene numerosos usos prácticos en limpieza y protección:

- Puede quemar esencia de jazmín seca en su casa para limpiar el aire y atraer energía positiva.
- Mézclelo con lavanda para obtener la máxima serenidad.
- Aplique unas gotas sobre la almohada o las mantas para un sueño reparador.
- Prepare una infusión de hojas y bébala para purificar su cuerpo.
- Colóquese la flor alrededor del cuello para beneficiarse de sus propiedades medicinales.

Además, el jazmín es generalmente seguro para los niños y los animales domésticos cuando se utiliza correctamente.

Tomillo

El tomillo es una hierba curativa y protectora que existe desde hace siglos. Los griegos de la antigüedad lo utilizaban con fines medicinales. Tiene una larga historia en prácticas espirituales asociadas a rituales de limpieza, suerte y seguridad. A pesar de sus usos tradicionales, el tomillo sigue siendo popular en la vida moderna; se puede quemar para limpiar un espacio o hacer té. El tomillo tiene numerosas aplicaciones prácticas: añádalo como condimento a sus platos o ponga un poco en una maceta como amuleto protector. Aunque el tomillo es siempre seguro para los adultos, no debe usarse como condimento alimentario para los niños pequeños, y las mascotas deben mantenerse alejadas de la quema de tomillo, ya que el humo podría irritar sus pulmones. El tomillo ofrece muchos beneficios maravillosos cuando se utiliza correctamente.

Romero

El romero es una planta y una hierba curativa increíblemente versátil, que se utiliza con muchos fines de limpieza y protección. Se cree que trae buena suerte y protección al hogar, protege de las energías negativas y favorece la purificación. Además de sus usos prácticos, como ahuyentar insectos, transformar el agua del baño en un baño rico en magnesio, infundir té para el dolor de cabeza, mejorar la respiración y facilitar la digestión, a menudo se quema como incienso o se utiliza en amuletos para concentrarse en los problemas más difíciles de la vida. El aceite de romero puede empaparse en un algodón y difundirse por la habitación. Es seguro para niños y mascotas. También se puede llevar encima para atraer la buena suerte o como corona. Incorporar esta hierba milenaria a su vida puede traerle paz en estos tiempos de sobrecarga tecnológica.

Bambú

El bambú es mucho más que una planta, es un sanador polivalente. Recolectado y manipulado con cuidado, el bambú puede ser parte integrante de su rutina de limpieza espiritual. Se cree que el bambú absorbe la energía negativa, dejando el espacio libre de vibraciones indeseadas y protegiendo el aura de fuentes negativas externas. Tenga unos cuantos tallos alrededor de su casa u oficina para la riqueza, la buena suerte y la protección para incorporar el bambú a su práctica. Colóquelos en zonas de mucho tránsito, como las entradas, para que todos los que entren en casa o en el lugar de trabajo se beneficien de sus energías calmantes, o ate siete tallos frescos de color verde jade con una cinta roja y escóndalos en un rincón fuera de la vista para obtener una poderosa protección contra el mundo exterior. Además, el aroma del bambú seco quemado ayuda a crear un ambiente tranquilo en el interior. Tanto si se opta por hacer un sahumerio como por una exhibición de amor, el uso de esta misteriosa planta curativa no perjudicará a los niños ni a las mascotas, siempre que se tenga cuidado al manipular los materiales ardientes.

Espatifilo

El espatifilo (Spathiphyllum) es una hermosa adición a muchos hogares y jardines. Mucha gente no sabe que los espatifilos son hierbas y plantas con cualidades curativas, perfectas para la limpieza y la protección. Espiritualmente, los espatifilos pueden aportar seguridad, quietud interior y armonía. En la práctica, estas hierbas y plantas tienen una capacidad única para liberar una zona de energías negativas o generar vibraciones positivas cuando se utilizan en hechizos rituales.

Consejos de uso:

- Infusiones de flores u hojas para beber.
- Utilizar ramitas frescas sobre uno mismo u otros para la limpieza espiritual.
- Llevar los pétalos secos en una bolsita para alejar la mala suerte.
- Los espatifilos son seguros para niños y mascotas, pero cómprelos en tiendas o viveros de confianza para asegurarse de que son ecológicos, no procesados y cultivados sin fertilizantes sintéticos ni pesticidas.

Eucalipto

El eucalipto es una planta curativa con propiedades sobrenaturales. Su significado espiritual radica en su capacidad purificadora, protectora y limpiadora, lo que la convierte en una planta imprescindible en su práctica ritual. Quemarlo crea una conexión más plena y fuerte con el reino de los espíritus. En la práctica, es beneficioso para una aromaterapia potente y para reducir la ansiedad o el estrés. En general, el eucalipto es seguro para niños y mascotas, pero se recomienda la supervisión de los padres debido al calor y los vapores. Si se desea consumirlo, consulte a un herborista antes de buscar formas alternativas de ingerir esta poderosa planta.

Conclusión

La limpieza espiritual es un viaje hacia la paz interior y la pureza. Es un proceso de desprenderse de las energías negativas que le frenan y abrirse a las energías positivas y curativas que existen en su interior y a su alrededor. El camino hacia la limpieza espiritual no es fácil ni se realiza una sola vez. Es un viaje continuo que requiere paciencia, dedicación y la voluntad de dejar atrás el pasado para dejar sitio al futuro.

El núcleo de la limpieza espiritual es que las personas están formadas por energía, que puede bloquearse o estancarse con el tiempo. Las experiencias negativas, las emociones y los patrones de pensamiento pueden causar estos bloqueos, que se manifiestan en malestar físico, emocional y espiritual. Realizar prácticas y rituales que ayuden a liberar la negatividad y a reconectar con su verdadero yo, es esencial para eliminar estos bloqueos y restablecer el equilibrio.

El camino hacia la limpieza espiritual comienza con la voluntad de examinar sus creencias y comportamientos. Requiere una evaluación honesta de lo que le frena y el compromiso de hacer cambios positivos. Este proceso puede suponer un reto, ya que a menudo implica enfrentarse a verdades difíciles sobre uno mismo y su vida. Sin embargo, solo reconociendo y abordando estos problemas podrá empezar a avanzar hacia la curación.

Encontrará obstáculos y desafíos en su camino hacia la limpieza espiritual. Puede que le resulte difícil romper viejos patrones de pensamiento y comportamiento, o que las emociones negativas surjan en los momentos más inesperados. Sin embargo, la perseverancia y el compromiso con su crecimiento espiritual le harán más fuerte y más conectado con su verdadero yo.

Recuerde que el proceso de limpieza espiritual es único para cada persona. No existe un enfoque único, y lo que funciona para una persona puede no funcionar para otra. Debe encontrar las prácticas y rituales que resuenen con su alma y convertirlos en parte habitual de su rutina. Con cada paso adelante, se irá despojando de capas de negatividad y abrazará la luz interior.

El camino hacia la limpieza espiritual no es fácil, pero merece la pena recorrerlo. Restablecerá el equilibrio y la armonía de su energía mediante prácticas y rituales que le ayudarán a liberarse de la negatividad y a conectar con su verdadero yo. Este proceso no ocurrirá de la noche a la mañana, pero con dedicación y paciencia, puede transformar su vida de dentro a fuera. Así pues, permita que este libro le sirva de guía y fuente de inspiración en su viaje hacia la pureza espiritual y la iluminación.

Vea más libros escritos por Mari Silva

Su regalo gratuito

¡Gracias por descargar este libro! Si desea aprender más acerca de varios temas de espiritualidad, entonces únase a la comunidad de Mari Silva y obtenga el MP3 de meditación guiada para despertar su tercer ojo. Este MP3 de meditación guiada está diseñado para abrir y fortalecer el tercer ojo para que pueda experimentar un estado superior de conciencia.

https://livetolearn.lpages.co/mari-silva-third-eye-meditation-mp3-spanish/

¡O escanee el código QR!

Referencias

Primera Parte: Interpretación de los sueños

AloDreams. "11 Dreams About Childhood Home - Meaning & Interpretation. Accessed April 1, 2023. https://alodreams.com/dreams-about-childhood-home.html

Alodreams.com. "#19 laughing - Dream Meaning & Interpretation." Accessed April 1, 2023. https://alodreams.com/laughing-dream-meaning.html

Alodreams.com. "#98 Dreams about Detached body parts - Meaning & Interpretation." Accessed April 1, 2023. https://alodreams.com/dreams-about-detached-body-parts.html

Angel Number. "Tunnel - Dream Meaning and Symbolism." Last modified March 17, 2021. https://angelnumber.org/tunnel-dream-meaning/

Apsara. "Falling in Your Dreams - Interpretation and Symbolism." Symbol Sage. Last modified September 28, 2022. https://symbolsage.com/falling-in-dreams-meaning/

Apsara. "What Does It Mean to Dream of Drowning?" Symbol Sage. Last modified September 26, 2022. https://symbolsage.com/dream-about-drowning/

Barber, N. "What Do Dreams of Numbers mean?" Dreams Limited. Last modified October 17, 2022. https://www.dreams.co.uk/sleep-matters-club/what-do-dreams-about-numbers-mean

Barber, N. "What Do Dreams of Water Mean?" Dreams Limited. Last modified June 17, 2022. https://www.dreams.co.uk/sleep-matters-club/what-do-dreams-of-water-mean-2

Barber, N. "What Do Ghost Dreams Mean?" Dreams Limited. Last modified December 13, 2021. https://www.dreams.co.uk/sleep-matters-club/what-do-ghost-dreams-mean

Basalt Spiritual. "12 Spiritual Meanings When You Dream About Drowning." Last modified December 8, 2022. https://www.basaltnapa.com/dream-about-drowning/

BetterSleep. "Dream Journals Explained." Last modified September 13, 2022. https://www.bettersleep.com/blog/dream-journal/

Björklund, Anna-Karin. "Do You Remember Numbers In Your Dreams? Here's What They Mean." Mindbodygreen. Last modified March 7, 2020. https://www.mindbodygreen.com/articles/what-does-dreaming-of-numbers-really-mean-heres-what-to-know

Brown, J. "What Does It Mean if You Dream About Flying?" ShutEye. Last modified July 16, 2021. https://www.shuteye.ai/dream-about-flying/

Bulkeley, Kelly. "Jung's Theory of Dreams: A Reappraisal." Psychology Today. Last modified March 23, 2020. https://www.psychologytoday.com/us/blog/dreaming-in-the-digital-age/202003/jung-s-theory-dreams-reappraisal-0

Casale, Rebecca. "How To Remember Your Dreams." World of Lucid Dreaming. Accessed April 1, 2023. https://www.world-of-lucid-dreaming.com/how-to-remember-your-dreams.html

Chakraborty, S. "Dreaming of Laughing – Enjoy the Good Times of Your Life." ThePleasantDream. Last modified May 25, 2023. https://thepleasantdream.com/dreaming-of-laughing/

Cherry, Kendra. "How to Interpret Dreams." Verywell Mind. Last modified February 23, 2023. https://www.verywellmind.com/dream-interpretation-what-do-dreams-mean-2795930

Christian, A. "8 Stairs Dream Interpretation." DreamChrist. Last modified December 24, 2020.
https://www.dreamchrist.com/stairs-dream-interpretation/

Christian, A. "9 Beach Dream Interpretation." DreamChrist. Last modified April 2, 2020.. https://www.dreamchrist.com/beach-dream-interpretation/

Christian, A. "10 Laughing Dream Interpretation." DreamChrist. Last modified September 19, 2020. https://www.dreamchrist.com/laughing-dream-interpretation/

Christian, A. "15 Church Dream Interpretation." DreamChrist. Last modified April 7, 2020.. https://www.dreamchrist.com/church-dream-interpretation/

Christian, A. "10 Amusement Park Dream Interpretation." DreamChrist. Last modified November 6, 2020. https://www.dreamchrist.com/amusement-park-dream-interpretation/

Christian, A. "Forest Dream Interpretation." DreamChrist. Last modified November 11, 2020.

https://www.dreamchrist.com/forest-dream-interpretation/

Cummins, Pamela. (2017, June 8). "12 Benefits of Dream Interpretation." Last modified June 8, 2017. https://pamelacummins.com/2017/06/08/12-benefits-of-dream-interpretation/

Daphne. "Dream Of The Amusement Park? 7 Fun Reasons." Daphne Den. Last modified October 19, 2021. https://daphneden.com/dream-amusement-park/

Derisz, Ricky. "How To Boost Your Dream Recall For Higher Creativity." Goalcast. Last modified June 4, 2022. https://www.goalcast.com/how-to-boost-your-dream-recall-for-higher-creativity/

Donovan, Melissa. "Journal Prompts for Dreamers." Writing Forward. Last modified June 16, 2020. https://www.writingforward.com/writing-prompts/journal-prompts/journal-prompts-for-dreamers

Dream Dictionary. "Church Dream Meaning." Last modified May 18, 2020. https://www.dreamdictionary.org/dream-dictionary/church-dream-meaning/

Dream Dictionary. "Dreaming Of Angels." Last modified November 4, 2021. https://www.dreamdictionary.org/dream-meaning/dreaming-of-angels/

Dream Dictionary. "Dreams About My Childhood Home." Last modified March 26, 2021. https://www.dreamdictionary.org/meaning/dreams-about-my-childhood-home/

Dreams, J. I. "12 Dream Interpretation Techniques to Understand Your Dreams." Journey Into Dreams. Last modified August 12, 2022. https://journeyintodreams.com/dream-interpretation-techniques/

Dreams, J. I. "City Dream Symbol Meaning." Journey Into Dreams. Last modified July 22, 2018. https://journeyintodreams.com/city-dream-symbol-meaning/

Dreams, J. I. "The Meaning of Colors: Color Symbolism in Our Dreams." Journey Into Dreams. Last modified July 16, 2020. https://journeyintodreams.com/colors/

Dream Meaning. "Fairy Dream Meaning Interpretation." Last modified July 13, 2019. https://www.dreammeaning.xyz/fairy-dream-meaning-interpretation/

Flo Saul. "Beach." Auntyflo. Last modified October 4, 2012. https://www.auntyflo.com/dream-dictionary/beach-0

Flo Saul. "Dream of Amusement Park." Auntyflo. Accessed April, 2023. https://www.auntyflo.com/dream-dictionary/amusement-park

Flo Saul. "Dream Of Childhood Home." Auntyflo. Accessed April 1, 2023. https://www.auntyflo.com/dream-dictionary/dream-of-childhood-home

Flo Saul. "Dreams About Animals." Auntyflo. Accessed April 1, 2023. https://www.auntyflo.com/dream-dictionary/dreams-about-animals

Flo Saul. "Dreams About Church." Auntyflo. Accessed April 1, 2023. https://www.auntyflo.com/dream-dictionary/dreams-about-church

Flo Saul. "Dreams About Drowning." Auntyflo. Accessed April 1, 2023. https://www.auntyflo.com/dream-dictionary/drowning

Flo Saul. "Dreams About Running." Auntyflo. Accessed April 1, 2023. https://www.auntyflo.com/dream-dictionary/dreams-about-running-meaning-interpretation

Flo Saul. "Dreams Of Earth." Auntyflo. Accessed April 1, 2023. https://www.auntyflo.com/dream-dictionary/earth-and-earthquake

Flo Saul. "Forest." Auntyflo. Accessed April 1, 2023. https://www.auntyflo.com/dream-dictionary/forest

Flo Saul. "Laughing." Auntyflo. Accessed April 1, 2023. https://www.auntyflo.com/dream-dictionary/laughing

Flo Saul. "Library." Auntyflo. Accessed April 1, 2023. https://www.auntyflo.com/dream-dictionary/library

Flo Saul. "Passages or Halls." Auntyflo. Accessed April 1, 2023. https://www.auntyflo.com/dream-dictionary/passages-or-halls

Flo Saul. "Uncover Hidden Dream Meanings." Auntyflo. Accessed April 1, 2023. https://www.auntyflo.com/dream-dictionary/countryside

Floyd, L. "4 Things That Our Dreams Tell Us about Ourselves." Landofsleep. Accessed April 1, 2023. https://www.landofsleep.com/blog/4-things-that-our-dreams-tell-us-about-ourselves

Forneret, Alica. "Dream of Running Meaning: 18 Scenarios." Last modified April 2, 2023. https://alicaforneret.com/dream-of-running/

Forneret, Alica. "Dreams About Ghosts Meaning: 13 Scenarios." Last modified January 17, 2023. https://alicaforneret.com/dream-about-ghosts/

Forneret, Alica. "Flying Dream Meaning: Spiritually, Psychologically & More." Last modified April 17, 2023. https://alicaforneret.com/flying-dream-meaning/

GoodTherapy. "Dream Analysis." Last modified February 2, 2016. https://www.goodtherapy.org/learn-about-therapy/types/dream-analysis

Home Science Tools. "Elements: Earth, Water, Air, and Fire." Last modified October 6, 2017. https://learning-center.homesciencetools.com/article/four-elements-science/amp/

Jiang, Fercility. "The 20 Most Common Animals in Dreams & Meanings." China Highlights. Last modified August 23, 2021. https://www.chinahighlights.com/travelguide/culture/dreaming-about-animals.htm

Jones, Walter. "Dream About Dragon: Meaning & Spiritual Messages Explained." Psychic Blaze. Last modified February 6, 2023. https://psychicblaze.com/dream-about-dragon-meaning/

Kari Hohne. "Anatomy and Body Parts." Accessed April 1, 2023. https://www.cafeausoul.com/oracles/dream-dictionary/anatomy-and-body-parts

Kari Hohne. "Animals." Accessed April 1, 2023. https://www.cafeausoul.com/oracles/dream-dictionary/animals

Kedia, S. "Dreaming about a library - Are You Actively Seeking Knowledge?" Last modified May 31, 2023. https://thepleasantdream.com/dreaming-about-a-library/

Kerkar, Pramrod. "Dream Therapy: Dream Interpretation, Why Do We Dream." Pain Assist. Last modified January 30, 2019. https://www.epainassist.com/alternative-therapy/dream-therapy-dream-interpretation-meaning-of-dreams-its-benefits

Kiran. "What Does it Mean to Dream About Running?" Dreams & Myths. Last modified August 24, 2022. https://dreamsandmythology.com/dream-about-running/

Kotiya, Madhu. "Dreams in colour." Deccan Chronicle. Last modified June 10, 2018. https://www.deccanchronicle.com/amp/lifestyle/health-and-wellbeing/100618/dreams-in-colour.html

Ladyfirst. "What does it mean to dream of 4 elements?" Last modified June 30, 2023. https://www.lady-first.me/article/what-does-it-mean-to-dream-of-4-elements,6343.html

Liquids & Solids Spirit. "Dream About Sinking Ship? (7 Spiritual Meanings)." Last modified August 24, 2022. https://www.liquidsandsolids.com/dream-about-a-sinking-ship/

Lou. "What Does It Mean When You're Dreaming of Falling?" A Little Spark of Joy. Last modified February 21, 2022. https://www.alittlesparkofjoy.com/dreaming-of-falling/

Malory, J. "Earth, Air, Fire and Water in Dreams." Dreaming.Life. Accessed April 1, 2023. https://www.dreaming.life/dream-themes/earth-air-fire-and-water-in-dreams.htm

Master. "Basic Body Parts Dream Meaning - Common 64 Dreams About Body Parts." Dream Meaning Net. Last modified April 23, 2015. https://dream-meaning.net/life/basic-body-parts-dream-interpretation/

The Messenger. "Dream about Running Down A Hallway." DreamsDirectory. Last modified January 24, 2019. https://www.dreamsdirectory.com/dream-about-running-down-a-hallway-meaning.html

Miller's Guild. "12 Meanings When You Dream of Running." Last modified December 13, 2021. https://www.millersguild.com/dream-of-running/

Miller's Guild. "17 Meanings When You Dream About Eating." Last modified January 6, 2022. https://www.millersguild.com/eating-in-dream/

Mitrovic, M. "Dreaming of a Dwarf – Meaning and Explanation." Dream Glossary. Last modified September 25, 2020. https://www.dreamglossary.com/d/dwarfs/

More, R. "What Does the Number 9 Mean in a dream?" LoveToKnow Media. Last modified September 14, 2022. https://www.lovetoknowhealth.com/well-being/what-does-number-9-dream-symbolize

Nikita. "City Dream Meaning And Symbolism." Luciding. Last modified December 12, 2021. https://luciding.com/city-dream-symbol-meaning/

Numberogy.Com. "#14 Supernatural Dream Meaning & Spirituality." Accessed April 1, 2023. https://numberogy.com/supernatural-dream-meaning.html/

Nunez, K. "5 Lucid Dreaming Techniques to Try." Healthline. Last modified March 22, 2023. https://www.healthline.com/health/healthy-sleep/how-to-lucid-dream

O'Driscoll, Dana. "Dreaming Primer: Lucid Dreaming, Dream Recall, and Exploring Dreamscapes for Creativity." The Druids Garden. Last modified February 4, 2023. https://thedruidsgarden.com/2023/02/05/dreaming-primer-lucid-dreaming-dream-recall-and-exploring-dreamscapes-for-creativity/

Olesen, Jacob. "Color Meanings in Dreams: What Does Dreaming in Color Mean?" Color Meanings. Last modified December 11, 2014. https://www.color-meanings.com/color-meanings-in-dreams-what-does-dreaming-in-color-mean/

Parvez, Hanan. "Dreams about running and hiding from someone." PsychMechanics. Last modified April 25, 2022. https://www.psychmechanics.com/dreams-about-running-and-hiding-from-someone/

Pentelow, Orla. "The Meaning Behind Drowning In A Dream Is Just As Scary As The Dream Itself." Bustle. Last modified August 18, 2021. https://www.bustle.com/life/what-does-it-mean-when-i-drown-in-a-dream-while-its-likely-youre-stressed-there-is-upside-12708547

Porter, Liam. "Dreaming of Falling And What It Means." Dreams Limited. Last modified May 18, 2022. https://www.dreams.co.uk/sleep-matters-club/falling-in-your-dream

PsycholoGenie. "What Do Dreams About Stairs Mean and How to Interpret Them?" Accessed April 1, 2023. https://psychologenie.com/what-do-dreams-about-stairs-mean

Regan, Sarah. "A Beginner's Guide to Dream Interpretation & 8 Common Dreams." Mindbodygreen. Last modified April 29, 2023. https://www.mindbodygreen.com/articles/beginners-guide-to-dream-interpretation

Simwa, Adrianna. "Eating in the dream - what does it mean? Dream interpretation." Legit. Last modified September 19, 2018. https://www.legit.ng/1191964-eating-dream.html

The Sleep Diary. "10 Common Dreams About Stairs and Their Meanings." Last modified June 3, 2022. https://thesleepdiary.com/dreams-about-stairs/

Steber, Caroline. "7 Dreams About Falling, Decoded." Bustle. Last modified June 8, 2021. https://www.bustle.com/wellness/dreams-about-falling-meaning-experts

Surolia, K. "Dreaming of Plants - Does It Mean Growth Like Plants in Life?" ThePleasantDream. Last modified June 8, 2023. https://thepleasantdream.com/dreaming-of-plants/

Tamara. "Laughter in a Dream - Meaning and Symbolism." Dream Glossary. Last modified December 8, 2021. https://www.dreamglossary.com/l/laughter/

Tommy, M. "What Do Tunnels Mean In Dreams? - Beginning of A New Chapter in Your Life." ThePleasantDream. Last modified June 21, 2023. https://thepleasantdream.com/what-do-tunnels-mean-in-dreams/

What Dream Means. "What Does it Mean to Dream About Childhood Home?" Last modified March 5, 2021. https://whatdreammeans.com/what-does-it-mean-to-dream-about-childhood-home/

Wille. "The Ultimate Guide to Dream Interpretation." A Little Spark of Joy. Last modified May 9, 2023. https://www.alittlesparkofjoy.com/dream-interpretation

Segunda Parte: Limpieza espiritual

(S.f.). Beadage.net. https://beadage.net/gemstones/uses/purification/

(S.f.). Nataliemarquis.com. https://nataliemarquis.com/how-to-sense-energy-for-healing/

(S.f.). Yogainternational.com. https://yogainternational.com/article/view/what-are-the-7-chakras/

"11 señales de que necesita una desintoxicación espiritual y cómo conseguirlo". 2015. Mindbodygreen. 6 de julio de 2015. https://www.mindbodygreen.com/articles/signs-you-need-a-spiritual-detox.

10 maneras fáciles de limpiar su casa de energía negativa. (3 de abril de 2012). Mindbodygreen. https://www.mindbodygreen.com/articles/how-to-cleanse-your-home-of-negative-energy

6 cristales para protegerse de la gente tóxica y la energía negativa. (11 de febrero de 2020). Mindbodygreen. https://www.mindbodygreen.com/articles/crystals-for-protection

Anahana. (1 de septiembre de 2022). Cómo desbloquear los chakras en unos sencillos pasos. Anahana.com. https://www.anahana.com/en/wellbeing-blog/how-to-unblock-chakras?hs_amp=true

Beabout, L. (26 de mayo de 2022). Buenas vibraciones: Su guía completa para la meditación de los chakras. Greatist. https://greatist.com/health/chakra-meditation

Bryant, M. (13 de junio de 2022). 25 cristales para cargar y limpiar su energía. Sarah Scoop. https://sarahscoop.com/25-crystals-for-charging-and-cleansing-your-energy/

Capítulo 4. El paso a vibraciones superiores. (S.f.). Guía de meditación. Meditación de la felicidad.

Chee, C. (27 de septiembre de 2021). 6 de los mejores cristales para la protección: Significado y como usarlos. Blog de Truly Experiences; Truly Experiences. https://trulyexperiences.com/blog/crystals-for-protection/

Cho, A. (17 de junio de 2015). Cómo tiznar su casa para invitar a la energía positiva. The Spruce. https://www.thespruce.com/how-to-smudge-your-house-1274692

Choice, C. (18 de agosto de 2020). Práctica de 10 minutos para conectarse a tierra, respirar y calmarse. Mindful. Mindful Communications & Such PBC. https://www.mindful.org/10-minute-meditation-to-ground-breathe-soothe/

Christopher. (13 de septiembre de 2015). Formación en reiki nivel 1: Qué esperar y cómo prepararse. Chakra Meditation Info. https://www.chakrameditationinfo.com/reiki/reiki-healing/reiki-level-1-guide-to-reiki-practice/

Clarke, Gemma. 2022. "¿Qué es la Limpieza Espiritual? + los mejores rituales de limpieza para mejorar su campo energético." The Yoga Nomads (blog). Julien. 24 de septiembre de 2022. https://www.theyoganomads.com/spiritual-cleansing/.

Curtis, L. (29 de septiembre de 2021). 10 hierbas curativas con beneficios medicinales. Verywell Health. https://www.verywellhealth.com/healing-herbs-5180997

D'costa, M. (21 de noviembre de 2012). Sahumerio y cómo ayuda a limpiar el aura. Times Of India. https://timesofindia.indiatimes.com/life-style/home-garden/smudging-and-how-it-helps-to-cleanse-your-aura/articleshow/12866742.cms

Elkhorn, V. (12 de diciembre de 2019). La limpieza con humo como alternativa adecuada al sahumerio. The Alchemist's Kitchen. https://wisdom.thealchemistskitchen.com/smoke-cleansing-as-an-appropriate-alternative-to-smudging/

English, M. (24 de abril de 2018). Plantas curativas de las que debería rodearse. Martha Stewart. https://www.marthastewart.com/1527900/healing-plants-for-your-home

Estrada, J. (6 de marzo de 2020). 5 principios de reiki que puede usar para crear más facilidad y fluidez en su vida. Well+Good. https://www.wellandgood.com/reiki-principles/

Todo lo que siempre ha querido saber sobre los 7 chakras del cuerpo. (28 de octubre de 2009). Mindbodygreen. https://www.mindbodygreen.com/articles/7-chakras-for-beginners

Feldmann, E. (7 de febrero de 2019). Cómo usar cristales para protegerse en casa. Penguin.co.uk. https://www.penguin.co.uk/articles/2019/02/how-to-use-crystals-for-protection-at-home-hausmagick

Ford, Debbie. 2018. ""¿Es hora de hacer una limpieza espiritual?". Oprah.com. 8 de junio de 2018. https://www.oprah.com/inspiration/is-it-time-to-take-a-spiritual-cleanse.

Fosu, Kimberly. 2022. "3 Señales de que necesita una desintoxicación espiritual más formas de hacerlo." ZORA. 18 de enero de 2022. https://zora.medium.com/3-signs-you-need-a-spiritual-detox-immediately-plus-ways-to-do-it-f8ecc9bbbf98.

Girdwain, A. (14 de abril de 2019). Convoque su fuerza interior y confianza con estos poderosos cristales para la protección. Well+Good. https://www.wellandgood.com/crystals-for-protection/

Gleisner, E. (2002). Reiki. En Principios y práctica de la terapéutica manual (págs. 175-183). Elsevier.

Haria, D. (26 de agosto de 2021). Baño espiritual: Significado, rituales, técnicas, beneficios y más. F and B Recipes. https://fandbrecipes.com/spiritual-bath/

Haugen, D. (10 de febrero de 2021). Un baño ritual para equilibrar los chakras. Mindbodygreen. https://www.mindbodygreen.com/articles/balance-your-chakras-with-a-ritual-bath

Heidi. (S.f.). Limpieza de humos en todo el mundo. Mountainroseherbs.com. https://blog.mountainroseherbs.com/smoke-cleansing

Cómo elevar su vibración, por Sabrina Reber. (S.f.). Cómo elevar su vibración. Blogspot.com. http://howtoraiseyourvibration.blogspot.com/2011/03/actively-meditating.html?m=0

https://link.springer.com/article/10.1007/s10902-011-9286-2

Humphreys, K. (14 de agosto de 2019). Visualización de los chakras. Com.au; Head & Heart Mindfulness. https://www.headandheartmindfulness.com.au/blog-items/chakravisualisation?format=amp

IARP. (20 de abril de 2014). Historia del reiki: Lea sobre el origen y las tradiciones del reiki. IARP. https://iarp.org/history-of-reiki/

Jain, R. (13 de junio de 2019). Guía completa de los 7 chakras: Símbolos, efectos y cómo equilibrarlos. Arhanta Yoga Ashrams. https://www.arhantayoga.org/blog/7-chakras-introduction-energy-centers-effect/

Jain, R. (22 de diciembre de 2022). Cómo desbloquear los chakras con meditación y afirmaciones. Arhanta Yoga Ashrams. https://www.arhantayoga.org/blog/how-to-unblock-chakras-beginners-guide/?utm_source=google&utm_medium=cpc&utm_campaign=16771375909&utm_content=&utm_term=&gclid=Cj0KCQiArsefBhCbARIsAP98hXSkoM5bTDFkXuDwWKURDcvyTDJrs42d8nocO4aLCBSzZO_PVGkfDlcaAtiGEALw_wcB

Johnson, C. (6 de julio de 2021). Meditación de los chakras: Desbloquee los 7 chakras con una meditación guiada. Anahana.com.
https://www.anahana.com/en/meditation/chakra-meditation?hs_amp=true

Judith, A., & White, A. (18 de marzo de 2022). La guía completa de los 7 chakras para principiantes.

Kalra, P. (20 agosto de 2022). Repita estos 5 principios de reiki diariamente para su mente, cuerpo y alma. Healthshots.
https://www.healthshots.com/mind/happiness-hacks/reiki-for-mind-5-principles-you-must-affirm-everyday-for-mental-strength/

Kurt. (4 de julio de 2017). Encontrar su centro: Técnicas de meditación de enraizamiento. Earthing Canada. https://earthingcanada.ca/blog/grounding-meditation-techniques/

Kyteler, E. (S.f.). Cómo hacer un tarro de protección (ingredientes y hechizo). Eclecticwitchcraft.com. https://eclecticwitchcraft.com/how-to-make-a-protection-jar-ingredients-spell/

Laura. (3 de abril de 2020). 3 increíbles rituales de baños espirituales para hacer en casa durante la cuarentena. Hotel CoolRooms Palacio Villapanés Sevilla.
https://coolrooms.com/palaciovillapanes/en/3-incredible-spiritual-baths-rituals-to-do-at-home-during-the-quarantine/

Lawrenson, A. (3 de septiembre de 2017). Meditación de los chakras: ¿El secreto para sentirse más tranquilo y enraizado? Byrdie.
https://www.byrdie.com/chakra-meditation

Lieber, A. (S.f.). Cómo saber si sus chakras están bloqueados y cómo desbloquearlos. Dailyom.com. https://www.dailyom.com/journal/how-to-tell-if-your-chakras-are-blocked-and-how-to-unblock-them/?aff=91&ad=1&utm_source=google&utm_medium=cpc&utm_campaign=PerformanceMaxUK&acct=9358138875&cur=gbp&campaign_id=17483841340&gclid=Cj0KCQiArsefBhCbARIsAP98hXRWn-q_X091H7X4ZcIgx6gY-PFd_sQd0aVthUlimGZyUyUZ1dcDzTUaAq0lEALw_wcB

Lieber, A. (S.f.). Los 7 chakras principales: Lo que hay que saber y cómo trabajar con ellos. Dailyom.com. https://www.dailyom.com/journal/the-7-major-chakras-what-you-need-to-know-and-how-to-work-with-them/?aff=91&ad=1&utm_source=google&utm_medium=cpc&utm_campaign=PerformanceMaxUK&acct=9358138875&cur=gbp&campaign_id=17483841340&gclid=Cj0KCQiA6LyfBhC3ARIsAG4gkF-_3FfS2jnc4id0bCiuycfcP_FYwo2hOBaq5r1Powt2Q7LPTFnvQKEaApEIEALw_wcB

Lisa, P. (3 de febrero de 2020). El arte de la meditación. Centro de retiros El Arte de Vivir. https://artoflivingretreatcenter.org/blog/everything-you-need-to-know-about-meditation/

S.f. Yogabasics.com. https://www.yogabasics.com/connect/yoga-blog/spiritual-cleansing/.

Talismán de nueve hierbas para proteger el hogar. (11 de noviembre de 2015). Wiccan Spells. https://wiccanspells.info/nine-herb-home-protection-talisman/

Nortje, A. (1 de julio de 2020). Más de 10 técnicas de conexión a tierra (incl. Ejercicio en grupo). Positivepsychology.com. https://positivepsychology.com/grounding-techniques/

Paul, N. L. (27 de marzo de 2016). Hoja de trucos de reiki para dummies. Dummies. https://www.dummies.com/article/body-mind-spirit/emotional-health-psychology/emotional-health/reiki/reiki-for-dummies-cheat-sheet-209093/

Prasetyo, F. (15 de mayo de 2022). Cómo elevar su vibración: La guía definitiva para elevar su vibración. Lifengoal. https://lifengoal.com/how-to-raise-your-vibration/

Raypole, C. (5 de mayo de 2021). Meditación metta para el día de las madres.

Regan, S. (26 de abril de 2022). Cómo hacer de su baño una experiencia espiritual: 16 consejos y técnicas. Mindbodygreen. https://www.mindbodygreen.com/articles/spiritual-bath

Autotratamiento de reiki. (S.f.). Clínica Cleveland. https://my.clevelandclinic.org/health/treatments/21080-reiki-self-treatment

Safa Water. (S.f.). Baño de agua salada: Un ritual purificador, curativo y nutritivo para la mente y el cuerpo. Linkedin.Com. https://www.linkedin.com/pulse/salt-water-bath-cleansing-healing-nourishing-ritual-your-mind-

Smudging 101: Queme salvia para limpiar su espacio y a sí mismo de la negatividad. (13 de marzo de 2015). Mindbodygreen. https://www.mindbodygreen.com/articles/smudging-101-burning-sage

Stelter, G. (4 de octubre de 2016). Chakras: Guía para principiantes sobre los 7 chakras. Healthline. https://www.healthline.com/health/fitness-exercise/7-chakras

Los 3 niveles de reiki: Qué son y qué significan (1 de diciembre de 2014). Mindbodygreen. https://www.mindbodygreen.com/articles/the-3-levels-of-reiki

Los tres grados del reiki. (S.f.). Reiki-light.uk. https://reiki-light.uk/the-three-degrees-of-reiki/

Las 15 mejores plantas espirituales. (24 de diciembre de 2020). Floweraura Blog. https://www.floweraura.com/blog/plants-care-n-tips/top-10-spiritual-plants

¿Qué son los chakras? (S.f.). WebMD. https://www.webmd.com/balance/what-are-chakras

¿Qué es un baño espiritual, y lo necesito? Mujeres negras terapeutas. (S.f.). Blackfemaletherapists.Com. https://www.blackfemaletherapists.com/what-is-a-spiritual-bath-and-do-i-need-one/

Su guía de magia con velas. (S.f.). Rylandpeters. https://rylandpeters.com/blogs/health-mind-body-and-spirit/your-guide-to-candle-magic

Yugay, Irina. 2022. "Eliminar los problemas desde dentro usando la limpieza espiritual". Blog Mindvalley. 25 de noviembre de 2022. https://blog.mindvalley.com/spiritual-cleansing/.

Zoldan, R. J. (22 de junio de 2020). Los 7 chakras explicados y cómo saber si están bloqueados. Well+Good. https://www.wellandgood.com/what-are-chakras/amp

Fuentes de imágenes

1 https://unsplash.com/photos/j8a-TEakg78?utm_source=unsplash&utm_medium=referral&utm_content=creditShareLink
2 https://unsplash.com/photos/fVUl6kzIvLg?utm_source=unsplash&utm_medium=referral&utm_content=creditShareLink
3 https://unsplash.com/photos/FwF_fKj5tBo
4 https://www.pexels.com/photo/hands-of-crop-faceless-man-under-water-7457629/
5 https://unsplash.com/photos/Orz90t6o0e4?utm_source=unsplash&utm_medium=referral&utm_content=creditShareLink
6 https://www.pexels.com/photo/a-falling-woman-wearing-a-sheer-dress-5655150/
7 https://unsplash.com/photos/r6LQc9feEZQ
8 https://pixabay.com/images/id-1072821/
9 https://www.pexels.com/photo/ocean-waves-1646311/
10 https://www.pexels.com/photo/purple-wall-color-1293006/
11 https://www.pexels.com/photo/lots-of-numbers-1314543/
12 https://unsplash.com/photos/P7L5011nD5s?utm_source=unsplash&utm_medium=referral&utm_content=creditShareLink
13 https://unsplash.com/photos/Z-6bfsa6rD8?utm_source=unsplash&utm_medium=referral&utm_content=creditShareLink
14 https://unsplash.com/photos/AVJ321HJFl4?utm_source=unsplash&utm_medium=referral&utm_content=creditShareLink
15 https://www.pexels.com/photo/a-woman-dressed-as-a-vampire-14395497/
16 https://unsplash.com/photos/_VkwiVNCNfo?utm_source=unsplash&utm_medium=referral&utm_content=creditShareLink

17 https://pxhere.com/en/photo/1394621

18 https://pixabay.com/es/illustrations/meditaci%c3%b3n-espiritual-yoga-zen-6988318/

19 Atarax42, CC0, vía Wikimedia Commons
https://commons.wikimedia.org/wiki/File:Chakra1.svg

20 Atarax42, CC0, vía Wikimedia Commons
https://commons.wikimedia.org/wiki/File:Chakra2.svg

21 Atarax42, CC0, vía Wikimedia Commons
https://commons.wikimedia.org/wiki/File:Chakra3.svg

22 Atarax42, CC0, vía Wikimedia Commons
https://commons.wikimedia.org/wiki/File:Chakra4.svg

23 Atarax42, CC0, vía Wikimedia Commons
https://commons.wikimedia.org/wiki/File:Chakra5.svg

24 Atarax42, CC0, vía Wikimedia Commons
https://commons.wikimedia.org/wiki/File:Chakra6.svg

25 https://pixabay.com/es/illustrations/corona-chakra-energ%c3%ada-chi-2533113/

26 https://unsplash.com/photos/V-TIPBoC_2M

27 https://unsplash.com/photos/VsI_74zRzAo

28 https://www.pexels.com/photo/close-up-shot-of-a-woman-having-a-massage-5573584/

29 https://www.pexels.com/photo/crop-masseuse-with-hands-near-ears-of-woman-5240700/

30 Chokurei.jpg: Stephen Buck el trabajo de reiki de Sanghaderivative: LeonardoelRojo, CC BY-SA 2.0 <https://creativecommons.org/licenses/by-sa/2.0/>, vía Wikimedia Commons https://commons.wikimedia.org/wiki/File:Chokurei.svg

31 L orlando, CC BY-SA 4.0 <https://creativecommons.org/licenses/by-sa/4.0>, vía Wikimedia Commonshttps://commons.wikimedia.org/wiki/File:Seiheki.jpg

32 Juan Camilo Guerrero, CC BY-SA 4.0 <https://creativecommons.org/licenses/by-sa/4.0>, vía Wikimedia Commons https://commons.wikimedia.org/wiki/File:Hon_Sha_Ze_Sho_Nen_Symbol.jpg

33 Nathaniel_U's, CC BY 2.0 <https://creativecommons.org/licenses/by/2.0/> https://www.flickr.com/photos/nathan_u/13121698433

34 https://unsplash.com/photos/x5hyhMBjR3M

35 https://www.pexels.com/photo/close-up-of-crystals-6766451/

www.ingramcontent.com/pod-product-compliance
Lightning Source LLC
Chambersburg PA
CBHW051855160426
43209CB00006B/1307